天津市哲学社会科学规划项目（TJGL19-032）

数字化转型

对制造企业服务化的影响

理论探索与实证检验

田小平 —— 著

U0650129

中国铁道出版社有限公司
CHINA RAILWAY PUBLISHING HOUSE CO., LTD.

北 京

图书在版编目（CIP）数据

数字化转型对制造企业服务化的影响 ：理论探索与
实证检验 / 田小平著. -- 北京 ：中国铁道出版社有限
公司，2024.9. -- ISBN 978-7-113-31457-6

Ⅰ. F426.4-39

中国国家版本馆 CIP 数据核字第 2024UG5503 号

书　　名：数字化转型对制造企业服务化的影响——理论探索与实证检验
　　　　　SHUZIHUA ZHUANXING DUI ZHIZAO QIYE FUWUHUA DE YINGXIANG：LILUN TANSUO
　　　　　YU SHIZHENG JIANYAN

作　　者：田小平

责任编辑：冯彩茹　　　　　　　　　　　编辑部电话：(010)51873005
封面设计：郭瑾萱
责任校对：安海燕
责任印制：赵星辰

出版发行：中国铁道出版社有限公司（100054，北京市西城区右安门西街 8 号）
网　　址：http://www.tdpress.com
印　　刷：北京铭成印刷有限公司
版　　次：2024 年 9 月第 1 版　2024 年 9 月第 1 次印刷
开　　本：710 mm×1 000 mm 1/16　印张：14.5　字数：229 千
书　　号：ISBN 978-7-113-31457-6
定　　价：69.80 元

前　言

　　党的二十大报告提出，"坚持把发展经济的着力点放在实体经济上，推进新型工业化，加快建设制造强国、质量强国、航天强国、交通强国、网络强国、数字强国"。《中华人民共和国国民经济和社会发展第十四个五年规划和 2035 年远景目标纲要》提出，要发展服务型制造新模式，推动制造业优化升级。服务化作为我国制造企业向全球价值链中高端迈进的重要战略路径，成为制造业转型升级的主要方式。数字技术的应用是制造企业服务化的关键，移动互联网、大数据、云计算、人工智能等数字技术的迅速发展和广泛应用改变了传统服务的形态与现代产业组织生态，以数字技术赋能产业发展的数字化转型为制造企业实施服务化战略，进而实现价值链攀升提供了有利契机。

　　从学术研究角度来看，现有研究大多从制造企业服务化的经济效应、影响因素等方面展开，但对于数字化转型对制造企业服务化影响的研究仍较匮乏，少数文献也仅在理论层面通过案例分析法进行了一些初步探讨，不仅缺乏对数字化转型影响制造企业服务化的间接机制的探讨，而且未能利用实际经验数据深入微观企业层面进行更深层次的分析。鉴于数字化转型驱动制造企业服务化发展实际中遇到的现实困境和理论缺口，本书在天津市哲学社会科学规划项目（TJGL19-032）"'互联网+'背景下天津市制造业服务化转型升级路径研究"（项目主持人：田小平）的支持下，基于我国制造企业数字化转型和服务化的现状，对数字化转型影响制造企业服务化的直接传导机制、间接传导机制、异质性传导机制进行实证检验，并从"数字金融发展—数字化转型—服务化""ESG 表现—服务化—企业绩效"两条路径出发，研究数字化转型驱动制造企业服务化的现实路径，提出政府和企业通过数字化转型驱动服务化水平提升的对策建议，为制造企业成功开展服务化提供理论指导和依据。

　　本书综合运用文献研究法、比较分析法、案例研究法、文本分析法和计量分析法等多种方法对研究问题进行探讨。本书的研究结论主要包括：

　　（1）数字化转型能够促进制造企业提升绩效水平，增强技术创新能力，助力绿色供应链效率提升,以此实现制造企业的高质量发展。

(2)制造企业服务化是促进我国产业迈向全球价值链中高端的有效途径,是加快转变发展方式的重要举措,可以带来制造业内部结构优化重组、产业链高效整合、效率改进和管理提升,促进我国制造业的转型升级。

(3)制造企业服务化水平在数字化转型推动的价值创造和成本控制中得到提高;数字化转型能通过创新能力的提升、战略柔性的提高和人力资本结构的优化间接驱动制造企业服务化;数字化转型对制造企业服务化的影响具有显著的异质性,数字化转型更明显地促进了知识产权保护水平高、融资约束弱的制造企业服务化水平提升,相对于劳动密集型企业,数字化转型对于资本密集型企业和技术密集型企业服务化的促进作用相对更大。

(4)制造企业的服务化意愿受到数字金融的影响,边际贡献率为 0.09% ;数字金融为需要大量资金的企业数字化转型提供了充足的资金支持,可以通过促进数字化转型驱动制造企业服务化。同时,数字金融的发展能够降低制造企业融资成本,激发企业技术创新活力,从而提高服务化程度。

(5)良好的环境、社会和公司治理(environment, social and governance, ESG)表现能够促进制造企业服务化水平的提高和企业绩效的改善,在 ESG 表现促进制造企业绩效的过程中,制造企业服务化水平起到了中介作用,良好的 ESG 表现可以通过服务化促进制造企业绩效的提升;制造企业的数字化转型在 ESG 表现与服务化的关系中具有正向调节作用,当企业数字化水平较高时,ESG 表现对服务化的促进作用更显著。

通过研究,主要形成以下五个方面的创新点:

(1)探究了数字化转型对制造企业服务化的影响效应,清晰揭示了数字化转型与制造企业服务化之间关系的作用机制,不仅有利于深化数字化转型经济效应的理论研究,也能为制造企业打通"数字化转型→服务化→高质量发展"的企业竞争力升级路径提供有益的实践指导。

(2)从创新能力、战略柔性和人力资本结构三个层面提出机制假设,并实证检验数字化转型影响制造企业服务化的间接传导机制,打开了数字化转型影响服务化的"黑箱"。

(3)将知识产权保护力度、要素密集度和融资约束纳入分析框架,探讨了数字化转型对制造企业服务化的异质性影响,并进一步将"宽带中国"战略视为制造企业数字化转型的准自然实验,分析了宽带试点城市建设对企业技术创新水平提升的影响效应,深化了数字化转型与制造企业服务化之间关系的理解。

(4)构建了数字金融驱动制造企业服务化的理论分析框架,实证检验了数字金融对制造企业服务化转型的促进效应及作用机制。

(5)通过构建有调节的中介效应模型,考察了 ESG 表现对制造企业服务化影响的理论逻辑并予以实证检验,为提高制造企业绩效提供了新的发展路径,为制造企业制定战略决策、促进企业可持续发展提供实践指导。

在书中既有严谨的科学论证,也有规范的案例研究,做到了理论联系实际,具有系统性、实用性和创新性。本书可以为企业数字化转型、制造企业服务化、数字金融、ESG 等领域的科研和从业人员提供参考,可以作为博士研究生、硕士研究生、本科生的企业数字化转型、服务型制造、智能制造等课程的辅助教材,可为政府以及工业和信息化相关部门提供借鉴与参考。虽几易其稿,但内容和观点难免会存在瑕疵和不成熟之处,敬请专家和同仁不吝赐教。

作　者
2024 年 4 月

目　　录

第一章

绪　论

◉ 第一节　背景与意义

一、背景

（一）理论背景

在数字经济时代，数字化转型和服务化已成为制造企业获得竞争优势的有效途径。进行了数字化转型和服务化发展的企业，往往能在激烈的市场竞争中保持有利地位（Frank et al.，2019；Martinez et al.，2017）。这一现象引发了学者们对制造企业数字化转型和服务化发展问题的关注。

从理论角度来看，对制造企业数字化转型和服务化发展的相关研究还很不足，尤其是在实证检验和机制研究方面。既有研究发现，数字化转型能有效优化企业组织结构，提升企业人力资本结构，促进企业创新，提高企业绩效，深化企业分工。但这些研究大都从"互联网+""人工智能"以及数字赋能等角度开展理论分析，或是从外部交易成本、内部管控成本、技术创新以及人力资本结构等视角探讨企业创新绩效、分工优化等的实现路径。

鲜有文献探究数字化转型对制造企业服务化的作用机制以及制造企业服务化的具体实现路径，并进行实证检验。关于数字化转型和服务化的文献大多相对独立，最近一些研究才开始将二者进行结合，探讨数字化转型和服务化之间的相互作用对企业绩效的影响，但是并没有对其作用机制和影响渠道进行分析和检验。

在这种背景下，对数字化转型影响制造企业服务化的直接传导机制、间接传导机制、异质性传导机制进行理论探索与实证检验，具有重要的理论价值。

(二)现实背景

数字技术的创新和发展加速了产业的数字化转型(Kraus et al.,2022)。这一趋势促使全球价值链的竞争焦点从低附加值的传统制造环节向高附加值的研发和创新服务环节转变(Golgeci et al.,2021)。因此,服务化已成为中国制造业转型升级的新动力(Kamal et al.,2020)。通过增加知识型服务要素的投入,可以形成新的价值渠道,提高全球价值链各环节产品的附加值,突破全球价值链的低端锁定,实现制造企业的转型升级和高质量发展。

在《中华人民共和国国民经济和社会发展第十四个五年规划和2035年远景目标纲要》中提出"促进数字技术与实体经济深度融合,赋能传统产业转型升级,催生新产业新业态新模式,壮大经济发展新引擎",打造数字经济新优势。党的二十大报告也明确提出,"坚持把发展经济的着力点放在实体经济上……加快发展数字经济,促进数字经济与实体经济深度融合,打造具有国际竞争力的数字产业集群"。

与此同时,世界经济正处于由"旧"驱动力向"新"驱动力转变的时期,制造业服务化成为当前经济结构转型的典型特征。制造业服务化投入的加速,意味着服务投入在制造业中的比重不断提高,服务在制造过程中扮演着越来越重要的角色。顺应制造业服务化趋势,在第四次工业革命快速发展的背景下,制造业的主要增值环节已从"生产"转变为"服务"。通过客户参与和服务要素供给,服务型制造业最终实现了全球价值链的价值增量。

虽然我国很多企业已经实施了服务化战略,但由于服务要素投入竞争力不足、核心技术创新能力不强等,当前制造业服务化水平仍然较低,在研发设计服务、系统集成服务、整体解决方案和个性化定制服务等方面缺乏核心竞争力。

基于这一现状,在全球服务经济的发展背景下,需要为我国制造企业的服务化找到一条现实路径,这对我国制造企业迈进高端价值链并提升国际竞争力具有重要价值。

二、意义

(一)理论意义

关于制造企业服务化问题的研究,主要沿着两个层面展开:一是制造企业服务化的经济效应,二是制造企业服务化的影响因素。但关于数字化转型对制造企业服务化影响的研究仍较匮乏,少数文献也仅在理论层面通过案例分析法进行了一些初步探讨,不仅缺乏对数字化转型影响制造企业服务化的间接机制的探讨,而且未能利用实际经验数据深入微观企业层面进行更深层次的分析。

Lightfoot 等(2012)研究指出,人们对使用数字技术使企业能够提供以产品为中心的服务认识不足。Paschou 等(2017)也提出,实施数字技术以实现服务化仍然是一个重要但研究不足的领域。Kohtamaki 等(2019)则认为,尽管数字服务化的概念已经确立,但关于其两个主要维度——数字化和服务化之间相互作用的经验数据很少。因此,探索数字化转型与制造企业服务化之间关系演进的作用机制,对于深化数字化转型经济效应的理论研究、打开数字化转型影响制造企业服务化的"黑箱"具有重要的理论意义。

(二)现实意义

数字化转型使制造企业能够利用网络和精确的数据系统促进高效的信息传输和科学决策(Nyagadza,2022)。通过数字技术的跨界整合,可实现价值链内异质知识的高效聚合,可以基于数字化创新和流程改造,探索"制造+服务"的新价值增长点,形成价值创造和商业模式转型(Mazumder and Garg,2021)。通过数字化转型驱动制造服务化,可以实现制造企业从低附加值向高附加值产业链的转型。

在这种背景下,动态把握制造企业服务化的现状和发展趋势,探索数字化转型对制造企业服务化的影响机制和效果,为我国制造企业数字化、服务化创新转型升级、加快推进我国制造业在全球价值链中的地位提升提供有针对性的建议,具有重要的现实意义。

研究结论为理解企业数字化转型的作用提供了经验证据,为制造企业的服务化发展提供了一条现实路径。

● 第二节　目标与内容

一、目标

以数字经济为背景,一方面,从理论层面分析数字化转型影响制造企业服务化的传导机制;另一方面,基于我国制造企业数字化转型和服务化的现状,对数字化转型影响制造企业服务化的直接传导机制、间接传导机制、异质性传导机制进行实证检验,并从"数字金融发展—数字化转型—服务化""ESG(environmental, social and governance,环境、社会和公司治理)表现—服务化—企业绩效"两条路径出发,研究数字化转型驱动制造企业服务化的现实路径。在此基础上,提出政府和企业通过数字化转型驱动服务化水平提升的对策建议,为制造企业成功开展服务化提供理论指导和依据。

二、内容

(一)制造企业数字化转型和服务化的现状与典型案例分析

要研究数字化转型对制造企业服务化的影响,就必须对我国制造企业数字化转型和服务化的发展现状有整体性的把握,因此,一方面,在对企业数字化转型的动因与战略要务进行分析的基础上,总结归纳美国、欧盟、日本、东盟主要国家(地区)等推动制造企业数字化转型的政策,并提出对我国推动制造企业数字化转型的政策启示;接下来,对我国制造企业数字化转型的发展历程与现状进行分析,从数字化转型对制造企业绩效、技术创新、绿色供应链效率的作用机理三个角度,探索数字化转型对制造企业高质量发展的影响机理。另一方面,阐述制造企业服务化对我国产业升级和经济转型的重大战略意义,并分析我国制造企业服务化的现状;继而对 GE、IBM、上汽集团、宝钢、上海电气等世界一流制造企业服务化的典型案例以及西门子、徐工机械、三一重工等企业通过数字化转型赋能制造企业服务化的典型案例进行研究,为后文实证研究提供事实基础,同时为衡量数字化转型对制造企业服务化的影响提供研究依据。

（二）数字化转型影响制造企业服务化的传导机制研究

在文献综述的基础上，从直接传导机制、间接传导机制和异质性传导机制三个维度阐述数字化转型影响制造企业服务化的内在机理，提出制造企业服务化水平在数字化转型推动的价值创造和成本控制中得到提高，数字化转型可以直接驱动制造企业服务化，数字化转型对制造企业服务化的间接影响表现为数字化转型通过创新能力提升、战略柔性提高和人力资本结构优化的机制推动企业服务化水平的提高，并进一步从知识产权保护力度、要素密集度和融资约束三个方面来阐述数字化转型影响制造企业服务化的异质性传导机制；继而，利用我国制造业上市公司的面板数据，对数字化转型影响制造企业服务化的三种传导机制进行实证检验，为推动我国制造企业数字化转型和服务化水平提升提供理论和实践参考。

（三）数字金融影响制造企业服务化的实证研究

选取制造业上市公司的面板数据，基于北京大学数字金融研究中心公布的数字普惠金融指数，通过固定效应模型探究数字金融对制造企业服务化的影响，研究数字化转型、技术创新在数字金融影响制造企业服务化过程中的中介作用并进行内生性与稳健性检验，以得出稳健可靠的结论，最后进一步从地区异质性、要素密集度异质性、企业所有制异质性三个方面区分数字金融对制造企业服务化的影响效果。

（四）ESG表现影响制造企业服务化的实证研究

基于理论分析，构建出ESG表现、服务化与制造企业绩效三者之间关系的理论模型并提出相关的研究假说，选取制造业上市公司数据，研究ESG表现对制造企业绩效的影响，并探究服务化在ESG表现与制造企业绩效两者关系中的中介作用以及数字化转型在ESG表现与制造企业服务化的关系中的调节作用，继而进一步从制造企业主业业绩这一新的视角来考察ESG表现的经济后果，研究ESG表现能否促进制造企业主业业绩的提升，从而实现制造企业高质量发展的预期目标。

● 第三节　思路与方法

一、思路

围绕数字经济背景下制造企业服务化这一核心主题,首先进行制造企业数字化转型和服务化的相关文献综述;然后对美国、欧盟、日本、东盟等推动制造企业数字化转型的政策进行分析并提出对我国的启示;接下来研究我国制造企业数字化转型的发展历程与现状,探索数字化转型对制造企业高质量发展的影响机理,指出数字化转型能够促进制造企业提升绩效水平,增强技术创新能力,助力绿色供应链效率提升,以此实现制造企业的高质量发展;随后分析我国制造企业服务化的现状与典型案例,从直接传导机制、间接传导机制、异质性传导机制三个方面提出数字化转型影响制造企业服务化的理论框架;再次进行实证分析,基于我国制造业上市公司的面板数据,对数字化转型影响制造企业服务化的作用机制进行实证检验;最后从"数字金融发展—数字化转型—服务化""ESG 表现—服务化—企业绩效"两条路径出发,探索数字化转型驱动制造企业服务化的现实路径。

二、方法

在研究过程中,采用定性与定量方法相结合、文献研究与实证分析相结合的方法,探讨数字化转型对制造企业服务化的影响以及制造企业服务化的路径。结合研究需要,主要采用以下几种研究方法:文献研究法、比较分析法、案例研究法、文本分析法和计量分析法。

1. 文献研究法

利用中国知网(CNKI)、Science Direct 等国内外文献数据库,以"制造企业服务化""服务型制造""数字化""数字化转型""servitization""service-oriented manufacturing""digitalization""digital transformation"等为关键词,对国内外关于制造企业服务化、数字化转型的主要研究成果进行检索、跟踪和梳理,分析现有关于数字化转型的概念、驱动因素、测度、经济后果和制造企业服务化的概念、测度、对企业绩效的影响、服务化策略的类型、动因以及数字化转型对服务化的影响、数字化和服务化的融合等问题研究的现状及其不足之处,进而引出研究视角、主要内容和意义,为后续研究假设的提出和理论模型的构建提供理论依据。

2. 比较分析法

由于不同国家的经济结构、工业基础均有差异,因此不同国家和地区制造企业在全球制造业产业链中所处的位置存在差异,制造企业的数字化水平也不同。下面分别对美国、欧盟、日本、东盟等推动制造企业数字化转型的政策进行比较分析,并提出它们推动制造企业数字化转型的政策对我国的启示。

3. 案例研究法

案例选取 GE、IBM、上汽集团、宝钢、上海电气五家世界一流制造企业为研究对象,对这些企业开展服务化的具体措施进行案例研究,并进一步以西门子、徐工机械、三一重工为研究对象,对其通过数字化转型赋能制造企业服务化的举措进行典型案例分析,为后文对数字化转型影响制造企业服务化的传导机制进行理论探索与实证检验提供实践依据。

4. 文本分析法

在借鉴已有研究的基础上,采用文本分析法展开分析,结合我国制造企业的现实情境,构建了数字化转型的关键词,采用 Python 软件对制造业上市公司年报中的"董事会报告""管理层讨论与分析""经营情况讨论与分析"部分进行关键词词频统计和分析,计算数字技术应用、互联网商业模式、智能制造、现代信息系统四个维度下的关键词频率,作为制造企业数字化转型水平数据的测度方式,具有数据偏差小、更加客观、包含细节信息等优势,较好地支撑了后续的实证研究和计量分析。

5. 计量分析法

为了验证理论分析部分提出的假说,采用计量分析的方法,运用计量经济模型,包括固定效应模型、中介效应模型等,利用我国制造业上市公司的面板数据,对数字化转型影响制造企业服务化的传导机制、数字金融与制造企业服务化之间的关系、企业服务化对 ESG 表现与制造企业绩效两者关系的中介作用以及数字化转型在 ESG 表现与制造企业服务化的关系中的调节作用进行实证分析,通过实证揭示出数字化转型驱动制造企业服务化的作用显著性和作用机制。

第二章

数字化转型综述

第一节　数字化转型的驱动与测度

一、数字化转型的概念

数字化转型的内涵一方面强调"数字",一方面又强调"转型"。数字技术在企业数字化转型过程中起重要支撑作用,而业务改进则是数字化转型的本质特征(Matarazzo et al.,2021)。关于数字化转型的概念界定,可以划分为以下两类视角:第一类视角侧重于强调过程,即数字技术的应用;第二类视角侧重于强调结果,关注企业数字化转型的预期效果。

（一）过程视角

从过程视角来看,数字化转型是一种数字技术的应用过程。Westerman 等(2016)认为,数字化转型指企业使用技术从根本上提高企业的绩效或竞争力。Brennen 和 Kreiss(2016)认为,数字化转型是指"围绕数字通信和媒体基础设施对社会生活的许多领域进行重组的方式"。Schallmo 等(2017)提出,数字化转型可以定义为企业如何利用数字技术来开发新的数字商业模式,有助于为企业创造和获取更多价值。Yang 等(2021)提出,数字化转型可以被视为通过大数据分析、云计算、5G、物联网和人工智能重新设计商业模式和制造运营的过程。Pinzaru 等(2017)从数字技术的角度定义了企业的数字化转型,即企业通过在业务活动中采用数字技术来提高业务绩效的过程。Wang 等(2023)研究指出,数字化转型是基于大数据、物联网、区块链等数字技术进行创新和变革的过程,旨在改善企业的运营和管理。从本质上讲,数字化转型是一个借助尖端数字技术增强数据流有效性,提高要素配置效率,增强企业核心竞争力的过程。

（二）结果视角

从结果视角来看,数字化转型强调的是企业产生的变化。Nwankpa 和 Roumani (2016)认为数字化转型是在数字技术的基础上推动、构建的变化和转型,他们将数字化转型定义为企业向大数据、云、移动和社交媒体平台的转变,指出数字化转型是在数字技术的基础上,企业在业务运营、业务流程和价值创造方面产生的变化。Haffke 等(2016)指出,数字化转型描述了通过数据驱动的洞察力触发战术或战略业务举措,以及推出数字商业模式,从而提供获取价值的新方法。数字化转型包括销售和沟通渠道的数字化,这提供了与客户互动的新方式,以及公司产品和服务的数字化。Morakanyane 等(2017)提出,数字化转型是一个利用数字能力和技术使业务模式、运营流程和客户体验创造价值的进化过程。Liere-Netheler 等(2018)认为,数字化转型指企业使用新的数字技术(如社交媒体、移动、分析或嵌入式设备)来实现重大业务改进(如增强客户体验、简化运营或创建新的商业模式)。

Vial(2019)提出,数字化转型是指组织通过使用移动计算、人工智能、云计算和物联网等数字技术来改变其价值创造过程以应对环境变化的过程。Verhoef 等(2021)认为,数字化转型是指企业利用数字技术(如大数据、人工智能、虚拟现实)改造生产流程、商业模式、内控、组织文化,以适应不断变化的数字时代,增强竞争优势的过程。刘淑春等(2021)研究指出,数字化转型是指通过将数字技术引入现有企业管理架构,推动信息结构、管理方式、运营机制、生产过程等相较于工业化体系发生系统性重塑的过程,企业数字化转型的过程实质是从"工业化管理模式"向"数字化管理模式"的变革。王永贵和汪淋淋(2021)提出,数字化转型是企业通过使用新的数字技术来改进企业的核心业务,以增强客户体验、简化运营流程或创建新的商业模式的变革过程。Li 等(2023)将企业数字化转型定义为企业通过数字技术重构生产经营活动和组织结构,提高生产经营效率和组织管理效率,将数字化转化为核心竞争力的过程。

二、数字化转型的驱动因素

数字化转型的驱动因素可分为外部驱动因素和内部驱动因素。

（一）外部驱动因素

1. 技术是数字化转型的关键先决条件（Jia et al., 2023）

以第五代移动通信技术（5G）为代表的关键信息技术为数字化转型铺平了道路（Attaran, 2023）。5G 因其高吞吐量、低时延、高可靠性而成为数字化转型的核心技术因素。Volberda 等（2021）指出，数字技术创造了新的竞争方式，通过改变企业的内部结构、业务流程、管理者决策方式以及组织职能等，推动了企业的数字化转型。Shen 等（2021）对纺织行业的实证研究表明，数字技术通过数字动态能力促进企业的数字化转型。Tsiavos 和 Kitsios（2022）研究指出，数字技术是企业数字化转型战略成功的重要因素之一，在数字经济时代，只有顺应数字技术发展趋势的企业才具有可持续性。

2. 完善的金融服务缓解了数字化转型中的融资约束

数字化转型所需的投资是巨大的（Liu et al., 2021），因此能否获得高效的金融服务对于缓解转型的融资约束至关重要。数字金融通过金融与技术的深度融合，缓解了信息不对称，弥补了传统金融中资源的错配，有效推动了数字化转型（Luo, 2022）。日益增强的公共力量也是影响数字化转型的重要因素。公众关注作为一个重要的非官方监督和监管体系，在污染控制中变得越来越重要（Cheng and Liu, 2022）。一些研究表明，公众关注带来的外部环境压力可以显著促进重污染企业的数字化转型（Wu et al., 2018）。

3. 政府出台的各种激励政策也是数字化转型的重要驱动因素

政府在支持数字产业发展的过程中，既为企业营造了数字化转型的良好氛围，提升了社会对于数字化转型的关注度，也为企业提供了转型动力和现实需求（郁建兴, 2019）。政府对数字企业的各种补贴政策，可以增加数字产业的服务供给，提升数字化人力资本投入，从而促进企业数字化水平的提高（余典范等, 2022）。

政府治理环境和法治建设环境等营商环境的优化，对企业的数字化转型具有促进作用，而财政科技支出等政府支持工具的强度越大，企业数字化转型的程度也越高（龚新蜀和靳媚, 2023）。在政府出台的各种政策中，环境政策对企业数字化转型的驱动作用最大，需求侧政策的作用次之，而供给侧政策的作用则要弱一些（Yang et al., 2021）。

政府的创新补贴政策可以弥补企业的创新资源缺口,推动企业增加在研发上的投入,缓解企业外部融资约束,从而促进企业的数字化转型(陈和和黄依婷,2023)。

研发费用加计扣除和税费减免等税收优惠政策可以减轻资源型企业的税收负担,分担企业的转型风险,激励企业加大研发投入,为企业的数字化转型提供必要的软硬件基础条件(成琼文和丁红乙,2022)。此外,Chen 等(2023)验证了数字化转型的财务驱动因素。他们利用 2007 年至 2019 年中国上市公司的数据,研究营业税转增值税政策对企业数字化转型的影响,研究结果表明,减税政策促进了企业进行数字化转型,该政策对高税负、低利润和非国有企业的数字化转型的驱动作用非常显著。

(二) 内部驱动因素

1. 企业高层对数字化转型的态度是决定转型能否成功的关键因素

数字化转型涉及许多部门,是一个顶级领导项目(Matt et al.,2015;Hess et al.,2016),因此企业高层管理人员的支持是数字化转型的先决条件(Sun et al.,2020)。具有转型愿景和创造支持性组织文化的领导者对于数字化转型至关重要(Cichosz et al.,2020)。

越来越多的企业设立了首席数字官职位以支持企业的数字化转型。数字化转型会影响多个员工并导致需要协调的相互依赖关系,企业首席数字官需要具备组织、战略和数字技术经验,连接组织内部的利益相关者是首席数字官面临的关键挑战。首席数字官需要将企业不同的正式和非正式活动结合起来,在不同单位和不同层级从事数字化转型活动的员工之间进行横向协调(Singh et al.,2020)。复合职能背景的 CEO 凭借其过往丰富的职业经历所形成的个人烙印效应和资源效应,可以缓解企业进行数字化转型决策时的信息不对称以及融资约束,显著提升企业数字化转型程度(毛聚等,2022)。

2. 组织的动态能力也会影响数字化转型

企业通过调整现有资源、流程和价值观所产生的动态能力,有利于数字化平台的构建(Karimi and Walter,2015)。Li 等(2018)通过对跨境电子商务中小企业的案例研究,指出组织能力提升是驱动企业数字化转型的重要前提条件。

Warner 和 Wager(2019)探讨了传统企业如何为数字化转型建立动态能力,提出由数字感知能力、数字捕获能力和数字转型能力所构成的动态能力系统是企业进行数字化转型的先决条件。其中,数字感知能力包括数字侦察、数字场景规划、数字思维模式三种能力,数字捕获能力包括战略敏捷性、快速原型设计、平衡数字投资组合三种能力,数字转型能力包括导航创新生态系统、重新设计内部结构、提高数字成熟度三种能力。

三、数字化转型的测度

1. 数字化转型测度指标

对于产业的数字化转型,通常可以采用单一指标法和指标体系法来测度。目前,大多数学者采用单一指标法测算数字化转型,并使用投入产出法从数字投入和数字产出两个角度进行探讨。从数字化投入的角度来看,党琳等(2021)、陈晓东和杨晓霞(2021)将产业数字化水平表述为数字化投入程度与网络化指数的乘积以及数字化硬件设施和软件服务的完整投入水平。从数字化产出的角度来看,可通过信息通信技术(ICT)投入带来的制造业产出增长来衡量(Zhou et al.,2022)。值得注意的是,从投入角度看制造业的数字化转型,强调的是数字技术在产业层的应用。相比之下,从产出角度出发的制造业数字化转型侧重于转型的经济效应。前者着眼于转型效果,直接与数字化转型政策相对应,而后者更适合描述数字化转型过程。

此外,经合组织、麦肯锡、埃森哲等机构采用了涵盖信息通信技术投资及其互补资产各项指标的指标体系,以更全面地描述数字化转型的进展情况。与单一指标相比,该指标体系能更全面地反映制造业的数字化转型情况。从实际情况来看,该指标体系方法适用于数字经济相关账户健全的主体,但我国数字经济卫星账户仍需完善。虽然可以依托行业组织和部分服务平台,通过调研问卷、专家打分等方式获取指标测算所需的信息,然而,这些评估数据的主观性较强、不稳定。

2. 企业数字化转型的度量方法

对于企业数字化转型,现有文献主要有以下几种度量方法:

第一种方法是通过人工整理上市公司年报和公告,构建企业数字化转型的虚拟变量。何帆和刘红霞(2019)通过手工整理 46 978 份临时公告和定期公告,设置了企业数字化转型的虚拟变量,企业当年实施了数字化转型取1,否则取0。

第二种方法是将投资或资产的信息作为数字化转型的指标。刘淑春等(2021)以企业的信息化投资额、数字化咨询和培训额为代理变量,计算企业推行数字化管理投入产出效率,衡量企业数字化转型的效率水平。祁怀锦等(2020)、张永珅等(2021)以上市公司财务报告附注披露的年末无形资产明细项中与数字化转型相关的部分占无形资产总额的比例来度量企业的数字化转型程度。

第三种方法是通过问卷调查的方式获取企业数字化转型数据。Halpern等(2021)采用李克特五分量表,从数字技术、数字化设备、数据分析与应用三个方面衡量企业数字化转型。刘政等(2021)根据世界银行中国投资调查所提供的企业软硬件信息设备投资、互联网产品销售、IT从业人员比重等数据,选取软硬件信息设备投资、信息网络支出、电子商务流程和电子商务交易等作为企业数字化转型的量化指标。

第四种方法是通过对上市公司年报的文本分析和词频统计来测度企业数字化转型。上市公司年报具有年度总结回顾和未来展望的性质,因此利用上市公司年报的文本分析和词频统计的方法衡量企业数字化转型具有一定的研究意义和可行性。吴非等(2021)从"底层技术运用""技术实践应用"两个层面,根据上市公司年度报告中关于"数字化"的词频统计,作为企业数字化转型程度的代理指标。赵宸宇(2021)通过对2007—2017年制造业上市公司年度报告的文本分析,从数字技术应用、互联网商业模式、智能制造和现代信息系统四个方面统计关键词的披露次数,构建制造业上市公司数字化发展总指数来测度企业数字化发展程度。Zhang等(2023)使用上市公司年度报告中披露的数字化相关词汇的频率,从人工智能技术、大数据、云处理、区块链和数字技术的应用五个维度统计词频,来刻画企业数字化转型。

四、数字化转型的经济后果

对于数字化转型的经济后果,现有研究主要从运营效率、绩效、创新、环境等视角进行了探讨。

1. 数字化转型对企业运营效率的影响

在数字经济时代,快速变化的外部环境加剧了制造企业保持持续竞争优势的难度。企业必须动态调整其制造运营模式（Malik and Kotabe, 2009）。在这种情况下，数字化为寻求智能生产设备、网络化运营流程和先进制造技术的企业提供了新的颠覆性机会（Ghobakhloo, 2018）。对数字化转型的相关研究表明了数字技术和解决方案在运营领域的潜力（Chauhan et al., 2021）。与传统的信息系统或信息技术应用相比，向数字化的过渡是制造企业持续运营改进的最新推动因素。

运营管理中涌现出各种数字技术和实践，如大数据分析、互联网+行动和物联网技术。大数据分析表明，企业在最大化产量和最大限度地减少材料浪费方面具有巨大潜力（Guha and Kumar, 2018）。互联网+行动可以改善不同业务部门之间的沟通和协作。物联网技术有助于提高操作可见性，因为允许操作过程分解，以便每个步骤都可用分布式方式进行（Agrifoglio et al., 2017）。

近年来，工业4.0概念伴随着一系列涉及智能产品和生产过程的技术和方法迅速发展，突出了制造业数字化转型的革命性潜力（Pagliosa et al., 2021）。从运营绩效的角度来看，工业4.0技术对企业的成本、质量、交付和灵活性绩效有积极影响（Szasz et al., 2020）。由于数字化转型的复杂性，其实施更有可能受到企业特征和资源异质性等其他因素的干预。Hajli等（2015）研究发现，数字化提高了信息通信行业等更依赖数字技术的企业的运营水平，而对传统制造业没有产生显著影响。Li和Jia（2018）认为，数字化的运营效益在很大程度上可以通过对内部和外部资源采取以资源为中心的行动来实现。

2. 数字化转型对企业绩效的影响

Li等（2021）通过对192家中国制造业公司的实证分析，发现在大多数情况下，数字化转型与企业绩效呈正相关关系，为了提高绩效，企业应该实施真正的数字化，而不仅仅是信息化和网络化。而知识惯性削弱了数字化对企业绩效的影响，企业应设法降低知识惯性的不利影响。Zeng等（2022）利用2012—2019年中国A股上市公司的面板数据，发现数字化可以显著提升企业业绩，高层管理团队经验是有效强化数字化对财务业绩的促进作用的重要补充资源。此外，行业竞争的压力可以转化为企业数字化的力量，从而放大数字化的财务效应。机制检验表明，提高全要素生产率是数字化改善企业财务绩效的潜在机制。Bhandari等（2023）基于571家美国制造公司的面板数据，研究发现数字化与绩效之间存在曲线关系,在低水平数字化时斜率为负或相对平坦,在相对较高的数字化水平下斜率越来越正。在数字化基础设施开发的早期阶段,发生的初始投资对公司盈利能力的影响微不足道或可能产生负面影响,一旦数字化到达变革过程的临界值时,数字化对盈利能力的影响就会上升。田颖和赵子旋(2023)对制造业上市公司的实证研究表明,政府数字化投资和企业数字化投资均对成长绩效具有显著的正向促进作用,有利于企业研发能力与绩效的提升。

3. 数字化转型对企业创新的影响

在数字化转型过程中,企业拥有大量关于产品及市场的信息和数据,不仅可以直接帮助企业开发新产品,还可以帮助它们控制生产过程或实现流程创新。此外,数字化转型可以连接创新生态系统中的各种主体,形成一个协调的网络。它允许更多的代理商参与企业创新活动,从根本上改变从产品设计到消费市场的单向创新模式。因此,数字化转型彻底改变了创新范式,从而影响了制造企业的创新投入(Wen et al.,2022)。

数字化转型为企业的技术创新提供了技术支撑。企业数字化转型的一个典型特征是建设数字化基础设施,可以为技术创新提供多功能平台和多维度的创新环境,促进技术创新的创新频率和溢出效应(Li et al.,2023)。Gaglio 等(2022)基于南非制造业微型和小型企业的统计数据,研究指出数字化转型对企业创新具有积极影响,社交媒体和使用互联网可以通过支持企业之间、企业与消费者之间的互动和知识交流来实现创新。

Zhuo 等(2023)基于710家上市公司2009—2019年的数据,研究发现我国企业面临着研发投入没有显著提高全要素生产率的创新困境,而数字化转型可以通过提高创新质量、增强吸收和转化能力来克服创新困境。在数字化场景中,企业可以根据市场环境的变化,准确分析客户的潜在需求,及时调整研发方向,优化研发要素配置结构,最终提高企业创新质量。通过使用数字技术,企业可以及时了解专利保护信息和模仿者的研发趋势。数字化转型的过程可以降低运营和销售产品所需的成本,帮助企业适应所需的环境,降低研发的外部风险,从而促使企业优化研发结构,开展高质量的创新活动(Martinez-Caro et al.,2020)。

4. 数字化转型对环境的影响

数字化转型通过支持绿色知识获取,促进企业的绿色技术创新活动和绿色知识管理的转化,改善企业环境绩效(Sahoo et al.,2023)。数字化转型代表着企业运营的广泛技术变革(Jiang et al.,2022)。数字技术的嵌入提高了企业排污和能源系统的智能化水平(Xu et al.,2022),并有效加强了对环境绩效的控制。数字化对创新能力的驱动作用,也有助于企业加快节能减排技术的开发。数字化转型提高了企业内部管理的智能化程度,提升了企业内部控制质量和治理水平。数字技术与业务流程相结合,使经营成果数据化,数据的可用性降低了企业的信息不对称,从而改善了融资条件。数字化转型要求企业雇佣受过高等教育的员工,这无疑会促进人力资本的积累。

数字化转型所带来的技术进步、人力资本、治理和融资条件的改善有利于提高企业的环境绩效(Wang et al.,2021;Amore and Bennedsen,2016;Yang et al.,2020;Tian and Lin,2019)。Wang 等(2023)研究了数字化转型对改善制造企业 ESG 责任绩效的影响,结果表明,数字化转型可以显著提高制造企业的 ESG 责任绩效,数字化转型程度每提高 1%,制造企业的 ESG 责任绩效就会提高 0.124%。Zhao 等(2023)根据 2010—2021 年 A 股市场重污染企业的统计数据,研究指出数字化转型对企业的 ESG 绩效产生积极影响,通过数字化转型可以增强重污染企业与投资者之间的联系,并促使企业更好地履行社会责任,从而改善环境、社会和治理绩效。

第二节　制造企业服务化

一、制造企业服务化的概念

最早对制造企业服务化的概念进行研究的是 Vandermerwe 和 Rada(1988),他们提出服务化是制造企业通过提供产品服务包来提高其产品核心价值的一种方式。他们认为,制造企业服务化转型的典型特征,就是企业从生产"产品"向提供"产品和服务"转变,这意味着"服务"脱离了产品的配件,成为增值因素的一部分。Vandermerwe 和 Rada 强调,企业进行服务化转型的主要目的有三个:获取竞争优势、留住用户、提高差异化水平。自从 Vandermerwe 和 Rada 提出服务化的概念以来,制造企业服务化问题引起了学术界的广泛关注,学者们从产出、价值链、战略转型等不同的视角对服务化的概念进行了界定。

1. 从产出视角界定服务化的概念

从产出视角对服务化的概念进行界定,主要是关注企业从原来只提供产品向提供集成的产品与服务的改变。从这个角度来看,制造企业服务化被认为是产品和服务的整合。制造企业从单纯关注生产过程并提供产品及相关附加服务转变为关注服务过程并提供"产品服务包",该"产品服务包"包括产品、服务、支持、自助服务和知识,是企业利润和客户满意度的主要来源(Vandermerwe and Rada,1988)。Verstrepen 等(1999)提出,服务化是制造企业在原来核心产品业务的基础上,增加额外的服务业务。Robinson 等(2002)也提出了类似的服务化定义,认为服务化是企业产品和服务的整合供应包。Reiskin 等(1999)认为,服务化是企业从产品到服务型企业转变的过程,同时也是改变企业管理物料输入、吞吐量和输出方式的主要力量。Desmet 等(2003)则把服务化定义为制造企业在其整体产品供应中,服务成分所占比重越来越高的趋势。Fishbein(2000)和 Makower(2001)等也指出,服务化意味着企业由出售物品本身转为出售物品功能或者服务。Morelli(2003)提出,服务化是产品识别从以产品材料本身为基础向材料与服务系统演变的过程。Oliva 和 Kallenberg(2003)研究指出,企业服务化转型是企业从只提供产品沿着产品服务连续性前进,最终转变为只提供服务的一个连续过程。Ward 和 Graves(2007)把服务化定义为制造企业所提供的服务范围的增加。Bustinza 等(2015)指出,服务化代表了企业从销售商品到销售商品和服务的集成组合的转变,这种转变能带来企业竞争优势的增强。童有好(2015)认为,制造企业服务化是为了更好地满足消费者多样化的个性需求,由提供产品制造为核心向提供产品、服务和整体解决方案并重转变的过程。

2. 从价值链视角界定服务化的概念

从价值链视角对服务化的概念进行界定,主要是关注制造企业在价值链上下游的移动。Anderson 和 Narus(1995)研究指出,制造企业要向价值链的下游移动,关注用户需求,为每个用户的个性化需求量身定制产品,并针对目标细分市场和用户需求提供围绕产品的补充服务,为企业创造最大价值。Wise 和 Baumgartner(1999)认为,随着制造企业在价值链的生产和销售环节的利润空间不断被挤压,企业需要向下游的服务环节移动,提供操作和维护产品所需的服务。Neely(2008)和 Baines 等(2009)则指出,服务化涉及组织能力和流程的创新,使企业能够通过从销售产品转为销售产品服务系统来更好地创造相互价值。赵一婷、刘继国(2008)提出,与价值链的加工制造环节相比,服务环节不易被模仿,服务化是制造业企业为了获取竞争优势,将价值链由以制造为中心向以服务为中心转变,往研发、营销等服务环节延伸的过程。简兆权和伍卓深(2011)站在微笑曲线观点的角度,提出服务化是制造企业依照自身的资源和能力状况,向价值链的上游、下游等不同方向延伸业务的过程,包括上游产业链服务化、下游产业链服务化、上下游产业链服务化和完全去制造化四种方式,制造企业服务化的本质是企业价值链的延伸。Spring 和 Araujo(2013)认为,制造企业的服务化是企业将以前由客户执行的活动进行了接管,对价值链中的劳动分工做了改变。

3. 从战略转型视角界定服务化的概念

从战略转型视角对服务化的概念进行界定,主要是关注企业在实施服务化时,企业战略层面的变化。Bowen 等(1989)、Quinn 等(1990)、Gadiesh 和 Gilbert(1998)、Wise 和 Baumgartner(1999)认为,服务化是以产品为中心的企业通过将服务集成到核心产品中而采取的一种过渡性战略。Lewis 等(2004)则把服务化定义为一种改变产品功能向市场交付方式的战略。Ren 和 Gregory(2007)提出,服务化是制造企业接受服务导向或开发更多服务的一个变革过程,旨在满足客户的需求,获得竞争优势并提高公司绩效。Mathieu(2001)从战略模式的视角提出,服务化指制造企业为客户提供服务业务获取价值的一系列行动和结果。White 等(1999)、Gebauer(2008)从战略定位的视角提出,服务化指制造企业通过改变其在市场竞争中的角色或地位,以优化资源配置并建立竞争优势。

综上所述,现有研究从不同视角对制造企业服务化的内涵进行了探讨,早期的定义主要围绕基于产品的服务供应,而随着服务化研究的深入和服务化在企业中的应用,学者们开始从战略的角度来研究服务化。制造企业的服务化不仅存在众多不同角度的定义,而且不同的研究者还使用其他不同的术语来对这一概念进行了解释。例如,服务注入(service infusion)(Forkmann et al.,2017)、从产品到服务的过渡(transition from products to services)(Oliva and Kallenberg,2003)、服务过渡(service transition)(Fang,Palmatier and Steenkamp,2008),这几个术语通常用于指代制造企业的服务增长过程。而集成解决方案(integrated solutions)(Davies,2004)、产品服务系统(product service systems)(Mont,2002)和混合产品(hybrid offerings)(Ulaga and Reinartz,2011)这几个术语则用于描述产品和服务的创新组合。这些术语经常与服务化互换使用(Kowalkowski et al.,2017)。

二、制造企业服务化的测度

对于制造企业服务化水平,一般采用企业所提供的服务业务数量、服务收入占比以及其他一些方法来测度。

根据制造企业所提供的服务业务数量来测度服务化水平,Bowen(1989)认为,制造企业的服务化水平可以从两个方面进行测量:一是服务活动的类型和数量,包括用户可接受的送货时间、售后安装、维修以及服务人员的态度等;二是服务的质量及其对企业产品战略的重要性。Homburg 等(2002)提出,可以从企业提供服务的数量、宽度和强度三个维度来测度服务化水平,服务宽度用消费服务产品的人数来衡量,而服务强度则用服务在企业中的地位来衡量。刘继国(2008)研究指出,制造企业服务化包含服务要素的数量、服务要素的成本、对服务要素的重视程度三个维度,可以用这三个维度的得分乘积作为企业服务化水平的评测值。Neely(2009)认为,制造企业可以提供咨询服务、研究开发服务、金融商务服务、维修保养服务等 12 种不同种类的服务,制造企业服务化的程度可以根据企业提供的不同种类服务的数量来衡量。Baines 等(2009)也认为,制造企业服务化程度应根据企业提供服务的数量来衡量,企业提供的服务越多,服务化程度就越高。陈洁雄(2010)将制造企业中与主营业务相关的服务归纳为物品技术服务等八种,以企业开展的服务业务数量作为服务化的度量指标。李靖华等(2015)采用将服务数量和服务深度相结合的加权"服务化程度"测量法,把服务数量作为主要衡量指标;然后根据制造企业服务发展演进阶段将服务模式分为产品延伸服务、整体性解决方案、功能性服务三类,并分别赋值为1、2、3,作为服务深度,在服务数量的基础上进行了加权;最后,以服务数量和服务深度的乘积作为衡量制造企业服务化程度的变量。

根据制造企业的服务收入占比来测度服务化水平,Story 等(2017)认为,服务化程度可以根据服务收入占总收入的比例进行衡量。其他一些学者也采用了类似的方法,如 Crozet 和 Milet(2017)、Martin-Pea 等(2019)、Chen 和 Zhang(2021)、Shen 等(2021)。另外一部分学者则使用"其他业务收入"或"主营业务外收入"作为制造企业的服务收入,计算其在总收入中的占比,作为测量服务化程度的指标,如 Skaggs 和 Droege(2004)、Fang 等(2008)、翁智刚(2010)、黄慧群等(2013)。Partanen 等(2017)则是通过李克特量表让企业人员评估服务对企业收入的重要性来衡量服务化程度。

除了以上两种方法,还有一些学者采用其他方法来测度制造企业服务化水平,如 Oliva 和 Kallenberg(2003)通过管理人员评价企业在"纯产品"到"纯服务"的连续体中所处的位置来衡量服务化程度。Leseure 等(2010)依据企业与用户的关系性质来测度服务化水平,当企业与用户是关系型时服务化水平较高,而当企业与用户是交易型时服务化水平较低。Gebauer 等(2011)则采用了根据用户对企业所提供服务的满意度来测评服务化水平的方法,由企业人员评价用户的服务满意度,由此得到企业的服务声誉值,作为服务化水平的代理变量。Guo(2015)从产品性能、客户绩效、服务收入三个方面来衡量服务化水平。蔡三发等(2016)从企业战略、投入服务化和产出服务化三个维度构建了制造企业服务化水平评估体系,企业战略包括经营定位、服务品牌战略以及企业对服务的重视程度三个指标,投入服务化包括投入服务要素的数量、投入强度和服务要素的成本三个指标,产出服务化包括提供服务的数量、服务收入以及服务收入占比三个指标。

三、制造企业服务化对企业绩效的影响

(一)服务化有助于企业绩效的提升

对制造企业服务化与企业绩效的关系研究,大量学者研究认为,服务化有助于企业绩效的提升。Vandermerwe 和 Rada(1988)研究指出,制造企业进行服务化

转型,有利于企业增强市场竞争优势,锁定顾客并提高差异化程度,为拓展利润空间、提高盈利水平奠定基础,从而促进企业绩效的提高。Homburg 等(2002)的分析表明,服务化对企业财务绩效和非财务绩效都具有显著的积极影响。Watanabe 和 Hur(2004)对日本制造企业进行服务化转型的经济后果进行了研究,发现服务化对企业市场业绩具有显著的正向影响。Gebauer 和 Fleish(2005)研究指出,制造企业服务化提高了企业的利润水平,还促进了实体产品的销售。Cohen 等(2006)的研究表明,制造企业通过提供安装、维修、配送等售后服务,可以为企业贡献 10% 以上的利润。

Antioco 等(2008)通过对欧洲 137 家制造企业的实证研究,发现服务化对企业收入具有正向促进作用。陈洁雄(2010)对美国装备制造、汽车、家电以及电子信息等制造企业的实证研究表明,服务化与企业经营绩效之间存在着显著的正向线性关系。Crozet 和 Milet(2017)基于 1997 年至 2007 年法国制造企业的统计数据,对服务化对企业绩效的影响进行了研究,研究结论表明,进行服务化转型的企业的盈利能力增加了 3.7% 到 5.3%。

Bohm 等(2017)研究指出,无论服务化转型的起点是健康还是恶化的财务状况,服务化都可以对企业绩效产生积极影响。陈漫和张新国(2016)基于 305 家制造业上市公司的面板数据,检验了服务转型模式对企业绩效的影响,研究发现,嵌入式服务转型能够提升我国制造企业的绩效。陈丽娴(2017)基于我国 2003—2015 年制造业上市公司的数据,利用 PSM-DID 方法进行了实证研究,研究结果表明,制造企业通过服务化转型显著提高了绩效。

(二)服务化并非总是对企业绩效产生积极影响

另外一些学者研究发现,服务化并非总是对企业绩效产生积极影响。Chase(1981)、Oliva 和 Kallenberg(2003)认为,对于正在经历服务化的制造企业来说,在纯产品制造商和服务提供商之间有一个过渡阶段。尽管许多制造企业已经启动了服务化,但很难从探索性服务业务中获得潜在的经济收益。由于成本增加和缺乏相应的回报,服务收入的增长未能达到预期目标,Gebauer 等(2005)首先将这种现象称为"制造企业的服务悖论"。Fang 等(2008)证明了"服务化悖论"的存在,并发现只有当服务收入占企业总收入的比重达到 20% 至 30% 时,服务化才会在提升企业价值方面发挥重要作用,然而,服务化的绩效影响似乎在很大程度上取决于行业、服务组合的性质和规模。同时,Neely(2008)研究了来自 25 个国家的上市制造企业,探讨了服务化与企业绩效之间的关系,发现尽管同时提供服务的制造企业比"纯制造企业"获得了更高的销售收入,但服务化企业的利润与收入之比仍然低于传统的"纯制造企业",这可能是由于服务化所需的劳动力成本和营运资金成本较高造成的。

翁智刚等(2010)通过对我国 159 家制造业上市公司 2003—2008 年的面板数据,研究发现制造企业服务化对企业价值具有负面影响。Benedettini 等(2015)通过对进行服务化转型与未进行服务化转型的两类破产企业的对比研究,提出服务化会造成内部与外部环境风险,指出制造企业服务的增加不一定会带来绩效提升反而有可能产生破产风险,而不同类型的服务伴随的风险情况也有所差异。

(三)服务化与企业绩效之间并非简单的线性关系

还有一部分研究表明,服务化与企业绩效之间并非简单的线性关系。Kastalli 和 Van Looy(2013)研究指出,企业服务化与其利润率之间呈马鞍形特征,企业开始实施服务化时会导致利润出现显著性的提升,而随着企业服务化程度加深,企业重心逐渐从产品制造转向服务业务,原有的与产品制造相关的资源、组织结构等都与新的服务业务不匹配,这样企业需要进行大量投资来支撑新的业务,因此企业利润水平会出现下降趋势,当企业在服务业务领域达到一定规模并获取一定经验以后,其利润会再次回归稳定的上升趋势。Suarez 等(2013)的实证研究结果表明,企业总收入中来自服务的那部分与其整体经营利润率之间存在 U 形关系,服务增长与企业盈利能力下降有关,但当服务化程度达到某个临界点(56%)时,附加的服务开始对企业的整体盈利能力产生积极的边际效应。

Kohtamaki 等(2013)基于 91 家芬兰制造企业的调研数据,发现服务化和企业销售增长之间存在类似的 U 形关系。Ivanka(2013)的研究也表明,随着制造企业服务化水平的提升,企业业绩呈现出先升后降的特征。Eggert 等(2014)研究指出,工业服务战略能促进企业收入增长,但对企业利润水平会产生负面影响。

肖挺等(2014)基于我国制造企业 2003—2011 年的面板数据,研究发现食品饮料加工与纺织品制造企业的"服务化—绩效"关系曲线呈 U 形,而电子信息设备制造和交通工具制造企业的"服务化—绩效"关系曲线呈现马鞍形走势。Li 等(2015)基于浙江省上市公司的截面数据检验服务化水平与企业业绩的关系,结果表明,企业服务业务数量对资产收益率的正向影响更直接,而与企业净资产收益率之间呈现倒 U 形关系。李靖华等(2015)对我国制造企业"服务化困境"的实证分析表明,服务化程度与企业经营绩效之间呈现马鞍形关系。Kwak 和 Kim(2016)基于韩国中小企业的数据,研究指出服务整合战略与企业盈利能力之间是倒 U 形关系。

综上所述,大部分学者都肯定了制造企业服务化对企业绩效的促进作用,但对于这种影响关系和程度仍存在较大争议。服务化对企业绩效的影响要受到很多情境因素的影响,服务化的顺利实施需要企业内外各个领域的转型,如组织结构、企业文化、资源配置、运营模式以及与内部和外部利益相关者的关系。这些都隐含着转型过程中不确定性和复杂性带来的潜在风险。此外,在某种程度上,企业服务化转型成功与否还取决于整体行业环境甚至全球经济或金融环境等不可控因素。Kastalli 和 Van Looy(2013)将服务化过程分为三个阶段,并解释了"服务化悖论"背后的可能原因。他们指出,服务销售和盈利能力之间可能存在曲线关系,其特征是两个鞍座或立方关系,第一阶段从无意识的服务化开始,当这种举措的好处被收获时,企业转向有意识地努力进行更密集的服务化,以便将曲线向上推。然而,在第二阶段,由于投资通常会增加,利润被这种增加的投资成本所吸收,从而使曲线回落。在第三阶段,企业实现了规模经济并赚取了更多的利润;除了在这个阶段发生的学习效应之外,曲线再次转弯并向上移动。因此,所谓的"悖论"实际上发生在利润被成本增加抵消的第二阶段。因此,初步实施服务化的企业不应对获得的初始回报过于乐观,相反,它们应该保持谨慎,思考第二阶段的关键瓶颈可以通过自己的能力和潜力来克服的可能性。如果企业对自己的能力没有足够的信心,则应暂时停止服务化的努力,直到获得足够的力量,因为服务化的道路是不断加强企业能力的过程(Neely,2008)。

四、制造企业服务化策略的类型

对于制造企业服务化策略的类型,学者们根据服务对象、企业提供服务的类型、服务的内容等进行了不同的分类。

Mathieu(2001)将制造企业的服务化策略分为支持产品的服务(services

support product，SSP）和支持客户的服务（services support customer，SSC）两种类型。支持产品的服务其目的在于帮助企业产品实现功能，而支持客户的服务其目的在于为客户行为提供整体解决方案。在支持产品的服务和支持客户的服务这两种服务化策略的基础上，Saccani 等（2014）进一步提出，服务化类型应该包括支持产品的服务、支持客户的服务以及支持客户流程的服务，支持客户流程的服务包括旨在支持客户（重新）设计、管理和优化产品支持的流程的服务，主要是专业和咨询服务，如工艺工程、测试和模拟等。

Tukker（2004）根据制造企业服务化从初级向高级阶段的演化过程，将服务化策略分为产品导向服务化、使用导向服务化和结果导向服务化三种类型。从产品导向服务化转向使用导向服务化或结果导向服务化，需要彻底改变供应商的商业模式。对于产品导向服务化，供应商的商业模式主要面向产品销售，但增加了一些额外的和相对标准化的服务，如维护合同、消耗品供应、产品使用建议或将"物质产品"的所有权转移给客户的财务计划。在使用导向服务化中，传统产品仍然发挥着核心作用，但供应商的商业模式不再面向销售产品。供应商通常保留产品所有权，负责维护、维修和控制，产品只是通过不同的方式（如租赁、共享或汇集）提供给客户。在结果导向服务化中，供应商和客户就交付结果或产出达成一致（如复印机行业的按次印刷付费方式）。在使用导向服务化和结果导向服务化中，有形商品充当提供服务的工具，而不是目的本身（Vargo and Lusch，2004）。Neely（2008）在 Tukker 提出的三种服务化策略基础上，增加了一体化导向服务化和服务导向服务化两种策略，最终确认了五种服务化策略。

Gebauer 等（2005）、Sousa 和 Silveira（2017）将制造企业的服务化分为基础服务（basic service，BAS）和高级服务（advanced service，ADS）两种类型，BAS 的服务对象是企业的核心产品，而 ADS 的服务对象则是企业的客户。Sawhney 等（2004）认为客户的活动链是探索服务主导的增长机会的基础，服务化策略可以根据该策略对客户活动链的影响进行分类。Gebauer 等（2010）遵循这一思路，提出了五种服务化策略：售后服务提供商、客户支持服务提供商、客户服务战略、开发合作伙伴和外包合作伙伴。前四种服务化策略旨在探索现有客户活动链中的新业务活动。外包合作伙伴策略涉及重新配置现有客户活动，该策略通过提供运营服务重新配置价值链中的职责，以接管运营风险并对客户的运营流程承担全部责任。

Laure 等(2018)提出三种类型的服务化策略：

第一种服务化策略称为"附加服务"，制造企业将一些服务建议集成到其产品中，这种集成有助于提高产品对供应商和客户的价值。这种类型的服务化策略包括培训服务、文档和信息、故障服务、备件或维护工具、预防性维护或客户机器的改进等。

第二种服务化策略称为"活动重新配置"，制造企业将自己定义为产品和服务提供者，并通过与客户一起开发新活动或假设特定流程来积极参与价值创造。这种类型的服务化策略包括旨在与客户共同开发产品或流程的服务以及外包服务等。

第三种服务化策略称为"商业模式重新配置"，这意味着制造企业改变其商业模式，不再转让其产品的所有权，企业与客户就以使用或结果为导向的安排达成一致，这不仅会改变其产品，还会改变其组织流程以及收入和利润方式。这种类型的服务化策略是指基于产品使用或基于对结果的承诺而不销售产品的服务，因此，它要求企业和客户之间签订具体的合同，如租赁合同。

刘建国(2012)根据制造企业产品服务系统的特征和企业价值链分布类型，将制造企业服务化转型分为四种类型：服务外包模式(outsourcing service mode, OSM)、集成服务模式(integration service mode, ISM)、合作服务模式(cooperation service mode, CSM)、服务提供商模式(provider service mode, PSM)。王丹和郭美娜(2016)将制造业企业服务划分为"一体化导向"服务化、"职能导向"服务化和"集成导向"服务化三种类型，分别对应服务化的初级阶段、中级阶段和高级阶段。陈漫和张新国(2016)基于服务业与制造业价值链融合的角度，将制造企业的服务化转型分为嵌入式服务转型和混入式服务转型两种类型。

五、制造企业服务化的动因

关于制造企业服务化的动因，国内外学者的研究结论主要集中于以下几个方面：

1. 营销的角度

从营销的角度来看，服务化改善了企业对客户需求的响应，从而确保了客户满意度和忠诚度(Eggert et al.,2014)。在企业对企业(B2B)或工业市场中,学者们观察到客户越来越多地表达对服务的需求。Mathieu(2001)研究指出,影响消费者做出购买决策的重要因素之一,就是企业与竞争对手相比,是否能提供多样性的服务。服务也成为制造企业深入了解消费者需求变化的一种手段,通过向消费者提供多样性的服务,可以增强消费者黏性和满意度。Gebauer 和 Fleisch(2007)的研究也表明,越来越多的传统制造企业开始意识到服务在创造收入和客户满意度方面的潜力,对于大多数制造企业来说,仅仅提供某种形式的通用产品相关服务以确保竞争优势和满足不断增长的客户期望已经不够了,制造企业必须在客户支持服务领域进行创新。Malleret(2006)指出,服务化有助于企业与客户保持联系,将单一交易关系(基于交易的服务)转变为长期关系(基于关系的服务)。根据制造企业的行业和战略,这些服务可以采取各种形式,从支持产品的服务到支持客户的服务。提供的服务也可以分为基本服务(如货物、备件),中级服务(如服务台、培训、维护、维修),高级服务(如客户支持协议、结果合同)(Baines et al.,2009)。这种多样性反映了在当今的商业环境中,制造企业需要平衡产品和服务逻辑的元素,以及管理集成解决方案带来的客户和企业相互依赖性的增加(Vargo and Lusch,2004)。

2. 战略的角度

从战略的角度来看,服务化被认为是企业应对产品差异化程度下降和竞争力减弱的一种战略反应(Malleret,2006),是一种改善产品创新、应对产品生命周期成熟阶段和摆脱商品化陷阱的方法(Kowalkowski et al.,2017)。在技术优势越来越难以维持的情况下,制造企业的一个潜在竞争战略是制定服务化战略(Bowen et al.,1989;Roscitt and Parquet,1990;Vandermerwe and Rada,1988)。服务化正在成为一种明智的策略,因为它通过差异化机会(Anderson and Narus,1995;Kyj and Kyj,1994;Mathur,1988),提供了强大的竞争优势(Davidow and Uttal,1989;Frambach et al.,1997)。服务化在难以保持竞争性产品差异化的商业市场和行业中建立品牌或企业资产方面发挥着特别强大的作用(Gebauer et al.,2011)。Quinn(1992)认为,服务化可以提升制造企业的增加值,对潜在竞争者形成难以跨越的行业进入障碍,增强制造企业的差异化优势。鲁桂华等(2005)提出,通过提供差别化的服务来延伸实体产品的差别化,有助于企业规避价格竞争,从而获得一定的可持续竞争能力。Gebauer 等（2019）也指出，制造企业服务化可以在商业战略上提供新的竞争优势。

3. 财务的角度

从财务的角度来看，制造企业通常将服务化作为弥补传统产品业务业绩下滑的有效手段（Penttinen and Palmer，2007）。在国际竞争加剧和市场饱和的背景下，制造企业进行服务化转型成为应对财务业绩下滑、实现未来增长潜力的有效途径。服务注入对制造企业的销售（Eggert et al.，2014）和盈利能力（Malleret，2006）产生积极影响。服务化可以通过不同的方式提升制造企业的盈利能力。在具有广泛安装产品基础的行业，如航空航天、机车和汽车行业，通常具有更高的盈利潜力，这些行业的服务收入可能比新产品销售高一两个数量级（Gebauer et al.，2005）。由于服务是一个更稳定的收入来源，增加服务收入可以弥补设备销售收入的下降（Sharma and Iyer，2011）。此外，添加到产品中的服务产品往往对价格竞争不太敏感（Malleret，2006）。服务在全球范围内更有利可图，由于其较低的价格敏感性和较低的可比性，服务产品比纯产品具有更高的利润率和回报率（Frambach et al.，1998；Neu and Brown，2005；Oliva and Kallenberg，2003）。Agrawal 等（2012）研究发现，提供租赁服务的企业与提供直接销售的企业相比，利润得到了增长。因此，财务目标是制造企业采用服务化战略的主要驱动力之一（Gebauer et al.，2012）。

4. 生态的角度

从生态的角度来看，制造企业通过服务化将产品在其生命周期各个阶段的环境损害降至最低。这种环境影响促使企业在设计、生产和维护其产品方面投入更多精力，并使用更清洁的技术。服务要素投入作为制造业生产周期中必不可少的中间要素，具有低污染、低消耗、知识密集、产出高等绿色特征。服务化对碳排放的影响一直是学者们关注的焦点。

一方面，服务要素投入替代自然资源投入，从而降低生产对化石能源的依赖。此外，随着全球价值链的过程分离和空间整合在生产活动中，"服务外包"的出现，越来越多的制造企业选择将其服务外包给专业的服务提供商，这种分工模式通常会在服务提供过程中达到相同的效果，并且效率显著提高，成本显著降低（戴翔，2016）。

另一方面,由于经济高质量发展的需要,位于"微笑曲线"两端的生产性服务业环节,如研究设计、通信服务、金融流通服务等,将得到更多的发展。随之而来的是巨大的资本、劳动力、技术和管理要素进入生产链。因此,服务化转型增加了附加值中间产品,并通过连接制造业和服务业产生技术溢出效应,从而提高企业的生产效率和其他生产要素的消费效率(Arnold et al.,2011)。

Roos(2015)认为,制造业服务化具有技术创新的本质特征,可以通过优化要素结构促进生产模式改革,提高资源配置效率,最终降低能源强度,实现高质量发展。Doni 等(2019)根据实证研究得出结论,制造企业服务化可以降低能源使用并实现环境保护。Zhang 等(2022)基于美国 1 413 家制造业上市公司的面板数据,研究发现服务化是同时改善环境绩效和社会绩效的有效途径,在高吸收能力和人力资源闲置的情况下,服务化可以改善环境绩效。Tang 等(2022)利用跨国面板数据,从投入的角度分析了投入服务化对碳排放的异质性多维影响,研究结果表明,服务化是协调经济高质量发展和资源环境约束的可行路径。Zong 和 Gu(2022)利用 WIOD 跨国数据,通过面板阈值回归模型检验了制造业服务化的碳减排效果,指出服务要素在制造业中的应用可以有效减少碳排放,应鼓励服务业更多地渗透到制造业全价值链,提高制造业的环境效率,制造业规模越大,制造业服务化的碳减排效果越明显。

第三节　数字化转型与服务化的相关性

关于数字化转型与服务化之间的关系,现有文献采取了两种研究思路:一种研究思路将数字化转型与服务化视为两个独立的策略,探讨两者之间的联系,而不是将它们视为一个整体策略;另一种研究思路关注数字化转型与服务化的融合,将其视为一种称为数字服务化的单一策略。

一、数字化转型对服务化的影响

Sklyara 等(2019)提出,虽然数字化转型和服务化是两种不同的策略,但制造企业通常会同时采用这两种策略,因为从价值创造的角度来看,这两种策略具有互补性。制造企业可以利用数字技术,通过创新和集成解决方案更好地实现服务产品的价值(Ardolino et al.,2018;Kohtama et al.,2020)。因此,数字化转型可以被视为服务化的驱动因素。服务化要求企业及时识别客户不断变化的需求,在动荡的全球生产网络中提供大规模定制产品和服务,并维护客户关系。通过利用数据资源和部署数字技术,企业可以识别客户的需求和商业机会,重新配置运营流程,改变与合作者和客户的互动方式,从而实现服务化(Chirumalla et al.,2023;Kohtamaki et al.,2019)。按照动态能力三个维度的划分,企业数字化能力可以分为三种:数字收集能力、数字分析能力和数字应用能力(Chen,2019)。数字收集能力表现为"感知",广泛收集有关产品或客户的各种数据。数字分析能力表现为"抓住",通过数据分析获得有商业价值的见解。数字应用能力体现为"转化",通过应用这些洞察力和数字技术来构建服务,实现服务创新。这些数据驱动的数字能力使企业能够感知、理解和实现客户的服务需求,从而具备实现服务化的潜力。

投资数字技术,重新设计运营流程,是实施服务化战略的必要条件。Ardolino 等(2018)确定了11项数字能力,这些能力对于实施服务化战略和提供产品服务非常重要。使用大数据、云计算、物联网(IoT)和区块链等新兴的数字技术可以加速传统企业的服务化进程(Paschou et al.,2020)。数字化转型使制造企业能够更好地利用数据来优化生产流程,制造企业将更多服务纳入其运营,这有助于服务收入增长并增加利润(Zhou and Song,2021)。

Cenamor 等(2017)基于对四家跨国制造企业的多案例研究,指出随着服务化的复杂性逐步提高,对定制和运营效率的要求也越来越高,这些新要求阻碍了制造企业成功提供先进服务的能力。数字化转型是企业成功实施服务化的一条有效路径,企业可以利用数字技术的价值来克服服务悖论,从而促进定制和运营效率。

Coreynen 等(2017)基于四家制造企业的案例,提出了数字化推动服务化发展的三种潜在路径:工业服务化、商业服务化和价值服务化。

在工业服务化中,制造企业可以将从内部流程优化中获得的知识转化成为向客户提供的有形增值服务,在这个过程中,用于工作流程可视化的信息和通信技术或先进制造工具等数字技术是关键资源。

在商业服务化中,制造企业通过新的互动形式,将价值创造与客户的内部流程相协调,利用信息和通信技术管理客户关系,通过持续互动建立更深厚的客户关系。商业服务化为企业提供了服务的可能性,专门支持那些希望保持对自身运营控制的客户。在这种情况下,客户可以利用在线自助数据管理工具进行产品配置、购买和调整。作为以客户为导向的外向型途径,商业服务化主要由支持客户链接、渠道结合和技术监控的能力提供支持。

价值服务化意味着通过创造新的数字产品,从根本上更新当前的价值链,从而影响客户流程,并对企业与客户之间的关系产生更具颠覆性的影响。工业服务化和商业服务化可提供支持客户自行完成任务的服务,如培训、咨询和在线自助服务。价值服务化通过引入新的数字产品来改变客户流程,并允许企业收集数据,向客户学习,并最终达到为客户提供解决方案的阶段。

Zhou(2021)考察了两种类型的服务化(基础型和高级型)与两种类型的数字化(内部型和外部型)如何相互作用影响制造企业的市场绩效,研究结果表明,服务化与数字化之间既存在正向互动,也存在负向互动。具体来说,在影响制造企业市场绩效方面,基础型服务化与内部型数字化正向互动,但与外部型数字化负向互动,而高级型服务化与外部型数字化正向互动,但与内部型数字化负向互动。Martin-Pena 等(2019)利用 828 家西班牙工业企业的数据,研究制造企业的服务化和数字化对企业绩效的影响,结果表明,服务化、数字化与企业绩效正相关,数字化对服务化与企业绩效之间的关系起到了积极的中介作用。此外,当数字化处于中级到高级阶段时,服务化已被证明可以正向调节数字化与企业绩效之间的关系(Kohtamaki et al.,2020)。

赵宸宇(2021)基于 2007—2017 年制造业上市公司的数据研究指出,数字化发展显著提高了企业的服务化水平,数字化发展对企业服务化转型的推动作用受地区知识产权保护力度、服务业开放度和企业要素密集度的差异性影响。张远等(2022)研究指出,数字化转型可以显著提升制造企业的嵌入式服务化水平,而对混入式服务化并无影响。数字化转型对制造企业服务化的影响具有显著的异质性。数字化转型对知识产权保护水平高、市场实力弱、融资约束弱的制造企业服务化水平的提升更为明显。王锋波(2023)根据 2010—2021 年制造业上市公司的年报与财务数据,实证分析了数字化转型对制造业服务化的影响。研究结果表明,数字化转型对制造业服务化水平的提升具有显著促进效应,但存在区域、所有制、要素密集度异质性方面的差异,且这一促进效应在与现有产品存在"战略匹配关系"的嵌入式服务化和较高数字经济依赖程度的制造企业中更为明显。

二、数字化和服务化的融合——数字服务化

数字服务化指制造企业通过使用数字技术从以产品为中心到以服务为中心的逻辑转型过程(Ardolino et al.,2018;Coreynen et al.,2017)。数字技术的激增使产品、服务、创新流程、商业模式以及遵循数字服务化逻辑的工业生态系统中商业活动的本质发生了巨大的变化(Sjodin et al.,2020)。数字服务化指工业企业及其关联生态系统的流程、能力和产品转型,以逐步创造、交付和获取由物联网、大数据、人工智能和云计算等广泛的赋能数字技术所带来的更高服务价值(Kohtamaki et al.,2019)。例如,对智能互联产品的投资与人工智能功能相结合,使通用电气、西门子和 ABB 等供应商能够通过监控和分析众多产品的性能,提供增强型数字化客户服务,如车队管理和场地优化。

关于数字服务化的驱动因素,Sklyara 等(2019)提出,在实施数字服务化时,关系和结构嵌入性至关重要,因为先进服务和解决方案的复杂性要求与参与者广泛合作,嵌入性还有助于更好地了解市场条件以及复杂多变的客户需求。虽然嵌入性决定了企业的活动,但执行这些活动的能力却受制于企业的行政传统,即企业现有的资产配置、传统的责任分配以及历史规范、价值观和管理风格。对于进行服务化的企业来说,这种传统可能会阻碍组织变革。为了摆脱以产品为中心的结构和业务逻辑,制造企业通常会组织独立的服务机构,以加强绩效问责和服务导向。

Coreynen 等(2020)基于分层回归法收集并分析了 139 家比利时企业的数据,从动态能力和权变视角研究数字服务化的内外驱动因素。关于内部驱动因素,提出开发和探索与数字服务化呈正相关关系,但当企业同时进行开发和探索时,探索的效果要优于开发。关于外部驱动因素,提出无论企业的探索或开发程度如何,技术动荡都与数字化呈正相关关系,只有当企业强调探索时,竞争强度才与服务化呈正相关关系。当行业技术动荡时,探索型企业更有可能追求数字

化,而当竞争激烈时,探索型企业更有可能涉足服务化。

由于数字服务化的转型日益复杂,对定制化和运营效率的关系要求也越来越高,如果不能适应这些新的关系要求,就会限制供应商和客户从数字化中获利的能力。Kamalaldin 等(2020)从供应商—客户关系的角度来研究数字服务化的驱动因素,基于四种供应商与客户关系的定性数据,揭示了企业如何在追求数字服务化的过程中转变关系,确定了数字服务化中的四个重要关系要素:互补的数字化能力、特定关系的数字资产、数字化知识共享以及伙伴关系治理。

学术界还探索了企业实施数字服务的策略。Sklyara 等(2019)研究指出,标准化服务流程、决策集中化对于数字服务化至关重要,而广泛的信息技术资源则可为数字服务化提供进一步支持。以产品为中心的企业在追求服务化的过程中,通常需要更加重视本地服务运营和组织,并将决策权下放到基层管理人员,需要一个更强大的中央实体来支持后端产品和服务部门与面向客户的本地部门之间的耦合。决策权的集中化既提高了全球效率,也增强了对客户需求的响应能力。跨部门和跨市场的数字平台和客户界面所需的共通性也要求企业内部更紧密地整合,而以服务为中心的思维模式对于确保数字服务化的效益至关重要。

Sjodin 等(2020)基于服务逻辑的视角,强调价值共创过程提供成功的数字服务解决方案的重要性,提出数字服务化不是在真空中发生的,企业本身也不是孤岛,因此企业必须有能力与客户和更广泛的生态系统合作,共同创造新的数字服务。在数字服务化中进行价值共同创造意味着了解客户的做法,服务提供商从单纯的促进者转变为价值的共同创造者。服务提供商和客户都通过直接互动在创造价值方面发挥积极作用,以实现数字服务化的承诺。因此,买卖双方互动的性质从基于交易的协作转变为基于关系的合作。在当前数字服务化时代,传统的创新流程必须被灵活迭代的敏捷共创流程所取代。

数字服务化的成功实施需要员工转变心态,以满足数字服务化对灵活性的需求。与其他服务化过程一样,强大的服务文化和以客户为中心对于成功开发新型数字服务产品至关重要。对于数字服务化而言,管理相关大量数据的能力被视为企业获取竞争优势的关键因素。管理者也需要改变思维模式,转变对数据的看法,与其拥有和保护数据,不如与网络中值得信赖的利益相关者共享丰富的原始数据,从而更好地引导企业实现数字服务化(Tronvoll et al.,2020)。

第三章

制造企业数字化转型的
政策与现状分析

● 第一节　企业数字化转型的动因与战略要务

一、企业数字化转型的动因

数字化转型和随之而来的商业模式创新从根本上改变了消费者的期望和行为,给传统企业带来了压力。许多传统企业被快速增长的创新型数字企业超越,并因此遭受损失。例如,阿里巴巴和亚马逊等在线零售商的快速发展对传统零售商造成了严重影响,玩具反斗城、克莱尔百货等几家前零售巨头的破产就是明证。然而,这些新兴的在线零售商并没有将触角局限于传统零售业,而是利用其数字资源进入以前被认为与零售业完全无关的市场,寻找更多的增长机会。荷兰国际集团等银行将亚马逊视为主要的潜在竞争对手,而全球最大的航运公司之一的马士基也面临着阿里巴巴的潜在竞争。

数字化转型可以定义为企业运用数字技术,开发新的数字商业模式,帮助企业创造和获取更多价值的过程(Schallmo et al.,2017)。企业数字化转型的动因主要有以下三个方面:

1. 与互联网配套的技术的产生加快了电子商务的发展

自万维网问世并在全球普及以来,越来越多的配套技术(如宽带互联网、智能手机、Web 2.0、搜索引擎优化、云计算、语音识别、在线支付系统和加密货币)应运而生,加快了电子商务的发展。大数据无处不在,人工智能、区块链、物联网和机器人等新兴数字技术的出现,对商业产生了深远影响(Ng and Wakenshaw,2017)。尽管这些技术中的每一项或许都不会像预期的那样强大,但新兴数字技术的广泛进入清楚地表明,企业需要对其业务进行数字化转型。此外,这些新的数字技术还可能影响企业的成本结构,如在提供服务时用机器人或虚拟代理取代成本较高的人力,或通过使用人工智能和区块链优化物流和降低供应链成本。

2. 市场竞争更加激烈

由于新兴数字技术的应用和全球市场的开放,市场竞争变得更加激烈。传统企业面临着来自全球企业的竞争,数字化转型可以提高企业生产效率和创新能力,成为增强企业竞争优势的有效途径。在零售业,技术颠覆了竞争格局,使销售转向相对年轻的数字公司。随着亚马逊、苹果、阿里巴巴等大公司开始主导众多行业,竞争不仅变得更加全球化,而且强度也在增加。值得注意的是,企业估值的变化强烈反映了这一转变。十几年前,标普 500 指数中最有价值的五家公司包括埃克森、通用电气、微软、俄罗斯天然气工业股份公司和花旗集团,其中只有一家是真正的数字化公司。如今标普 500 最有价值的五家公司全部是数字化公司,包括苹果、微软、Alphabet、亚马逊和英伟达。

3. 消费者行为发生变化

作为对数字革命的回应,消费者行为正在发生变化。市场数据显示,消费者正在将其购买行为转移到网上商店,数字接触在影响线上和线下销售的客户旅程中扮演着重要角色(Kannan and Li,2017)。在新的搜索和社交媒体工具的帮助下,消费者变得更加互联、知情、活跃。数字技术使消费者能够通过设计和定制产品来共同创造价值,执行最后一公里配送活动,并通过分享产品评论来帮助其他客户(Beckers et al.,2018)。移动设备在当今的消费行为中已变得非常重要,并促进线下检查商品,然后在线购买的做法。消费者还非常依赖应用程序和基于人工智能的新技术,如亚马逊的 Echo 和 Google Home,它们正在进入消费者的生活。这些新兴的数字技术很可能从结构上改变消费者的行为。如果企业不能适应这些变化,它们对客户的吸引力就会下降,很可能会被利用这些技术的企业所取代。

二、企业数字化转型的阶段

企业数字化转型可分为三个阶段:数码化(digitization)、数字化(digitalization)

和数字化转型（digital transformation）。要实现最普遍的数字化转型阶段,需要经历前两个较为渐进的阶段（Loebbecke and Picot,2015）。

1. 数码化

数码化是将模拟信息编码为数字格式（即 0 和 1）,以便计算机能够存储、处理和传输这些信息（Dougherty and Dunne,2012）。相关研究还将数码化称为模拟任务向数字任务的转变（Li et al.,2016;Sebastian et al.,2017）,或将其概念化为信息技术与现有任务的整合,更广泛地说,是利用信息技术开发或推动具有成本效益的资源配置（Vendrell-Herrero et al.,2017）。

基于上述分析可知,数码化指将模拟信息转换为数字信息的行为,例如,在订购流程中使用数字表格、使用数字调查或使用数字应用程序进行内部财务申报。通常情况下,数码化主要是将内部和外部文件流程数字化,但不会改变价值创造活动。

2. 数字化

数字化描述了如何利用数字技术改变现有业务流程,例如,创建新的在线或移动通信渠道,让所有客户都能轻松与企业建立联系,从而改变传统的企业与客户的互动方式（Ramaswamy and Ozcan,2016）。这种变革往往涉及利用数字人工制品组织新的社会技术结构,而没有数字技术是不可能实现的（Dougherty and Dunne,2012）。在数字化过程中,信息技术是通过改变现有业务流程,如通信、分销或业务关系管理来抓住新业务可能性的关键推动力。通过数字化,企业应用数字技术优化现有业务流程,使流程之间的协调更加高效,并通过提升客户体验创造额外的客户价值（Pagani and Pardo,2017）。因此,数字化不仅注重节约成本,还包括可提升客户体验的流程改进。

3. 数字化转型

数字化转型是最普遍的阶段,它描述了一种企业范围内的变革,这种变革导致新商业模式的发展（Pagani and Pardo,2017）。数字化转型通过实施新的业务逻辑来创造和获取价值,从而引入新的业务模式（Zott and Amit,2008）。数字化只是改变简单的组织流程和任务,而数字化转型会影响整个企业及其经营方式,它重新安排流程,改变企业的业务逻辑（Li et al.,2018）或价值创造过程（Golzer and Fritzsche,2017)。例如,医疗保健领域的数字化转型表现为广泛而深入地使用信息技术,从根本上改变医疗保健服务的提供(Agarwal et al.,2010)。信息技术的使用具有变革性,会从根本上改变现有的业务流程,使医疗服务提供商能够进入新市场或退出现有市场(Li et al.,2018)。

此外,数字化转型利用数字技术实现与供应商、客户和竞争对手的跨界互动(Singh and Hess,2017)。因此,数字技术有助于通过组织转型来利用现有的核心竞争力或开发新的核心竞争力,从而获得竞争优势,数字化转型与实施数字技术后业务模式的战略变化有着内在联系(Sebastian et al.,2017),在追求数字化转型的过程中,企业会实施商业模式创新。

三、企业数字化转型的战略要务

(一)数字资源

资源代表企业对资产和能力的所有权和控制权,资产是企业在物质和智力资本方面的资源禀赋,而能力通常存在于企业的人力、信息或组织资本中,并将资产黏合在一起,使其得以成功部署。在追求数字化转型的过程中,企业要重新定义如何为客户创造和提供价值,这往往需要获取、收购或开发新的数字化资产和能力。企业数字化转型所需的数字资源包括数字资产、数字敏捷性、数字网络能力和大数据分析能力。

1. 数字资产

企业需要数字资产,如数据存储、通信基础设施以及配套技术,才能在数字时代有效竞争。如今,企业在开发和获取数字技术(硬件和软件)方面投入巨资,以实现人工智能、机器学习、物联网和机器人技术。技术和数据禀赋为利用企业现有知识和其他资源为客户创造更多价值提供了基本要素。例如,大数据作为一种数字资产,可以通过利用企业的数据分析能力来实现服务和产品的个性化(Verhoef et al.,2016)。

2. 数字敏捷性

数字敏捷性涉及感知和抓住数字技术带来的市场机遇的能力(Lee et al.,2015)。数字敏捷性对企业的生存至关重要,在当今动态和不可预测的市场中,企业必须具备以下灵活性：允许组织角色的反复转换；应对不断变化的客户需求和新数字技术的引入；应对因市场边界模糊和进入壁垒消除而加剧的竞争（Chakravarty et al.，2013；Lee et al.，2015）。为应对这些挑战，企业应具备数字敏捷性，重新配置现有的数字资产和能力。为实现数字化转型，需要数字敏捷性将数字资产与其他组织资源重新组合，以改变经营方式。通过不断感知和抓住市场机遇，数字敏捷性促进了新产品、新服务和新业务模式的重组和开发，从而提升为客户创造的价值（Karimi and Walter，2015）。当企业进入数字化转型阶段时，数字敏捷性就变得更加重要。

3. 数字网络能力

数字网络能力指企业通过数字手段将不同的用户聚集在一起并为其牵线搭桥，以满足其共同需求的能力，这种能力在数字环境中变得更加重要。在数字技术日益渗透的环境中，企业意识到需要采取以网络为中心的视角，与一系列数字连接的企业共同创造价值。此外，企业还可以通过使用社交媒体技术，让数字平台上的客户通过生成自己的内容、定制产品和成为品牌大使来共同创造价值（Dong and Wu，2015），使客户成为产生竞争优势的宝贵资产。企业选择、吸引、链接客户、供应商和第三方等异构网络利益相关者的能力，有力地刺激了平台的价值创造和增长（McIntyre and Srinivasan，2017），对于实现数字化转型非常重要。

4. 大数据分析能力

在数字化转型阶段，获取和分析大数据以进行决策的能力至关重要（Dremel et al.，2017）。尽管大数据广泛存在且易于收集，但企业仍需要发展分析和利用大数据的能力。要从大数据中为企业和客户创造价值，需要员工具备强大的数据分析技能。企业应该拥有具备分析数据、数据管理、数据可视化等业务技能的大数据团队。亚马逊等数字公司不断利用分析技术为客户量身定制新产品，并通过动态定价和收入管理优化收入。一旦建立了大数据分析能力，就需要实施持续的培训计划，以更新技能，因为技术正变得越来越先进（Kubler，Wieringa and Pauwels，2017）。

（二）组织结构

除了数字资源以外，实现数字化转型需要考虑的另一个关键问题是适应数字化变革所需的组织变革(Eggers and Park,2018)。数字化转型对组织结构会产生影响(Sklyar et al.,2019),倾向于采用由敏捷组织形式和数字功能区组成的灵活结构。

1. 敏捷组织形式

在瞬息万变的数字化环境中,使用标准的、层级较多的组织方案,包括多层管理和强有力的自上而下的方法,可能不再有效,因为其中涉及的官僚主义降低了企业的反应速度和创新能力。为了激发企业的数字敏捷性,企业需要灵活的组织形式,以便快速应对不断的数字化变革。例如,荷兰国际集团在其数字化转型过程中采用了所谓的"Spotify-model"模式,即由自我指挥的团队负责各自的行动。这种方法强调敏捷的工作方式,意味着通过试错快速测试和更新市场假设的周期很短(McGrath,2010)。一些组织还采用了所谓的部落组织方式,这是一种自我管理实践,用于运营目标驱动、反应迅速的公司。

2. 数字功能区

数字化转型的一个重要特征是对信息技术和分析技能的依赖性增加。IT职能本身需要从专注于实现通信或数据流的直线职能转变为更加主动和协调的角色,通过快速和探索性的响应来支持数字价值创造(Leonhardt et al.,2017)。企业往往没有意识到,除了改变信息技术部门的职能角色外,还需要提升员工在营销和服务运营方面的数字技能,以增强价值创造能力(Lemon and Verhoef,2016)。从人力资源管理的角度来看,数字化转型意味着吸引具有数字和分析技能的员工,从而取代现有的劳动力。例如,传统的品牌和产品营销人员被在线和移动营销专家所取代,而数据分析师可能会取代营销研究人员的角色。当今企业面临的一个关键挑战是与新的数字进入者争夺具有这些技能的人才。

(三)数字增长战略

数字企业有多种数字增长战略,如市场渗透、基于产品的市场开发、基于平台的市场渗透、产品开发、共创平台、平台多元化等。

1. 市场渗透和基于产品的市场开发战略

市场渗透和基于产品的市场开发是安索夫所提出的两种增长战略。企业可以利用其数字技术吸引从未消费过本企业产品或传统替代品的用户成为本企业的客户,从而实现大幅增长。例如,约 30% 的 Netflix(奈飞)用户不看电视,而是使用平板电脑、笔记本电脑或手机播放流媒体内容。在某些情况下,这可能会带来全新的市场,例如,Apple Watch 的推出带动了智能手表市场的增长,而谷歌和亚马逊在推出语音控制产品时创造了智能扬声器市场。因此,传统零售商可以增加在线渠道,吸引其他零售店的顾客,以提高市场份额,同时也可以瞄准并服务于新的商业市场。

2. 基于平台的市场渗透战略

企业还可以实施基于平台的市场渗透,将由外部提供的各种现有产品组成的平台引入新市场。挪威电信公司 Telenor 开发了一个由移动、固定线路机器组成的平台,服务于欧洲的众多市场。同样,苹果公司也为其手机、平板电脑、可穿戴设备和电视开发了一个全球生态系统。

3. 产品开发战略

数字企业也可以采用产品开发战略,在平台环境中,数字企业往往可以更有效地开发和推出新产品,因为平台可以加强产品之间的协同效应。例如,Ketchapp 等移动游戏公司利用游戏平台向市场源源不断地推出移动游戏,而开发和推广成本相对有限。

4. 共创平台战略

共创平台指通过赋予外部用户在平台上执行某些活动的权力,让他们共同创造价值(Cui and Wu,2016)。数字平台允许客户参与口碑传播或撰写产品评论,或在众包平台上分享创新想法,这些都是相对简单的共同创造价值的形式。与此同时,平台还可以通过角色转换让客户从事更多实质性活动,使客户成为供应商(如在线市场爱彼迎和易贝),或在设计、修改或组装产品时成为共同生产者(如戴尔个人电脑)。

5. 平台多元化战略

平台多元化增长战略通常由成功的大型平台实施,旨在通过新产品在尚未开发的市场创造额外增长。这种方法包括扩大平台以服务新市场、更新产品和服务种类,并通过与其他操作平台、供应商、消费者和补充服务提供商合作,开放公司以共同创造价值。

在以上这些数字增长战略中,最突出的增长战略是使用数字平台(Broekhuizen et al.,2021)。数字企业,尤其是数字平台的一个典型特征就是其快速的增长速度。以谷歌为例,其搜索量从1999年的每年10亿次增长到2016年的2万亿次,这意味着在17年间每年的增长率达到50%。共享乘车平台来福车从2013年的270万次乘车增长到2016年的1.626亿次,年增长率接近300%(Business Insider,2017)。同样,2009年至2017年间,某社交平台的活跃用户数量每年增长约25%(Statista,2018)。平台可以快速发展,处理越来越多的用户,包括客户、供应商和补充服务提供商,因为为额外用户提供服务的成本很低,在数字平台中有时甚至可以忽略不计。由于用户会从使用平台中获得更高的效用,平台模式意味着用户数量的增长会吸引更多的用户,不断增加的网络效应创造了良性循环(Eisenmann et al.,2006)。

(四)衡量指标和目标

为了充分发挥数字化转型的潜力,企业需要衡量关键绩效指标(key performance indicator,KPI)的绩效改进情况,以促进学习和微调业务模式。虽然数字化转型所产生的新商业模式的最终目标也是创造收入、利润和提高投资价值,但通过与流程相关的指标来跟踪中间结果,以评估新的数字化商业模式创造价值的程度也特别重要。

对于许多数字平台而言,这可能包括获取在线情感和参与度以及网络共创和价值共享的衡量标准。例如,在判断其应用程序开发者网络是否成功时,苹果和谷歌可以通过衡量为其应用商店创建应用程序的开发者数量、这些应用程序产生的收入以及客户对这些应用程序的满意度来衡量。通过对多个中间指标的评估,可以看出复杂业务活动系统的运行情况以及需要更改的地方。

传统企业一般以盈利能力作为财务指标,而数字企业则更为关注增长速度,如用户数和销售额的增长,而不是盈利能力。许多数字公司的首要目标是实现数字生态系统用户数量的增长,从而强化网络效应,促进平台的进一步发展。进行数字化转型的企业需要同时实现两个主要目标:通过自动化降低成本以及通过增强客户体验增加收入。

● 第二节　各国推动制造企业数字化转型的政策分析以及启示

随着新一轮科技革命和产业变革在全球范围内蓬勃兴起，新一代信息技术与制造业的融合程度不断加深，制造企业数字化转型成为各国增强竞争力、培育新动能的重要抓手。近年来，美国、欧盟、德国、日本等国家和地区先后推出了相关政策，结合自身的要素禀赋、产业特色等，从不同方向切入和着力，促进制造企业数字化转型发展。尽管各国制造企业数字化转型的路径有所不同，但强化政府作用、加强对重点产业的扶持和引导几乎成为有关国家的共同选择。

制造企业数字化转型成为各国把握第四次工业革命发展机遇、争夺未来发展制高点、带动经济转型增长的共同战略选择，并基于本国的综合实力和产业优势，选择不同的策略推动制造业数字化转型。美国在制造业产业链中处在上游位置的产业居多，因此其侧重点是通过大力发展先进制造业保持在全球的领先优势。欧盟和东盟虽然在产业链上所处的位置有差异，但均将制造业数字化转型作为实现经济一体化的重要路径。日本和德国制造业中小企业数量众多，着力推动技术标准的互联互通和数据价值的深度挖掘。我国制造业规模大、门类多，在数字化转型过程中要面临与各国类似的新问题，如制度建设与技术产业需求不完全匹配；也要面临很多老问题，如产业转型基础薄弱、要素资源保障水平不强等，需借鉴国外数字化转型经验，从我国实际情况出发，充分发挥体制优势，从制度规范、政策实施、公共服务、要素保障等方面持续发力，为产业发展营造良好环境。

一、美国推动制造企业数字化转型的政策分析

美国制造业多处于产业链上游，且巨头企业数量多、实力强，因此通过"政府+企业"的二元路径，重点聚焦先进制造业领域，通过调整政府采购规则、构建创新网络、加大研发支持、强化规范指引等方式，持续加大对本国制造企业及其数字化转型的扶持力度。

（一）构建覆盖全国的创新网络助力企业数字化转型

始于 2013 年的美国制造项目（Manufacturing USA，原名为国家制造业创新网络计划，即 NMI，后于 2016 年更名），是美国政府以核心关键共性技术的研发和应用推广为目标打造的创新载体，是其推动数字化、网络化、智能化发展的核心政策抓手。

1. 以创新中心为依托构建公共服务体系

该项目主要支持应用技术竞争前的研发与创新，通过联邦政府的资金投入和对日常运营工作的积极参与，构建服务于先进制造技术研发与应用的公共服务体系。创新中心的建设机制很好地体现了"公共服务体系"的属性。制造业创新中心采用公私合营模式，由联邦政府和产业界按照 1∶1 的资金配比共同建立，形成一个 5~7 年的合资计划。联邦政府通过创新中心的建设打造合作共赢的创新生态，打通从研发到应用的创新链条，培育具备复合技能的创新人才，不断提升美国先进制造业的创新力和竞争力。近年来，制造业创新中心不断发展壮大，在创新生态建设、技术研发与验证、劳动技能培训等方面取得一系列积极进展，成为先进制造创新发展的重要承载。

2. 以创新中心为关键依托实现集群化发展

学术界、产业界、非营利机构等组织积极加入创新中心，会员数量规模不断扩大。截至 2020 年 9 月底，已公布会员数量的 15 家创新中心的会员累计达 2 186 家，比 2018 年增长约 20%，是 2016 年会员总数的 2.6 倍。截至 2021 年底，美国已建成 16 家制造业创新中心，涵盖数字制造、新材料、制造业网络安全、机器人等关键领域。同时，这些创新中心广泛分布在 13 个州内，形成了一个颇具规模的制造业创新网络，创新能力能够辐射大部分地区。

3. 以创新中心为载体培育数字化转型急需人才

创新中心及其成员与美国国内的教育机构开展积极合作，通过制定和实施先进制造技术的教育、培训和劳动力培育课程、教材、计划等，为从事相关工作的工人提供所需的先进技术知识与技能，提升先进制造业从业人员储备。一些创新中心还开发了颇具特色的培训课程以吸引广大学生、老师甚至退伍军人。例如，创建了一个基于体验式学习、指导、专业发展和行业合作的实习计划，已为

25 个地方的 40 个合作伙伴提供了 119 个实习机会,学生已获得 50 000 小时的参与时间,与导师、同行和合作伙伴一起推进涉及复合材料研究和创新的项目。据统计,超过 70 000 名工人、学生和教育工作者参加了创新中心的各种技能培训项目。

(二)为前沿技术研发提供多维度、长周期的资金支持

1. 财政资金

财政资金方面,为技术创新提供长期连续的资金支持。在研发支持中,美国政府对基础技术研发的支持时间最长、力度最大。以美国科学基金会(NSF)为例,根据公开数据,从 2000—2020 年,NSF 对新一代信息通信技术研发支持增长近 3 倍。2021 年,白宫科技政策办公室宣布投资 4 000 万美元,由 NSF、国防部、美国国家标准与技术研究院(NIST)等政府机构,联合苹果、爱立信、谷歌、IBM、英特尔、微软、诺基亚、高通和 VMware 九家公司共同成立了名为"弹性和智能的下一代系统项目"(RINGS),以提升美国在下一代无线网络和系统方面的地位。

除基础研发外,联邦政府也为促进先进制造、工业 4.0 等相关技术的应用提供资金支持,且支持资金规模呈现整体上升趋势。NIST 是美国支持产业应用发展最主要的机构。2012—2021 年支持先进制造技术应用推广的资金共 13.2 亿美元。2022 财年预算中,NIST 获得的研究支出将增加 1.24 亿美元,达到 9.16 亿美元,其中工业技术服务预算 4.42 亿美元,支持方向涉及增材制造、工业 4.0 和宽带技术等领域的开发和部署。

此外,联邦各主管机构也通过创新中心建设、试点项目等为应用发展提供资金支持,并以财政资金为杠杆带动更多社会资金进入。

2. 产业基金

产业基金方面,由政府主管机构牵头,通过市场化运作方式积极调动各方资金,为中小企业创新发展提供大规模资金支持。美国小企业管理局(SBA)牵头成立了小企业投资公司(SBIC),负责运营 SBIC 基金,并投资具有潜力的小企业。SBIC 基金由美国政府提供完全担保,每年投资资金高达 60 亿美元,主要用于支持中小企业充盈资本和技术研发。2014—2019 年,SBIC 累计向 6 400 家企业投资超过 210 亿美元。

SBIC 中主要包括三类主体：一是私人投资者，他们"有限度地"参投 SBIC 基金，获得 SBA 担保杠杆所需的匹配资金；二是小企业管理局，它评估基金经理资质和 SBIC 申请，为符合条件的企业颁发许可证，为每 1 美元的私人投资提供最多 2 美元担保，最高金额 1.5 亿美元；三是 SBIC 基金经理，负责基金的全面管理，包括建立投资战略、管理和退出投资等。众多美国企业从 SBIC 项目中得到直接支持，并成为全球巨头，包括苹果、英特尔、特斯拉等。

（三）强化对重点领域技术标准发展的规范性指引

美国不断强化对产业重点领域和应用环节的规范化指引，以确保相关战略目标的实现。美国将制造业纳入关键基础设施范畴，通过发布安全架构并以此为牵引提升水平。NIST 作为推动行业应用的主要机构，负责制定相关的行业标准。

二、欧盟推动制造企业数字化转型的政策分析

欧盟将数字化作为构建数字单一市场的重要支柱之一全力推进，制造业是重点领域。欧盟充分利用其成员国数量多等优势，在前沿领域如数据跨境流动等的立法方面持续引领，在全球规则制定中占据较强的话语权。近年来，欧盟数字化转型取得了积极成效。产业层面，据欧盟工业数字化记分牌数据显示，采用数字技术的企业数量持续增加，并且企业投资数字技术大多取得了积极效果。制度层面，欧盟在数据治理相关规则制定方面用力颇多。技术标准层面，欧盟积极参与和主导数字领域的标准制定，与中国、非盟、美国等开展数字经济领域的相关合作。整体来看，欧盟主要通过以下政策措施推动制造企业数字化转型：

（一）不断细化数字化转型领域的战略部署

数字化转型一直都是欧盟的重要领域。2014—2019 年，欧盟通过构建制度规范、资助前沿技术研发等方式，着力构建数字单一市场。欧盟委员会大力促进数字化发展。2019 年 7 月 19 日，欧委会发布《2019—2024 年委员会政治纲领》，将构建适合数字时代的欧洲作为五年发展的六大优先领域之一，聚焦数据、技术和基础设施三大领域，促进产业转型发展，助力实现 2050 年环境目标。为实现

该目标,欧盟持续强化在数字化和工业领域的战略部署。

1. 数字化方面

数字化方面,持续完善相关战略部署并以此为牵引,加速提升欧洲数字化能力。2020 年 2 月,欧盟发布了《欧洲数据战略》,通过完善治理框架、加强数据基础设施投资、提升数据技能、打造数据空间等举措,为企业和个人更好地利用数据创造良好环境,加速构建单一数字市场。此外,欧盟也积极推动人工智能、网络安全、高性能计算等前沿技术的研究和发展。2021 年 3 月,欧委会发布《2030 数字化指南:实现数字十年的欧洲路径》,围绕企业数字化、数字化教育与人才建设等几个方面提出具体目标,指出到 2030 年,75% 的欧盟企业应使用云计算服务、大数据和人工智能,90% 以上的中小企业应至少达到基本的数字化水平。

2. 工业方面

工业方面,结合发展新形势,不断探索向数字化、绿色化过渡的新路径。2020 年以前,欧盟出台新工业战略、中小企业战略和单一市场行动计划等一揽子政策,加速工业创新与变革,力图帮助欧洲工业加速数字化转型。2021 年 5 月,欧盟委员会发布更新版《欧盟新工业战略》,聚焦加强单一市场弹性、应对欧洲战略依存关系以及加速绿色化和数字化过渡三大领域,提出出台紧急方案解决关键产品短缺问题、支持中小企业双轨转型等十六项措施。在数字化转型方面,《欧盟新工业战略》提出强化利益相关者间协同,创新合作机制,打造可持续过渡方案,提供一致性的监管方案,强化、重塑数字技能以加速双轨过渡。中小企业依旧是关注焦点,欧盟将从加大投资、保障偿付、提供数据驱动的业务模型和促进能力提高等方面推进中小企业转型。

(二)持续完善数字化转型的法律制度

由于欧盟是一个多成员国共同构成的经济体,构建完整的法律制度规则、提升对数字领域的监管能力是其实现单一数字市场目标的重要保障。2016 年以来,欧盟委员会先后通过《通用数据保护条例》《非个人数据自由流动框架条例》《开放数据指令》等法律法规,逐步建立完善保障欧盟单一数字市场建设的法律制度框架。2020 年以来,欧盟单一数字市场建设面临框架破裂等严峻考验,欧盟希望通过进一步强化相关法律法规,提升其对数字领域的监管能力。2020 年

11 月,欧盟委员会发布《数据治理法案》,旨在保证欧洲公共利益和数据提供者合法权益的条件下,推动数据空间建设,实现更广泛的国际数据共享。2020 年 12 月,欧盟先后公布《数字服务法案》和《数字市场法案》的草案,针对平台治理问题提出了诸多监管措施,强调创造更加安全的数字空间,保障所有数字服务用户的基本权利。2022 年 2 月,欧盟委员会再次公布酝酿已久的《数据法案》,以促进欧洲数据价值释放为目标,针对企业数据流通共享给用户或用户指定的企业,以及企业与公共机构之间共享数据,规定了多项措施。

(三)支持数字化转型长期连续多元的资金支持

由于数字化转型的长期性,欧盟构建了专门的 2021—2027 年的跨年度财务支撑框架(multiannual financial framework,MFF)。该框架共包括 7 个计划,累计资金规模达到 1.21 万亿欧元,为欧盟各国数字化转型目标的实现提供资金支持。数字欧洲项目(digital europe programme,DEP)是 MFF 的核心,旨在弥合数字技术研究和应用之间的鸿沟,加速相关技术的市场应用和推广。该计划着重投资于超级计算和数据处理、人工智能、网络安全、数字技能、支持企业和公共管理的数字化等领域,累计投资 76 亿欧元。2021 年 11 月,欧盟委员会通过了总体项目、数字创新中心、网络安全等三个工作方案,累计投资 19.8 亿欧元助力欧洲实现数字化转型目标。其中,总体项目 2021—2022 年间累计投资 13.8 亿欧元,重点支持人工智能、云计算和数据空间、量子通信基础设施、先进数字技能及数字技术推广;网络安全项目到 2022 年底投资 2.69 亿欧元;欧洲数字中心项目到 2023 年底投资 3.29 亿欧元。这些资金部分由欧盟委员会及其成立的执行委员会进行直接管理,还有一部分交由欧洲战略投资基金并通过相关平台进行管理。相关资金的用途也略有差异。以总体项目为例,在计划编列的 13.8 亿欧元的预算中,1.88 亿欧元由欧洲投资基金进行间接管理,可以用于投资初创企业和中小企业,助力完成相关目标。

德国是欧盟数字化转型的倡导者和引领者,在欧盟中较早制定数字化发展战略,为推动制造企业数字化转型制定了非常清晰的战略和路线。除积极响应欧盟相关部署外,德国联邦政府也结合本国产业发展实际,制定符合本国国情的长期战略,以工业 4.0 为主要抓手推动产业转型,确保本国在全球制造业中的地位。早在 2016 年，德国就发布了《数字化战略 2025》，成为面向未来十年经济转型的总体指导，从国家战略层面明确了德国制造企业转型和构建数字社会的思路，帮助企业推动工业 4.0。除德国外，法国、意大利等欧盟主要国家也大力推动制造业数字化转型。2021 年 10 月，法国总统马克龙公布"法国 2030"投资计划，累计投资 300 亿欧元推动法国"再工业化"，推动钢铁、水泥和化学行业、铁路和航空运输等重点产业的发展。意大利政府也积极支持使用最先进的技术，加速构建光纤和创建 5G 网络，着力推动意大利成为欧洲"第一个实现完全数字化"的国家。

但是，欧盟在推进制造企业数字化转型的过程中也存在自身的问题。一方面，欧盟各国之间的数字化水平差异较大，数字鸿沟现象普遍存在，甚至德国、法国、意大利等国的网络建设也存在滞后。另一方面，欧盟在传统工业时代建立起的技术产业优势已越来越难以维持其在第四次工业革命中的地位，在很多前沿技术领域如人工智能、数据分析、管理软件等，严重依赖美国的互联网巨头。

三、日本推动制造企业数字化转型的政策分析

日本是全球较早制定数字化转型相关战略的国家之一。从 2017 年提出至今，"互联工业"一直被认为是日本制造企业数字化转型最理想的发展形态，将其作为实现社会 5.0 目标的抓手之一，通过数据将机器、技术、人等各种事物互联互通，创造出新的附加价值并解决社会问题。"互联工业"涵盖自动驾驶、机器人、生物材料、工厂基础设施和智慧生活五大领域。日本政府稳步推进相关战略的实施，2018—2021 年，连续四年在《制造业白皮书》中提出继续深入推进"互联工业"。2020 年以来，日本政府结合本国特色，采取多元化手段推动"互联工业"的落地实施。

（一）完善相关制度规范提升数据管理能力

数据是实现数字化转型的关键要素，日本政府从法律法规、商业合同等维度不断完善数据相关的制度规范，为产业界营造良好的发展环境。

法规层面，2021 年 7 月，日本经产省发布《通过数据促进价值创造的数据管理方法和架构（暂定）》并对外征求意见，以此来建立各界对数据管理内容、方法

等的共识,采取一系列措施确保数据流通的安全稳定。在这一架构中,数据管理被定义为"以生命周期为基础,对域内发生事件所引发的数据性质改变的过程进行管理",该架构被定义为包括"事件"(如生成、获取、处理、使用、转移、提供、存储等)、"域"(如各国/地区的法律法规、组织内部规则、组织间的合同等)和"属性"(如类别、披露范围、使用目的、数据持有者、数据权利人等)三个要素的管理模型。

商业层面,2017年经产省发布了《企业数据流通合同导则》,鼓励企业间能够通过订立合同的方式获得跨部门产业数据的使用权。《企业数据流通合同导则》发布后,被日本产业界广泛采用。2018年,日本开始对其进行修订,除对数据使用的规则进行进一步修订和完善外,还在其中加入人工智能中各方权利和义务的内容。

(二)以体系架构为牵引加强重点产业安全发展的引导

为使不同主体在数据连接和流通时确保数据的安全交互,经产省于2019年成立了专家组,积极研究相关的安全架构。2020年5月,日本经产省正式发布《物联网安全架构》并开放向公众征求意见。该架构借鉴了美国NIST发布的相关架构与标准,结合日本产业界的相关意见。2020年11月,该架构由经产省正式发布实施。日本经产省积极推动相关架构在重点产业的应用,并形成相关指南。例如,对于智能家居物联网设备提供者来说,要求必须为用户提供使用指南。相关架构预计未来还将扩展到更多领域。

(三)运用多元政策工具加速"互联工业"应用推广

1. 打造标杆企业引导行业发展

2020年11月经产省发布《数字治理守则》,分别从商业愿景、发展战略、重要指标和治理体系四个方面,设定了定性和定量指标,按照相关法律法规要求由经产省对相关企业的数字化转型程度进行认证,打造"数字化转型品牌"标杆企业。截至2021年12月31日,已有219家企业获得认证。

2. 降低政策门槛促进新技术应用

日本政府为制造企业分配了专门的频段,允许企业在工厂内部自建无线网络,极大地降低了企业应用无线技术的政策门槛。支持企业在本地部署自营5G网络,分配了 4.6~4.9 GHz 和 28.2~29.1 GHz 共 1 200 Mz 带宽,允许地方政府或企业申请相关执照。2020 年 12 月,该项规定已经开始执行。

3. 开展数字化转型成效评估

为了解企业数字化转型的实际情况,为政府制定相关政策提供决策依据,帮助企业进行自我诊断和自我评价,经产省于 2019 年公布了"推进数字化转型指标体系",该体系由 35 项指标组成,选择了当前日本企业面临的重点问题,以及为解决这些问题最重要的指标。

2021 年,日本独立行政法人信息处理推进机构(IPA)共收集分析了 305 家企业根据上述指标提交的数据并发布了研究报告。报告显示,与 2019 年相比,2020 年日本数字化转型指数现值为 1.60,上升 0.17 点,目标值为 3.21,说明日本产业数字化转型的整体水平有所提升。

(四)持续强化对产业发展的要素保障水平

资金方面,重点支持包括 5G、人工智能、物联网等技术的基础研究和应用。例如,在 5G 领域,设立了总额为 2 000 亿日元的基金,支持 5G 信息系统开发、半导体制造技术研发和 5G 应用。2020 年,日本政府拨款 900 亿日元支持包括人工智能芯片、下一代信息处理技术等前沿领域的基础研发项目。

人才方面,在各类层面加速人才培育,强化数字技能的培养。一方面,在校园内开展工业教育,提升在校学生对于工业技能学习的兴趣。2020 年 10 月,日本大部分县都举办了产业教育博览会,展示了学生的研究和作品,增强了学生的学习动力。另一方面,加强职业教育的认证,提升工人的数字技能。2020 年,日本经产省累计拨款 9.62 亿日元推动职业教育机构和产业界加强合作,有效实施产学合作。此外,主管机构还对企业开设的实践专业课程进行认证,以确保职业教育质量。截至 2021 年 3 月,共有 1 070 所学校获得了日本文部省的认证。

整体来看,日本推动"互联工业"的政策保持了较高的连续性,自 2017 年以来,政策支持的重点领域不断扩大,由最初的引导数据互联互通、提升网络安全水平,进一步扩大至提升中小企业的数字化转型能力,通过资金支持、提供咨询服务等途径,加大对中小企业的引导和支持。同时,日本也积极推动 5G 等无线技术在制造业领域的应用发展,但进展略显缓慢。日本产业界在推动"互联工业"发展的过程中都保持了较高的积极性,欧姆龙、发那科、富士通、三菱等龙头企业充分发挥其在自动化等领域建立起的技术、市场等先发优势,不断推出新产品,迭代新功能,为企业的数字化转型赋能。

但是,日本"互联工业"和制造企业的数字化转型发展也面临问题。一方面,对于关键产业和关键技术的自主可控能力不强,重点产业应对突发危机时缺乏灵活调整的能力。另一方面,日本经济长期的低速增长甚至是负增长也削弱了企业的实力,对多数中小企业来说,能够投资于数字化转型的金额大幅下降,这也导致了日本各类企业数字化转型水平的不均衡。可以预见,未来日本也将不断提升其对关键产业和技术的掌控能力,并采取积极措施推动中小企业数字化转型。

四、东盟部分国家推动制造企业数字化转型的政策分析

除发达国家和地区外,发展中国家和地区也意识到了数字化转型为本国带来的重要机遇,包括东盟在内的众多国家和地区希望通过加快数字化转型以强化在未来全球产业布局的重要性和竞争力。新加坡作为东盟唯一的发达经济体,率先发布了一系列"数字化蓝图",在促进本国产业转型发展的同时,积极吸引全球各地的优势资源,向周边的国家和地区辐射创新发展能力。越南作为东盟国家中较早开始推进数字化转型的国家,持续加强国家战略的引领作用,通过强化组织保障、引入外部资源、构建产业生态等途径加速本国制造企业数字化转型。

(一)新加坡推动制造企业数字化转型的政策分析

新加坡是东盟制造企业数字化转型的引领者和倡导者。新加坡政策连续性较高,创新环境良好,龙头企业引领能力较强,数字化转型的整体水平较高,对东盟其他国家形成了辐射带动作用。新加坡推动制造企业数字化转型的主要政策措施有:

1. 持续推动数字化转型方案实施

新加坡政府高度重视新一代信息技术与制造业的融合发展,是东盟内率先聚焦工业4.0的国家,推出一系列"数字化蓝图"勾勒经济社会的整体转型发展

计划。2016年,新加坡公布产业转型蓝图,出台面向工业4.0的产业转型计划,提出涵盖能源化工、航空业、医疗保健、金融、教育等23个具体行业的转型措施及发展目标,并专门成立未来经济署负责产业转型工作的制定与执行,先后出台所有产业转型蓝图的具体方案。2021年初,新加坡政府公布了"制造业2030愿景",以推动传统制造业向先进制造业转型为目标,通过投资先进制造业的基础建设、建立强大的研究生态系统以及支持企业采纳工业4.0转型等三大举措,提出到2030年将新加坡打造成先进制造业的全球业务、创新与人才中心,并以过去10年的增长幅度为目标,在未来10年继续争取50%的增长,同时确保制造业对新加坡GDP的贡献保持在20%左右,夯实新加坡在全球价值链关键节点中的地位。

2. 加大重点领域的研发投入水平

新加坡政府持续为技术创新提供大规模的资金支持。2020年底,新加坡正式启动了"研究、创新与企业2025计划",准备在未来5年投入250亿新加坡元,持续强化和深化新加坡的创新与研发能力。该计划是新加坡30年来最大的科研拨款,将助力4个重点领域(大健康、绿色发展、制造与贸易和数字经济)的创新发展,建立强大的科研储备。在前沿技术研发方面,新加坡为5G、人工智能、区块链等的研发投入了大规模的资金。例如,2019年,新加坡通信发展局就宣布提供4 000万新加坡元支持生态系统建设。2021年初,通信发展局宣布追加3 000万新加坡元以促进5G产品和服务的开发和应用。2021年11月,启动两项新的人工智能计划,通过人工智能科技为新加坡带来更大的社会与经济效益,并在"研究、创新与企业2025计划"(简称RIE2025)已承诺投资5亿新加坡元的基础上,增拨1.8亿新加坡元来加快人工智能的研究。

3. 积极引导中小企业加速转型

新加坡中小企业数量众多,是新加坡产业发展的重要组成,推动中小企业数字化转型是新加坡数字化政策的重点,采取了多元化的政策手段提供支持。

(1)为企业提供全方位的公共服务。2017年3月,新加坡政府制定了中小企业数字化计划,协助中小企业了解与采用适用的数字科技,由此增加盈利、开发新市场和提高生产力,超过75 000家企业从中获益。设立中小企业数字技术中心,为在数据分析、网络安全和物联网等方面有需求的中小企业提供专业建议,帮助中小企业与科技咨询机构建立联系,以及主办研讨会等。此外,中心还为中小企业提供免费的咨询诊断,推荐合适的技术提供商和顾问。

(2)为中小企业提供资金支持。新加坡主管机构遴选了一批可靠的供应商并形成解决方案目录,选择列表中解决方案的中小企业可以申请补助,最高可抵消使用该解决方案80%的成本。2018年3月,新加坡资助300个来自各领域的中小企业和跨国公司,利用新加坡经济发展局所开发的新加坡工业智能指数进行评估,协助它们加速向"工业4.0转型"。2019年1月,新加坡启动"Start Digital"项目,银行和电信运营商作为供应方,为数字化系统、人力资源、咨询服务等六类服务的中小企业提供具有竞争力的价格,为签订至少18个月合同的中小企业提供至少6个月的成本减免。

(3)部署试点示范探索创新应用。主管机构成立了新的数字化解决方案试点项目,遴选一批满足新需求、具有大规模推广能力、对行业产生广泛影响的解决方案项目。入选并证明对中小企业数字化转型发挥重要作用的项目可被纳入解决方案目录,采用此解决方案的企业将得到政府补助。

4. 积极营造良好的创新生态

新加坡的创新实力全球领先。在2020年世界知识产权组织(WIPO)的创新指数中排名亚洲第一,2021年彭博创新指数排名全球第二。优良的创新生态吸引了全球各地的顶尖公司带来大量资金和技术落地新加坡,德国西门子公司在新加坡设立工业4.0实验室,新加坡与德国汉诺威工业展览会联合举办工业展览会,全面展示工业4.0的全球最佳实践与应用。2016年到2020年间,新加坡汇聚了三分之二的东南亚风投资金,全球100家顶尖科技公司中,多达80家公司已经在新加坡运营业务。4 000余家初创科技企业在新加坡落脚,初创科技企业资金达到210亿美元。此外,新加坡国内的风险投资基金也积极在全球范围内布局,如淡马锡就投资了中国工业互联网企业。

(二)越南推动制造企业数字化转型的政策分析

越南是东盟国家中较早开始推进数字化转型的国家。2016年开始,越南顺应新一轮科技革命和产业变革的发展大势,大力推动数字技术在经济社会各领域的应用,并将其作为经济结构调整和增长模式转型的重要途径。2015—2018年,越南数字经济对 GDP 的贡献率达 4%,并以国家战略为引领自上而下加速推动数字化转型。

1. 制定纲领性文件引领数字化转型进程

2020 年是越南数字化转型战略实施元年。2020 年 6 月,越南公布了《至2025 年国家数字化转型计划及 2030 年发展方向》,成为越南数字化转型的纲领性文件。这一计划的双重目标是在发展数字政府、数字经济、数字社会的同时,形成具有全球竞争力的数字技术企业。该计划提出,至 2025 年,数字经济达到越南 GDP 的 20%,在各行业和领域中至少占 10%。信息化发展指数和全球网络安全指数排名世界前 50 位,全球创新指数排名前 35 位。完成涉及住宅、土地、商业登记、金融、保险等领域的国家数据库建设、联通,并实现全国范围内的信息共享。根据该计划,越南将通过发展数字政府,提高政府运作效率。到 2025 年,越南省部级 90% 的文件、县级 80% 和乡级 60% 的文件将实现网络平台处理。到2030 年,这一比例将分别达到 100%、90% 和 70%。计划提出,至 2030 年,越南普及光纤宽带和 5G 移动网络服务,拥有电子支付账户的人口比例将超过 80%。自从数字化转型框架发布以来,近 30 个部委、行业和地方已响应制订数字化转型的具体计划。2021 年 11 月,越南通过《2021—2025 年经济结构调整计划》,将数字化转型和创新作为发展重点,采取一系列积极措施推进产业结构调整。

2. 加强组织保障确保相关任务落实到位

2021 年 11 月,越南正式成立国家数字化转型委员会,由越南政府总理担任委员会主席,通信传媒部、公安部、越南国家银行等 13 个相关部委为主要成员单位。委员会的主要任务是研究并向政府提出关于实施促进国家数字化转型的主张、战略、机制、政策中的方向和措施,建设和发展电子政务、数字政务、数字经济、数字社会和智慧城市,为在越南开展第四次工业革命创造便利条件。此外,委员会将帮助政府和总理监督各部门和地方政府实施数字化转型的目标、任务和措施,协调实施关于数字化转型的跨部门战略、计划、机制、政策、提案、项目和解决方案,协调实施国家数字化转型计划和涉及 2030 年第四次工业革命的国家战略等内容。2021 年 11 月 30 日,委员会召开第一次会议,对下一步越南数字化转型的相关工作进行有效部署,越南政府要求各部委和地方优先安排资源和资金,落实和完成国家数字化转型规划,努力实现 2022 年国家数字化转型计划。

3. 积极引入外部资源构建数字化转型新优势

在全球供应链产业链加速调整的大背景下,越南成为外商投资的主要目的地之一,数字化转型领域是外商投资的重点领域之一。据越南计划与投资部的统计数据,截至 2021 年 11 月 20 日,越南的 FDI 总额已达到 264.6 亿美元,超过了 2020 年全年总额。2021 年,共有 100 个国家和地区对越南进行投资,新加坡、韩国、日本、中国的投资总额分列前四位,包括苹果、三星、英特尔等巨头企业均加速在越南市场的布局。亚马逊 AWS 加大在越南市场投资建设云计算服务和基础设施,在越南本土提供 200 多种服务,并计划在未来引进边缘站点,以向越南用户提供更多新的硬件资源和服务。同时,越南十分重视在数字化转型领域与主要国家的合作,与中国、新加坡、英国、日本、德国、澳大利亚、印度等国家在最佳实践、人才培育等多个领域开展积极合作,借助国外的优势资源带动本国产业的数字化转型。2021 年 7 月,世界银行正式启动越南中小型企业数字化转型援助项目,为越南中小企业提供技术和资金援助。该项目为期 2 年,包括两个阶段:第一阶段,从 2021 年 8 月到 2022 年 7 月,协助科技加速企业完全免费获得由实时分析技术研发咨询公司(RTA)开发的企业管理软件(ERP)套件;第二阶段,从 2022 年 7 月到 2023 年,为 300 家科技优质企业提供援助和咨询。

4. 为数字化转型营造良好的发展环境

资金方面,越南计划与投资部拟定了 2021—2025 年对企业、合作社和商户数字化转型的扶助计划,2025 年提升所有越南企业有关数字化转型的认知,使至少 10 万家企业从该计划中受益,至少 100 家企业成为数字化转型典范。人才方面,加快开发技能型人力资源,发展开放、灵活、高效的职业教育体系,提高对就业需求和培训需求的预测能力并制定长期战略,助力越南经济实现可持续增长。生态方面,2019 年,越南军队电信工业集团(Viettel)、越南邮政通信集团(VNPT)、FPT 集团等 8 家企业共同成立了越南数字化转型联盟,加速推动数字基础设施建设,加强发展和应用大数据、区块链、人工智能、物联网等新技术,帮助越南实现数字化转型目标。

东盟作为全球第五大经济体,近年来保持了较高的发展水平和开放程度,吸引了包括中国、美国、日本等国的巨头企业加大部署投资,数字经济的潜力巨大。东盟认识到数字化转型对于提振经济发展水平、优化产业结构等的重要作用后,加速推动数字化转型已成为东盟各国的共识。2021 年 10 月 26 日,第 38 届东盟峰会发表关于促进地区数字化转型的宣言,东盟领导人一致同意加强东盟各部门和东盟共同体各支柱的合作,旨在迅速和全面推进数字化转型,加速复苏进程,增强面对未来挑战和危机的长期复苏能力。东盟将实施《东盟数字总体规划 2025》,在政府、管理部门和企业的共同努力下,在安全数字服务、技术和生态系统的支持下,将东盟建设成为领先的数字社区和经济区。

尽管东盟多国积极部署制造企业数字化转型发展,但很多国家具体落实相关战略仍面临诸多问题和障碍。一方面,"数字鸿沟"现象在东盟广泛存在,各成员国之间数字基础设施建设水平差异大,使得共同发展目标的实现较为困难。除新加坡外,东盟多数国家的数字基础设施相对落后,技术条件准备不足。例如,2020 年,东盟数据中心数量超过 295 个,其中 70% 集中于新加坡、印尼和马来西亚,而缅甸、老挝、泰国等国家的数据中心和云设施仍然处在早期起步阶段。此外,多数国家的企业规模偏小也限制了其生产水平、自主研发能力、熟练劳工的成长,产业技术高度依赖于跨国公司。另一方面,东盟整体的劳动力受到工业 4.0 的巨大冲击。据 2018 年美国思科系统公司(Cisco)公布的"科技与东盟未来就业"研究报告,未来十年人工智能应用将使低素质的体力劳动者变得过剩,东盟主要国家受此冲击的就业岗位近 3 000 万。数字技能培训投入不足,将使大量传统劳动力难以适应产业转型发展需求,数字化转型发展缺乏可持续动力。

五、各国推动制造企业数字化转型的政策对我国的启示

针对我国制造企业数字化转型任务重、压力大的现实情况,结合各国推动制造业数字化转型的政策措施,我国可以从加强制度规范、细化政策颗粒度、提升公共服务能力、强化要素资源保障水平等方面入手,推动制造企业的数字化转型,营造健康可持续的产业政策环境。

（一）加快完善与数字化转型相关的制度规范建设

数字化转型是一项复杂性极高的工作,架构在传统产业基础上的制度规范已不能完全适应新一代信息技术的快速发展和对实体经济渗透所带来的新变化,知识产权、反垄断等相关传统规则需要更新,网络安全、技术伦理等新领域的制度架构亟待建立,如何形成一套能够适应数字化转型发展需求的制度规范是各国政府面临的共性问题。考虑到这项工作的艰巨性与复杂性,往往需要政府各个主管部门加强协作,通盘考虑数字化转型所面临的瓶颈和目标,结合本国产业实际、国际发展趋势和技术演进规律,为产业转型发展奠定良好的制度环境。

为了增强主管部门间的协作水平,各国普遍采用了成立跨部门联合工作组的形式来达成这一目标,在制度规范建立方面也进行了有益的探索。例如,德国工业4.0平台成立了立法工作组,对人工智能、竞争等法律与工业4.0的关系进行了积极深入的探讨,为完善相关法律法规献计献策。我国相关部门已开展了一系列积极的实践和探索,未来可进一步增强协同水平,聚焦信息技术安全、数据保护、产品安全、知识产权、反垄断等重点领域,加快研究并形成相关制度规范,提高政策的确定性。

（二）不断细化数字化转型相关政策

以数据为例,作为数字化转型最核心的要素,数据正在发挥越来越关键的作用,数据能否顺畅地流通和交换成为数据价值能否被挖掘的决定性因素。解决数据交换流通问题主要途径有三个,包括制度规则、技术标准和商业合同。由于立法程序复杂、时限较长,短期内难以通过制度规则解决数据流通共享问题,因此,各国普遍通过技术标准和商业合同的方式来推动解决企业间数据流通相关问题。

例如,欧盟大力推动"GAIA-X"(盖亚 X)计划,旨在建立安全的数据基础设施和生态系统,以促进欧洲数字经济所有参与者之间的互联互通;德国、法国通过建立通用的数据基础设施,确保形成统一的技术标准,使接入相关设施的企业间数据能够实现流通互动。再如,日本高度重视通过合同促进数据共享利用。2018 年 6 月,日本经济产业省发布《利用人工智能和数据的合同指引》,以鼓励企业间数据流通为目标,为企业签订数据利用合同或利用人工智能技术开发利用软件合同提供参考,为企业工业数据的应用提供了指引。

我国在上述领域已有探索,但在实践中仍需加快政策引导,一方面使相关技术标准进一步下沉到应用层面,在产业层面形成数据互联互通的整体生态;另一方面引导制定企业间数据流通的行为规范和标准合同条款,保障中小企业在数据流通过程中的合法权益。

(三)提升针对中小企业数字化转型的公共服务水平

在很多国家,中小企业都是制造业发展的主体,这些企业转型的成效直接决定了各国制造业转型的水平。但在现实中,中小企业由于各种原因,数字化转型的基础相对较弱,因此如何提升面向中小企业的公共服务水平,探索多元化路径为中小企业数字化转型赋能也是各国政策的着力点之一。

美国通过构建制造业创新网络,使得企业、高校、研究机构等的创新能力能够辐射中小企业,在一定程度上降低了中小企业跨越"死亡山谷"的难度。德国国家工程院、佛朗恩霍夫协会、史太白技术转移中心等第三方非营利机构从工业4.0实施伊始就全面参与相关工作,形成了支持中小企业的技术和知识转移的整体网络。新加坡设立中小企业数字技术中心,为中小企业数字化转型提供了"一站式"的服务,包括与科技咨询机构建立联系、提供免费的咨询诊断、推荐合适的技术提供商和顾问等。

目前,我国能够为中小企业提供公共服务的机构数量众多,在支持企业创新发展方面取得了积极进展,未来可聚焦如何更加精准地对接中小企业数字化转型需求、提升相关机构对中小企业的辐射带动能力和数字技术应用水平等方面,不断提升机构的公共服务水平。

(四)持续强化对数字化转型的支持政策

从各国推动制造企业数字化转型的政策措施中可以发现,各国为数字化转型投入了长期、连续、大规模的资金支持,技术研发、创新创业、人才培养成为各国政策的三大着力点。

美国为前沿技术的基础研发提供了十余年的财政资金支持,还通过各类政府项目为不同主体的应用技术研发和试验验证活动提供资金,通过专项贷款、国家基金等市场化运作方式支持创新创业,将提升学生、教师、退伍军人等人群的数字化技能嵌到历年国家预算、国防授权法案等文件中。德国作为欧盟"领头羊"募集大量资金支持"地平线 2020"的技术研发项目,由政策性银行、国家引导基金等机构创新金融工具为企业创新创业提供资金支持,支持企业培养大量具备数字技能的人力资源。日本政府也为技术研发投入了大量的财政资金,并通过举办制造业技能大赛等吸引更多人参与以发现优秀人才。

对我国来说,要继续保持战略定力,持续强化对技术研发的整体投入,通过成立重点政府项目等形式发挥财政资金的杠杆作用撬动全社会优质资源共同进行技术攻坚,持续完善多层次资本市场建设,汇聚多方资金共同支持数字化转型,支持和引导高校、企业、科研机构等创新人才培养的形式加快对数字技能的培育,形成一批具备复合能力的人才队伍。

● 第三节　我国制造企业数字化转型的发展历程与现状分析

一、我国制造企业数字化转型的发展历程

我国很早就开始推动制造企业的转型发展。1984 年 10 月,党的十二届三中全会通过《中共中央关于经济体制改革的决定》,揭开了中国信息化的序幕。2000 年 10 月,党的十五届五中全会通过《中共中央关于制定国民经济和社会发展第十个五年计划的建议》,提出要"以信息化带动工业化,发挥后发优势,实现社会生产力的跨越式发展"。2007 年,党的十七大报告明确提出要"大力推进信息化与工业化融合",标志着我国工业正式进入了融合发展时代。在二十余年的发展中,我国以电子信息产业为重点,大力推动一、二、三产业的信息化发展,部分重点产业如电子信息制造业、通信业等取得了较大突破。2009 年我国电子信息产业总产值在全国工业总产值中的比重达到 18.1%,成为我国国民经济发

展的基础产业、先导产业和支柱产业,为制造企业转型发展夯实了基础。

2012 年以来,以互联网为代表的新一代信息通信技术快速发展,我国逐渐在部分领域建立起了局部优势,为"十二五"期间的工业化与信息化深度融合开辟了新局面。2013 年,工信部发布《信息化和工业化深度融合专项行动计划(2013—2018 年)》,其中"任务七:互联网与工业融合创新行动"首次将促进互联网与工业的融合发展作为政策着力点。2015 年,国务院发布"互联网+"行动计划,再次凸显了新一代信息技术对推动制造业发展的重要作用。2017 年,国务院发布《关于深化"互联网+先进制造业"发展工业互联网的指导意见》,工业互联网成为支撑制造业数字化转型的路径和方法论。2021 年,我国工业互联网产业规模突破 1 万亿元,高质量外网已覆盖 300 多个城市,部分省份已实现工业互联网外网所有地市全覆盖以及工业园区广覆盖,连接 18 万家工业企业;具有一定影响力的大型工业互联网平台超过 100 家,接入设备总量超过 7 600 万台(套);国家级安全态势感知平台建成并投入使用,与全国 31 个省级工业互联网平台对接,覆盖了汽车、电子、航空、钢铁等重要行业领域;工业互联网应用已经延伸到 45 个国民经济大类,催生出平台化设计、智能化制造、网络化协同、个性化定制、服务化延伸、数字化管理等新模式、新业态。重点领域关键工序数控化率达 55.3%,数字化研发设计工具普及率达 74.7%。

我国自 2015 年开始实施"制造强国"战略以来,始终将智能制造作为制造业数字化转型的主攻方向,出台了一系列政策措施,围绕制造企业数字化转型形成了较为完善的制度保障体系,为技术研发、成果转化、金融支持及财税政策支持、人才交流、信息基础设施建设、信息安全水平、服务平台体系、国际交流等方面提供了系统性的制度支撑和保障。我国出台的与数字化转型相关的政策清单见表 3-1。

表 3-1　我国出台的与数字化转型相关的政策清单

相关政策	主要内容
2016 年 国家信息化发展战略纲要 政府工作报告	指导信息化发展和政策部署 提出"中国制造+互联网"发展

续上表

相关政策	主要内容
2017 年 政府工作报告 党的十九大报告	提出发展"数字经济" 提出数字化发展和数字化融合发展,推动互联网、大数据、人工智能与实体经济深度融合
2018 年 G20 峰会 关于发展数字经济的指导意见	提出数字化转型将深刻重塑人类社会 提出"促进数字产业发展壮大"
2019 年 政府工作报告 党的十九届四中全会 关于促进平台经济规范健康发展的指导意见	提出拓展"智能+",大力发展数字经济 建议数据资本化 推动数字经济产业发展
2020 年 推进"上云用数赋智"培育新经济发展行动实施方案 中小企业数字化赋能专项行动计划 数字化转型伙伴关系行动 关于支持新商业模式健康发展的意见	进一步加快产业数字化转型,培育新型经济发展,构建现代产业体系 推进数字化管理和运营,提升智能制造水平,推动产业集群数字化发展 为中小企业数字化转型指明方向 支持打造数字经济新优势,推动经济社会数字化转型
2021 年 "十四五"大数据产业发展规划 物联网新型基础设施建设三年行动计划 工业互联网创新发展行动计划	释放数据要素价值,加快培育数据要素市场 提出为物联网、数字化产业蓬勃兴起和全面发展赋能 提出工业互联网创新发展目标

续上表

相关政策	主要内容
2022 年 政府工作报告 关于开展财政支持中小企业数字化转型试点工作的通知 中小企业数字化转型指南	促进数字经济发展,加强数字中国建设整体布局 　提出加快中小企业数字化转型步伐,促进产业数字化发展 　助力中小企业科学高效推进数字化转型
2023 年 制造业技术创新体系建设和应用实施意见 元宇宙产业创新发展三年行动计划	提出加速推进制造业数字化转型,实现高端化、智能化、绿色化发展 　提出构建先进元宇宙技术和产业体系,打造沉浸交互数字生活应用

二、我国制造企业数字化转型的现状分析

在新一轮科技和产业革命的推动下,物联网、大数据、云计算、人工智能等数字技术正以前所未有的深度和广度影响着经济社会的方方面面。人类社会正逐步从工业经济时代转向数字经济新时代,制造业也日益成为数字技术应用的重要领域。近几十年来,发达国家纷纷制定再制造战略,通过采用数字技术增强制造业的国际竞争力。数字经济将现代数字技术与国民经济活动相结合,正在推动新一轮的技术创新和产业转型。数字经济包括一系列以技术为导向的经济活动,这些经济活动以数字化平台为主要媒介、以数字化赋权基础设施为重要支撑(许宪春和张美慧,2020)。信息化是数字经济的基础。数字经济以信息为媒介,极大地提高了资源配置效率,激发了市场活力,推动了传统产业领域的改造升级,促进了新兴产业的发展(Liu et al.,2022),已成为中国高质量增长的重要驱动力。

我国高度重视数字经济的发展,并为数字经济的发展做了必要的安排。目

前,数字经济已成为我国经济的重要组成部分,并显示出良好的发展潜力。中国信息通信研究院发布的《中国数字经济发展研究报告(2023 年)》显示,2022 年,我国数字经济规模达到 50.2 万亿元,同比增加 4.68 万亿元,增长率为 10.3%,高于 GDP 增速 5 个百分点(见表 3-2)。数字经济占 GDP 比重进一步提升,达到 41.5%,数字经济作为国民经济重要支柱的地位更加凸显。自 2012 年以来,我国数字经济增速已连续 11 年显著高于 GDP 增速,数字经济持续发挥经济"稳定器""加速器"的作用。

表 3-2　2011—2022 年中国数字经济总体规模

年　份	规模(万亿元)	年　份	规模(万亿元)
2011 年	9.5	2017 年	27.2
2012 年	11.3	2018 年	31.3
2013 年	13.7	2019 年	35.8
2014 年	16.2	2020 年	39.2
2015 年	18.6	2021 年	45.5
2016 年	22.6	2022 年	50.2

从数字经济的内部结构来看,产业数字化已成为推动数字经济发展的主要力量。伴随着数字技术的创新演进,互联网、大数据、人工智能和实体经济深度融合,产业数字化对我国数字经济增长的主引擎作用更加凸显。

《中国数字经济发展研究报告(2023 年)》发布的统计数据显示,2022 年,我国产业数字化规模为 41 万亿元,同比增长 10.3%,占 GDP 比重为 33.9%,占数字经济比重为 81.7%(见表 3-3)。这一数据清晰地展示了产业数字化转型在我国持续纵深发展的趋势。2012 年至 2022 年,我国数字经济生产效率持续提升,成为整体经济效率改善的重要支撑。从总体上看,我国数字经济全要素生产率从 2012 年的 1.66 上升至 2022 年的 1.75,提升了 0.09,同期国民经济全要素生产率由 1.29 提升至 1.35,仅提升了 0.06,数字经济全要素生产率对国民经济生产效率起到支撑、拉动作用。

表 3-3　2017—2022 年中国产业数字化规模

年　份	规模（万亿元）	年　份	规模（万亿元）
2017 年	21.0	2020 年	31.7
2018 年	24.9	2021 年	37.2
2019 年	28.8	2022 年	41.0

清华大学全球产业研究院推出的《中国企业数字化转型研究报告（2022）》对我国企业数字化转型的情况进行了分析和总结，在被调研的企业中，制造业、金融业、批发和零售业以及信息传输、软件和信息服务业这四大产业的企业约占据我国数字经济产业的 3/4，其中制造企业占比最大，达到了 34.5% ，表明制造业正在以比其他产业更快的速度向数字化转型方向发展。处于数字化转型初步建设阶段的企业占比为 16.9% ，而处于数字化转型的重点突破或全面优化阶段的企业占比达到 81.0% 。当前企业开展数字化转型遇到的障碍主要有缺乏数字化转型专业人才、原有组织流程僵化严重、缺少数字化转型的文化氛围、缺乏合适的技术合作伙伴、价值主张与转型目标模糊、缺少通盘战略规划、缺少足够的资金投入、缺乏公司领导层的充分支持、与外部支持伙伴合作不畅。数字化正在驱动产业链、价值链发生一系列深刻的重构与升级，各行业头部企业已经纷纷制定数字化转型战略并开始落地实践，新技术的逐渐成熟也促进企业加速数字化转型步伐。

埃森哲自 2018 年起开展数字化转型指数研究，基于对转型领军者数字化能力的洞察，开发了中国企业数字化转型指数。该指数体系共有三级，包含五大维度，18 个二级指标，48 个三级指标，分值为 0~100。数据由下至上逐级加总平均，最终得到数字化转型指数总分。100 分代表当前所能预见的最先进状态的数字企业。《2023 埃森哲中国企业数字化转型指数》显示，2023 年中国企业数字化转型指数整体得分为 44 分，中国企业持续在优化运营领域精耕细作，能力得分为 58 分，业务与财务系统的数字化集成、实现产品全生命周期的信息追踪反馈是中国企业着力布局的两大举措。然而，中国企业在打造数字核心、释放人才力量维度尚未建立能力优势，这两项得分均低于 40。企业职能实现云端部署的水平较低，三年来平均覆盖四个职能领域；转型领导团队或部门的职权依旧相对单一,尚未完全实现数字化、管理变革、流程优化和模式创新的全覆盖。调研数据显示,有37%的中国企业仍在进行单一职能部门的数字化和自动化,制造部门和IT部门是企业当下转型成熟度最高的职能部门。从行业得分来看,高科技制造、汽车及工程机械行业等制造业的得分排在前列,其数字化成熟度一直相对较高,数字化转型基础稳固,行业企业将技术作为应对行业格局和外部不确定的核心竞争力,除了深化数字技术与主营业务的规模化融合,还积极培育和储备人工智能、大数据、云计算等技术,寻求业务边界新突破。

数字技术在制造业得到了广泛应用。越来越多的制造企业正在通过采用大数据分析、云计算、5G、物联网和人工智能等新型数字技术来拥抱数字化(Khin and Ho,2019)。根据IDC发布的数据,2022年全球在业务实践、产品和组织领域的数字化转型技术和服务支出达到1.8万亿美元,比上年增长17.6%。此外,在2021—2025年的预测期内,数字化转型支出将保持这一增长速度,五年复合增长率为16.6%。在数字化时代,制造企业希望借助数字化转型的潜力来创造新的价值和创收机会,从而增强自身的竞争力(Kamalaldin et al.,2020)。制造企业将数字技术融入产品设计、生产运营和销售管理,从而提高产品质量、优化生产效率并拓展市场机会(Kamalaldin et al.,2020)。然而,由于数字化转型过程中存在技术复杂、成本高、周期长等巨大挑战,制造企业很可能遭遇颠覆性改革,陷入数字化悖论。由于这些潜在的挑战,数字化转型带来的收入增长无法带来更大的利润(Sjodin et al.,2020)。Everest Group(2019)报告称,78%的企业在数字化转型计划中经历了失败,包括收益不可持续、缺乏用户采用,或者项目被放弃。

对于我国制造企业而言,如何抓住数字化转型的红利,实现创新驱动发展,既是亟待解决的现实问题,也是转型升级的主攻方向。目前,我国制造业数字化转型还面临着很多困难。

(1)相关制度标准建设有待进一步完善。虽然我国在数字化治理领域已经制定了诸多法律法规,并取得阶段性显著成效,但新技术新产业更新迭代速度快,而法律政策本身具有滞后性。随着我国产业转型不断深入,新模式、新业态加速涌现,部分制度规则已难以适应技术产业快速发展的需要,亟待进行调整,如对于数字经济的统计监测体系。与此同时,众多新兴领域制度规则存在空白,需要填补,如智能配送、无人驾驶等领域目前尚缺乏专门的法律规范。

(2)产业整体的数字化转型基础较为薄弱。企业数字化基础较差,多数企业仍然处于工业 2.0 阶段,即使具备了一定数字化能力的企业也因底层架构、协议等差异巨大导致互联互通难度高。此外,很多高端的硬件和软件产品对外依赖严重。

(3)要素保障水平需要进一步提升。制造业数字化转型涉及众多领域,需要大规模的资金支持和多元化的金融服务,但我国金融市场中针对制造业数字化转型的金融产品创新不多。具备数字技能的复合型人才普遍缺失的现象广泛存在,西门子平台全球开发者已有 10 万人,我国平台开发者仅几千人且以国内为主。

● 第四节　数字化转型对制造企业高质量发展的影响机理

当前,我国经济正在经历从高速发展向高质量提升的转变(Zou et al.,2022)。作为实体经济发展的重要微观组成部分,提升企业发展质量对推动国家高质量增长具有基础性作用。数字经济以信息为媒介,大幅提升了资源配置效率,激发了市场活力和创造力,推动了传统产业的改革升级,促进了新兴产业的增长,已成为中国高质量增长的关键驱动力。数字化转型能够促进制造企业提升绩效水平,增强技术创新能力,助力绿色供应链效率提升,以此实现制造企业的高质量发展。

一、数字化转型对制造企业绩效的作用机理

数字化转型的质量越高,组织的生产效率就越高(Moretti and Biancardi, 2020)。数字技术提高了企业的产品和服务质量,利用大数据技术分析用户的个

性化需求,重塑了传统商业模式中利益相关者的价值创造机制,并通过新的参与者拓展了企业用户的广度和深度(Kraus et al.,2021)。制造企业的数字化转型有助于降低企业运营成本。数字技术的连接性、共享性、开放性等特点决定了企业可以有效去中介化(Adamides and Karacapilidis,2020),弱化交易双方信息不对称带来的不利影响,降低信息搜索、谈判签约、交易监督以及后期转换等成本。同时,通过将数字技术融入业务环节,企业可以降低采购、营销、物流等领域的资源匹配和渠道运营成本,甚至可以极低的成本满足客户的个性化需求,从而显著改善成本与能耗"双高"的问题(Horvath and Szabo,2019)。此外,数字化转型可以增强企业内部控制质量,为提高会计信息可比性提供内部基础条件,抑制企业盈余管理行为,为提高会计信息可比性提供监督管理保障,并改善企业信息不对称的情况,为提高会计信息可比性营造良好的信息环境。因此,数字化转型能够通过提升会计信息可比性,降低企业代理成本(聂兴凯等,2022)。

制造企业的数字化转型有助于提高企业运营效率。新兴数字技术中蕴含的结构化和非结构化信息拓宽了数据挖掘空间(Liu and Xiu,2015),加快了企业客户长尾需求的响应速度,促进了产业专业化和协同化运营,有利于提高企业整体运营效率。数字化转型可以降低制造企业的运营成本,增加产品和服务的外延(Centobelli et al.,2020),产生成本节约效应。数字技术的广泛应用可以催生出新的生产工具,激发了新的生产力,智能硬件通过智能传感互联、"云+端"的典型架构对传统设备进行智能化改造,能够帮助简化生产操作模式、实时设备状态检测、在线故障检测诊断,从而缩短作业切换时间、缩短交货周期、降低作业成本以及提升产品品质,利用数字技术的持续创新使制造企业能够利用数据驱动决策,并使其能够面对和解决高竞争压力。数字化转型将成为一个支持系统,激励企业应对竞争压力,扩大市场份额,更好地在竞争中生存,努力为客户提供更多价值,实现更高的绩效。通过适应数字化,企业能更好地实现其业务目标,因为数字技术能帮助主流企业转向新的垂直领域并发展现有业务,提高企业绩效。

数字化转型要求员工具备一定的认知准备,以理解和促进整个转型过程,充足的知识和技能对于认知准备非常重要(Centobelli et al.,2019)。数字化转型需要获取知识,以提高和重塑能力,从而实现成功转型(Yamani and Alhazmi,2021)。

传统业务模式被使用数字媒介的新业务模式所整合或取代,新的数字技术被嵌到组织提供的现有产品和服务中。当制造企业准备好了所需的技能和专业知识时,就能成功整合新技术,并进一步简化整个流程,从而提高生产效率,降低运营成本,提高企业绩效。

二、数字化转型对制造企业技术创新的作用机理

数字化转型有利于促进制造企业的创新升级。在数字技术赋能的产业发展时期,数据信息要素的活力不断被激发,局限于部门的创新资源和能力得到释放,持续学习、动态合作的趋势不断被提升,新老企业将在资源、技术、产品、经验、客户等方面深度融合,促进企业"乘数效应"的爆发(Ode and Ayavoo,2020),从而为价值发现和价值创造提供增量贡献。

数字化转型可打破企业协同边界,降低制造企业创新成本。在传统企业发展理论中,企业是产业组织的基本单元,是一个边界清晰的封闭组织。企业边界决定了企业的经营范围,在一定程度上限制了生产要素的流通。交易成本是影响企业边界的重要因素。数据要素的便捷整合保证了数字技术应用所产生的交易成本降低效应,进一步促进了企业的线上合作,为企业获取组织外部资源创造了更好的条件(肖旭、戚聿东,2019)。数字化转型助力企业降低创新成本的内在逻辑主要包括数字技术优化了企业的要素配置,提高了闲置要素的利用率;数字技术提升了企业实时分析用户需求的能力,促进企业运营模式不断优化;数字技术增强了企业信息收集整理能力,提高了响应速度。

数字协作(包括企业间部分数据的实时共享、业务的无缝连接和快速反应)不仅可以在上下游企业中建立,也可以在跨行业企业中建立。数字连接打破了传统界限,促进了企业间的数据共享,推动了产业间的跨界融合,有助于形成数字生态环境(Meyer and Williamson,2012)。数字生态注重用户的实际需求。通过众多参与者不断提升产品附加值,为用户提供更好的体验,其创造的价值超出了任何单一企业的能力。数字生态能够满足用户的碎片化需求,具有突出的"长尾效应"。参与者之间合作产生的网络协议可以进一步增加用户黏性(Basole,2009;Litvinenko,2020)。随着用户需求的不断多样化和个性化,参与者的业务多元化成为提升用户价值、增强数字生态活力的又一重要因素(Jacobides,

Cennamo and Gawer,2018）。

数字化转型可强化用户需求导向,提高制造企业创新效率。在当前的工业体系中,产品的研发和生产方向完全由企业决定,用户无法参与到企业的生产决策过程中,从而导致价值取向在供给方和需求方之间不断穿梭,产品市场的供需错配不断加深(Frederiksen,2006)。供需的长期失衡将导致传统产业长期逐步走向产业体系的结构性陷阱,加强企业运营模式创新,通过数字化转型使用户深度参与企业的产品设计和生产环节,培育基于新商业模式的数字化产业发展体系,实现市场力量从供给侧向需求侧转移,是走出结构性陷阱实现产业向高价值链升级的有效途径(Sturgeon,2021)。

制造企业通过数字技术准确洞察全球用户的核心价值需求,不仅显著提升了用户的产品体验,也大大提高了企业对用户需求调整的响应速度,促进了企业创新效率的提升。首先,数字化转型加强了用户与企业之间的联系,促进了共创体验的实现。共创体验是指用户与企业在交易体验、选择体验、价格体验等方面共同创造价值的过程。它可以有效克服用户被动响应的弊端(Yu et al.,2017)。其次,企业对用户数据的实时分析有助于企业快速、全面地掌握用户需求,促进产业合作网络、产业链和价值链的创新结合,进一步激发企业发展过程中的"乘数效应"(Teece,2018)。最后,在加强企业创新合作的同时,数字技术还能促进企业与用户之间的反馈与互动。由于用户需求的多样化,企业可以专注于某一特定产品的供给与迭代,强化竞争优势,提高供给效率。数字技术实现了用户与企业之间的实时互动与反馈,提高了企业的生产效率(刘向东等,2019)。

数字化转型可优化制造企业创新流程,激发企业创新动力。数字技术的推广应用,可以帮助企业优化不同创新环节中各种要素的配置,提高各创新环节的系统协同效率。一方面,在机器算法分析结果的指导下,以土地、资本、劳动力为代表的传统生产要素将向能够高效创造用户价值的领域集中。同时,计算机会根据实时采集的数据不断修正分析结果,及时反馈,第一时间调整优化生产要素配置(Giusti et al.,2020)。另一方面,作为核心生产要素,用户数据的积累、筛选和质量控制为企业挖掘用户价值、判断竞争对手行为奠定了基础。通过对用户数据的分析,有助于企业增强预测市场趋势的能力,提高创新产出(Horvath and Rabetino,2019)。

在大数据思维下，单一数据源只能提供有限的数据价值，多源数据有利于减少处理结果的误差，多维数据拓展了分析的视角。因此，数据的海量、多源、多维是充分发挥数据价值的前提。数字技术的应用替代了程序化业务中的劳动力，但这并不代表劳动力价值的消失。制造企业可以通过在职培训和再教育提高劳动力技能，也可以将劳动力分配到非程序性业务的处理操作中。由于数字技术只能对现有数据进行分析，因此无法用机器理性解读组织战略，也很难按照重要性对组织活动进行排序。基于机器算法的资源分配具有明显的时效性。过于依赖机器知识会让组织陷入战略困境。受既定程序的限制，人工智能会在异常信号的判断上出现失误，从而增加不必要的管理成本。将劳动力向非程序化业务集中，可以更好地发挥主观意识在处理突发事件中的优势，进而从全局出发优化或重构企业创新流程，进一步激发制造企业的创新动力。

三、数字化转型对制造企业绿色供应链效率的作用机理

绿色供应链的管理既要考虑经济效益，也要考虑环境效益，涵盖供应商、生产设施、销售商和最终客户，其主要目标是最大限度地减少对环境的影响，同时在从获取原材料到加工、包装、储存、运输和报废处理的整个过程中最大限度地利用资源（Agyabeng-Mensah et al.，2023）。通过主动承担环保责任和实施绿色实践，制造企业可以获得竞争优势并促进高效发展。数字技术已成为生态友好型供应链进步和发展的重要催化剂，从而提高了绿色供应链的智能化水平（Su et al.，2023）。由此可见，制造企业广泛采用数字技术将有助于加强绿色供应链中上下游企业之间的无缝连接，促进企业间的高效协作，最终提高供应链的整体效率（Qin et al.，2023）。

目前，"绿色"和"环境保护"的概念已被广泛接受，公众、政府和投资者等各利益相关方也越来越关注环境问题。利益相关者已将绿色问题纳入公司的战略决策过程，以加强对绿色战略的关注（Vollero et al.，2020）。数字化融入利益相关者管理创造了一个动态环境，加强了利益相关者与企业之间的联系。这促使制造企业更愿意做出环保决策，并推动在整个供应链中实施绿色实践。此外，数字化转型还能实现跨区域的信息交流，从而提高供需匹配的准确性（Goldfarb and Tucker，2019）。它还能打破供应链不同节点之间的信息壁垒，有

效减少上下游企业之间的信息不对称。通过促进高效的知识获取和激发创新潜力，数字化转型为绿色技术进步提供了支持（Jabbour et al.，2017）。此外，拥抱数字化转型符合国家倡议，同时可获得国家融资支持，以提高绿色供应链的效率。

随着当代信息网络的应用，企业可以利用区块链等尖端技术有效处理知识和信息（Qin et al.，2023）。数字化在企业运营中得到广泛应用，为企业内部和外部采用绿色技术提供了途径，促进了绿色技术的创新（Singh et al.，2020），并提高了绿色供应链的效率。研究表明，数字化转型可以加快信息流动，提高信息可用性，增强企业整合信息的能力（Hong et al.，2023）。一方面，它通过促进研发人员之间的知识交流，提高组织内部的信息共享能力，同时优化协同创新水平。另一方面，它打破了不同技术领域之间的壁垒，降低了在企业环境中搜索外部信息的成本，这促进了创新知识资源的整合。因此，通过利用数字技术进步有效整合环境信息，企业可以增强其绿色技术创新的潜力（Khaksar et al.，2016），从而提高绿色供应链的效率。简而言之，数字化转型增强了企业有效整合信息的能力，从而提高了企业的绿色技术创新能力，优化了绿色供应链效率。

数字化转型可以通过减少与交易相关的费用，优化绿色供应链的有效性。数字技术的整合可以深刻影响企业的对外互动和内部管理成本，从而降低总体支出（Chen and Xu，2023）。在传统的供应链管理模式中，各节点参与实体之间存在信息壁垒，阻碍了对各节点状态的及时了解。这就导致了各种问题，对绿色供应链的效率产生了负面影响。然而，通过实行数字化转型，企业可以克服信息获取受限的障碍，提高供应链参与者之间的沟通效率（Xu et al.，2022），最终降低交易成本。通过降低交易成本，制造企业可以有效提高绿色供应链的效率。数字化转型还可以利用广泛的数据、云计算、先进算法和区块链创新的潜力，降低企业的物流成本。智能物流系统可以有效处理各种商品的配送需求。因此，这大大提高了企业绿色供应链的整体效率（Schultz et al.，2021）。

资本支持对企业的高效发展至关重要，然而许多企业，尤其是中小型企业，在获得充足资金方面面临挑战，这阻碍了它们做出最佳商业决策的能力，进而影响了其绿色供应链的效率。制造企业的数字化转型为解决这一问题提供了解决方案。首先,在数字化转型过程中与国家发展战略保持一致,可使企业在寻求融资机会时受益于国家战略方针,这增加了它们获得政策优惠的机会,并有效缓解了融资困难(Wu et al.,2019)。其次,通过建立金融交易数字平台,金融机构可以有效解决阻碍融资选择的地域差异问题。这就减轻了企业的财务负担,缓解了资金限制。通过克服这些与融资相关的障碍,制造企业可以获得充足的资金来加强决策过程,最终提高绿色供应链的效率。

第四章

制造企业服务化的现状与
典型案例分析

● 第一节　我国制造企业服务化的现状

一、制造企业服务化对我国产业升级和经济转型的重大战略意义

(一)服务型制造是全球制造业创新发展的重要方向

世界经济正处于由"旧"驱动力向"新"驱动力转变的时期,制造业服务化成为当前经济结构转型的典型特征。制造业服务化投入的加速,意味着服务投入在制造业中的比重不断提高,服务在制造过程中扮演着越来越重要的角色。

服务化或服务型制造是制造业的发展方向,已经成为各界共识。云计算、大数据、传感器、物联网、移动互联网、人工智能、3D 打印、智能加工中心和工业机器人等新一代数字技术使制造业呈现出区别于工业经济时代的新特征,通过依托互联网基础设施和数字化设备,制造企业与产业链上下游以及终端消费者之间的距离大大缩短,及时响应和互动性大大增强。企业可以借助互联网和大数据平台整合利用协作企业和客户的资源、信息、数据等进行创新,由此催生出网络协同研发、协同制造、智能化供应链管理、在线监测和远程诊断、大规模个性化定制、基于智能产品的智能服务等一系列服务型制造新模式。

(二)制造企业服务化是促进我国产业迈向全球价值链中高端的有效途径

服务型制造不仅关乎制造企业的市场竞争力与收入、利润增长,而且会影响一个国家的全球价值链地位、供应链韧性和产业链现代化水平。顺应制造业服务化趋势,在第四次工业革命快速发展的背景下,制造业的主要增值环节已由过去的"生产"转变为"服务"。服务型制造业通过客户的参与、服务要素的投入和

供给,最终实现全球价值链的价值增量。

制造企业服务化可以通过技术创新、规模经济和范围经济、差异化竞争等作用,帮助实现新的生产方式和要素的结合,降低中间服务的投入成本,提高产品竞争力,从而实现我国制造业迈向全球价值链中高端。我国制造企业可以通过增加对整个价值链上影响最大的知识性服务要素的投入,提高整体盈利能力,同时带来制造业内部结构优化重组、产业链高效整合、效率改进和管理提升,促进我国制造业的转型升级。

(三)制造企业服务化是加快转变发展方式的重要举措

制造企业服务化是在制造过程中增加服务的过程,包括售后服务、维护和维修服务等。这一过程旨在提高产品价值,提供更好的客户体验。此外,多元化和服务密集型的产业结构可以更好地增强经济韧性,促进长期持续增长,因此制造业服务化是制造业转型升级的关键领域。它也是一种组织创新,对生产效率产生积极影响。它带来了产业间的协同效应,通过制造业与生产性服务业之间的协同创新,提高了经济增长的质量。

此外,它还在行业内产生竞争效应,为企业提供机会,通过主动与客户互动提高市场竞争力。制造企业服务化还影响内部资源配置,通过增强研发能力、吸引高水平人力资本和增加知识服务要素来提高生产效率,它通过以产品和客户为导向的服务提高技术创新能力和效率,从而推动全要素生产率增长。因此,制造企业服务化是制造业实现创新发展、质量效益型发展的集中体现,是制造业升级必须实施的基本发展模式之一。

二、我国制造企业服务化的现状

(一)整体处于发展初级阶段,服务产出水平较低

发达国家的制造企业早在 20 世纪 90 年代就开始了大规模的服务化转型,通过服务型制造实现差异化,提高利润率和股东回报。例如,IBM 三任 CEO 郭士纳、彭明盛、罗睿兰先后提出"IBM 就是服务""随需应变"以及向认知解决方案和云平台公司转型的战略,不断剥离 PC、x86 服务器等硬件业务,通过收购、内部培育壮大服务能力。早在 2001 年 IBM 全球服务部门的营业收入就占到

IBM 总收入的 40% 以上,成为公司最大的收入和利润来源,2009 年服务业收入占比已达到 60%。

相比之下,我国制造业整体的竞争力以加工组装见长,制造企业服务化转型起步晚,多数企业存在重产品轻客户、重制造轻服务、重规模轻定制的现象。目前,我国绝大多数制造企业能够根据客户需求提供必要的安装、维护、保养等服务,并且越来越多的企业开始将服务作为一种差异化竞争的手段,设立专门的服务部门,提供与产品密切相关的服务内容,朝着"产品—服务包"的方向转型。但是总体来讲这部分企业的比例不高,制造企业服务化产出水平还比较低。

(二)对制造企业服务化存在认识偏差

受传统粗放式工业发展思维模式影响,一些制造企业还存在重硬轻软、重制造轻服务、重规模轻质量、重批量化生产轻个性化定制的现象,对制造企业服务化的内涵和意义缺乏足够的认识,误以为发展服务型制造就是发展服务业,担心会脱离主业。再者,对服务型制造的发展模式了解不多,服务模式较为单一,对向服务型制造转型的路径和步骤不明晰。

基于产品的销售安装和售后服务仍是目前的主体,真正意义上从客户需求出发进行设计,通过将服务嵌入产品,开展商业模式创新、实现产品与服务融合或提供整体解决方案,进而获得持续服务收入的案例不多。

(三)企业服务化转型的基础较为薄弱

服务化转型要求制造企业在经营理念、发展战略、运营模式等方面都要调整,我国许多企业尚不具备这方面的基础条件。服务型制造是基于企业核心产品和核心业务基础上的服务创新,需要一定的自主开发技术能力的支撑,缺乏核心技术是企业开展服务型制造的最大制约。企业的信息化发展水平和大数据应用能力较弱也制约了服务型制造的发展。

我国真正进入数字化阶段的企业比重较低,由于数字化水平低,制造企业就无法及时监控产品状态、获知用户需求,从而适时提供服务性质的活动。对于以制造为主的人员结构,多数企业缺乏既懂制造又懂服务,同时熟悉产品和运营的创新型、复合型人才。

三、以制造企业服务化推动产业升级的相关建议

（一）把发展创新设计和定制化服务作为制造企业服务化的重要突破口

工业设计是制造企业开展产品创新、技术工艺创新的主要方式，也是长期制约我国制造业升级的短板。要充分发挥创新设计作为制造企业服务创新的先导作用，综合运用新一代信息技术、先进制造技术、新材料技术、新能源技术等新科技革命的最新成果，对制造业产品、工艺和流程，以及制造和服务模式等进行集成创新设计，利用互联网整合资源，促进设计协同、人人参与设计。要把定制服务作为需求导向时代我国制造业创新发展的有力武器，引导制造企业积极开展针对下游企业需求的新技术研发定制、新产品设计定制、新产品样式定制等生产定制化服务，以及直接面向终端消费者需求的产品定制化服务。大力推广基于互联网定制平台的众创定制、专属定制等创新模式，推动定制服务向高端定制、复杂零部件个性化定制转型，推动我国制造企业迈向产业价值链中高端。

（二）推进智能制造和智能服务高水平协同发展

抓住智能制造与智能服务互为依存的本质特征，统筹推进智能制造和智能服务信息基础设施建设，加快健全和完善工业互联网、物联网、工业云服务平台、行业大数据平台，夯实智能制造和智能服务的网络和数据基础。综合开展智能制造和智能服务业务创新设计，支持有条件的制造企业突破研发设计、生产制造、产品销售、服务提供等资源边界和运营边界，将智能制造与智能服务综合集成考虑，以信息流、数据流为核心，开展以客户价值增值为目标的数据采集、数据挖掘、分析和应用服务，进一步提升制造的商业价值。促进智能制造和智能服务的组织协同、系统互通，支持制造企业实施面向工业4.0的智能化系统升级，实现研发设计、生产制造、经营管理、在线服务等全流程互联互通、协同运行。

（三）强化制造企业服务化发展的支撑保障

加强财税金融支持，重点加大对服务型制造关键共性技术、基础数据库和公共服务平台的支持，引导银行等金融机构创新产品和服务，大力发展供应链金融、项目融资担保服务，缓解企业转型的资金压力，鼓励社会资本参与制造企业服务创新，健全完善市场化收益共享和风险共担机制。依托重点人才工程，加大

服务型制造人才培养和培训力度,重点培养和引进跨领域、复合型、创新型人才。进一步加强知识产权保护和管理,加大对研发设计等创新知识产权保护力度,健全知识产权交易和中介服务体系,形成对制造企业服务创新的正向激励。加强服务型制造相关技术标准和服务标准建设,建立健全服务型制造相关统计调查制度,促进服务型制造健康、高质量规范发展。

● 第二节　世界一流制造企业服务化的典型案例

一、世界一流制造企业服务化案例

(一)GE

20世纪80年代初期,时值美国经济萧条,通货膨胀日益严重,石油价格上升,加上生产率逐步下滑,极大地削弱了美国产品的竞争力,美国的传统制造业已经开始走下坡路。而此时正是杰克·韦尔奇接手GE(通用电气)的时候,这家公司正逐渐成为一家臃肿庞大的官僚机构,对市场反应迟钝,在全球竞争中正走下坡路。1981年韦尔奇担任通用电气CEO之后,对公司的官僚体制和机构进行了全面的整顿,而在企业发展战略上,因应全球化及服务化、网络化的趋势,韦尔奇制定了全球化、服务化、电子商务化、实施六西格玛的四大战略,如此确保了随后的20年间,通用电气一直保持两位数的增长,市值从1981年的120亿美元增加到5 000多亿美元,利润也实现了翻番的增长。

作为一家传统的制造企业,通用电气当时的产品主要是工业产品,在经济萧条的冲击下,制造业的利润日益稀薄,而当时作为产品附加的售后服务,毫不起眼,却有着让人意想不到的利润率。韦尔奇看到了这一趋势,推出了服务战略,确立的服务愿景是:21世纪,通用既是一个销售高质量产品的公司,还是一个提供全球化服务的公司。在韦尔奇的设计下,通用电气成立了服务委员会,并组成执行委员会专门策划服务业。将服务独立于产品之外,作为一个盈利部门,变成利润中心而非成本中心,为自己和竞争对手的产品提供服务。通过这些举措,来捕捉服务业庞大的市场空间和增长机会。

1. 产品服务

通用电气服务战略的一个典型是拓展引擎服务。通用是全球最大的引擎生产企业之一,其引擎服务年收入约20亿美元,占到通用总收入的30%多。虽然通用在全球都有服务网点,但都只是维修GE自家生产的引擎,大部分网点因成本高,并不盈利。但通用之前的关注点都在研发与生产环节,对售后服务根本不重视。在引擎业务的服务战略实施后,1991年,GE从英国航空公司收购了威尔士的一家大型维修服务商,从而获得了维修、大修劳斯莱斯引擎的能力。1996年1月,GE首次对飞机引擎行业组织机构进行重大改组,设立了一个新职位:引擎服务副总裁,并将引擎服务业务独立出来。1996年,GE收购了巴西一家引擎服务商塞尔玛(Celma),从此,使GE具备了维修帕瓦特引擎的能力。

从1977年到2000年,通用在飞机引擎服务方面收购了17家企业,在飞机引擎业务的总收入中,服务业务的收入比例从1994年的不足40%上升到2000年的60%以上,从年收入20亿美元左右,增长到50亿美元以上,从只能维修维护GE引擎,到能服务于各种品牌的引擎。同时还开拓零配件业务,为客户创造更多的价值。

通过上述对引擎服务业务的拓展,引擎服务从最初作为产品的一种附加服务,最后成为一项独立的服务产品。作为产品服务的延伸,通用的引擎服务能力得到大大提升,从单一的GE引擎服务拓展到多品牌引擎服务,最后引擎服务业务获利能力大幅上升,由当初的成本中心变成了如今的利润中心之一,最后也带来了组织结构的变化——引擎服务部门得以独立出来成为一个事业部。这种类型的服务转型正是目前我国大部分制造企业用得最多的:从单一的产品售后服务转向多产品线的产品服务,最后变成一项独立的增值服务。

2. 附加服务

通用电气起初涉足金融业更多是为了主营业务的市场销售而进行的业务创

新,在 1929—1930 年的经济危机时期,随着投资者和消费者支出减少和失业增多,制造业的销售额和利润大幅下降,GE 的状况也不例外。这种情况下,采用分期付款的赊销办法可以增加耐用消费品的销售额。为了解决家用电器的销售问题,GE 于 1932 年成立了通用信用公司。通用信用公司刚开始的主要业务是为购置通用大型家电产品的消费者提供分期付款业务。20 世纪 60 年代后期由于银行及独立的财务公司也加入分期付款等消费者信用市场,通用信用在巨大的生存压力下不得不开拓新的金融市场,开始为机械设备提供经费,同时开始租赁设备,为贷款、租约、信用卡提供经费等。

20 世纪 80 年代通用金融业务下的通用资本开始承做杠杆租赁、杠杆收购等业务,在美国国内排名靠前。通用资本公司涉足的通常不是全新的、独立的金融服务领域,而是通用原有产业的衍生领域。通用资本与通用其他制造业务的关系非常密切,通用资本提供制造业财务的咨询、融资租赁服务,为通用电气旗下其他子公司的客户(如航空公司、电力公司和自动化设备公司)提供大量贷款,以帮助这些子公司为其与客户签订大宗合同铺平道路。同时也获得许多产业资讯以帮助主业拓展业务。

通用金融业务覆盖了从信用卡、计算机程序设计到卫星发射,同时还是全球最大的设备出租公司,拥有 900 架飞机、188 000 列列车、759 000 辆小汽车、12 000 辆卡车和 11 颗卫星,它还拥有美国第三大保险公司。到 1991 年时,通用电气金融业务的利润已经占到集团总利润的 30%,2001 年这个比例又进一步上升到 40%。当年为了提升销售而附加的金融服务,最终成长为通用利润率最高、收益最丰厚的独立部门之一,通用电气在金融业务领域的服务战略取得巨大成功。

3. 专业服务

简柏特作为"GE 资本"业务流程的后台服务公司,1997 年成立于印度,通过分布在各个国家的多个营运中心构成全球交付平台为全球多个区域的 GE 分公司、子公司管理复杂的流程,协助 GE 增加收入,降低成本,提高企业综合竞争力。2005 年,随着 General Atlantic 和 Oak Hill 两家投资公司的入股,这家"GE 资本"的后台服务公司独立出来,并更名为简柏特。它提供广泛的服务,包括财务会计、客户服务、保险、供应链和采购、分析、企业应用和 IT 基础设施服务等。在提供这些服务时,简柏特依靠传承于 GE 的三个核心能力——流程能力、分析能力和技术能力,同时也依靠来自运营部门的经验。

简柏特的服务覆盖多个行业,包括银行、金融服务、保险、制造、交通和医疗。通过管理大量的业务流程,满足客户在交易、管理、报告和计划方面的需求,向客户提供跨行业和多技术平台的解决方案。简柏特在中国、美国、印度、匈牙利、墨西哥、菲律宾、荷兰、罗马尼亚、西班牙都设有分支机构,共有员工 35 000 余人。简柏特已经从当初通用电气的一个后台支持部门,发展成为一个网络遍布全球的专业从事业务流程外包的集团公司。

（二）IBM

IBM 于 1911 年创立于美国,业务遍布 160 多个国家和地区,是计算机产业长期的领导者,在大型机、小型机和便携机方面成绩最为瞩目。2005 年 IBM 把个人电脑业务出售给联想集团,标志着其正式从硬件产品业务向高价值服务业务全面转型。2011 年开始 IBM 服务业务收入已经占到全球总收入的近 60%,基本完成了从产品向服务的转型。

20 世纪 90 年代初,微软、英特尔、康柏、戴尔等 IT 巨头的竞争几乎令 IBM 陷入绝境。计算机行业正处在更新换代的变革时期,硬件产品利润率下降,同时竞争日趋激烈,市场遭到反应快且生命力强的新兴企业的蚕食,IBM 的传统业务大型主机销售急速下滑,个人电脑业务则一直不景气。在郭士纳的主导下,IBM 拉开转型序幕,实施服务化转型成为企业发展新战略。IBM 在公司内部不断深化企业服务化转型的理念,凝聚企业未来发展的共识,以服务化转型为指引,先后在领导团队以及研发、主机业务、软件业务、市场、营销、服务等部门采取了一系列以市场为导向、以客户为导向的战略调整举措,从以产品为中心转变为以客户为中心。IBM 开始树立和推广服务导向的品牌新形象,提出"IBM 就是服务""电子商务随需而变"等理念。构建基于服务的企业组织新架构,成立面向商业咨询、战略外包、集成技术服务和系统维护四个层次的信息技术服务体系,积累不同行业的信息化解决经验,不断整合内外部资源,深化技术、产品、服务等多层面融合,强化网络、业务、内容和终端的互动发展,重构和延展业务体系,打造全业务流程的综合集成能力。

兼并重组是 IBM 推进服务化战略转型的基本途径。2002 年,IBM 将硬盘业务出售给日立;2005 年,IBM 将全球 PC 业务出售给联想集团;2007 年,IBM 将商用打印机业务出售给日本理光。同时,IBM 积极收购重组服务和软件业务。软件方面,1995 年,收购了 Lotus Development,并将其整合成 IBM 现有的五大软件之一;2002 年,收购软件工具发展商瑞里软件公司,此举使得 IBM 公司能够提供完整的软件开发环境;2004 年,收购提供服务器和存储设备管理软件的坎德尔公司,加强了 IBM 公司 Tivoli 系统管理工具的组合。咨询方面,2002 年,收购了普华永道的咨询部门,此举给 IBM 公司增加了约 50 亿美元的收入,并带来了三万名在垂直行业富有丰富经验的咨询师队伍。

IBM 通过服务化转型重新引领全球信息产业发展,构建了面向服务的具有独特优势的新商业模式,建立了集"问题分析+战略规划+方案设计+关键软硬件产品开发+项目实施+业务外包+人才培训"为一体的全业务综合集成服务体系。

(三)上汽集团

随着互联网的普及和消费者行为的转变,传统的汽车销售模式已经无法满足消费者的需求。作为我国最大的汽车企业,上汽集团自 2017 年以来,积极推动服务化转型,以更好地连接和服务终端用户。上汽集团在服务化转型中注重用户导向,以用户需求为出发点,致力于提供更加便捷、高效、个性化的服务。上汽集团利用企业微信这一社交平台,搭建了一个集咨询、成交、售后于一体的新零售系统。

上汽集团通过扫描企业微信二维码的方式,让潜在购车用户能够直接联系到销售顾问。这种方式不仅方便快捷,还提高了沟通效率。此外,新零售系统还根据用户行为和反馈,对用户进行标签化分类,将潜在用户转化为销售线索。这种精细化的用户管理使得销售团队能够更好地了解用户需求,提供个性化的服务。新零售系统通过实时更新客户阶段、跟进状态、意向等级等信息,使得销售团队能够更好地了解客户需求和购车进展。这种高效的信息共享和协作方式提高了销售团队的工作效率,也提高了用户满意度。通过企业微信的快捷回复功能,销售顾问可以及时回复用户的咨询和反馈,避免了长时间等待和沟通不畅的问题。

新零售系统与上汽的主机厂系统线索状态数据互通,实现了数据驱动的决策制定。通过对数据的分析,上汽集团可以更好地了解市场需求和用户行为,优化产品和服务。这种数据驱动的决策方式使得上汽集团能够更加精准地把握市场趋势和用户需求,提高决策效率和准确性。新零售系统还为经销商提供了全面的销售管理工具,包括客户信息管理、销售流程跟踪、销售预测等功能。这有助于提高经销商的销售业绩和管理效率。通过企业微信的群聊功能,经销商可以组织线上活动、发布促销信息等,提高销售业绩和客户黏性。通过企业微信提供的一对一专业服务,上汽集团提升了用户对品牌的信任度和好感度。这种口碑传播对于提升品牌形象和知名度具有重要作用。同时,企业微信的开放接口也为上汽集团提供了更多个性化的定制空间,如开发自定义菜单、推送模板消息等。这些功能使得上汽集团能够更加灵活地提供服务和推广产品,提高了用户体验和品牌忠诚度。

另外,打造出行服务"大平台",建设"人"的移动出行平台、"车"的便捷服务平台和"物"的高效流动平台,是上汽集团服务化转型的另一项重大举措。针对"人"的移动出行,上汽加快布局分时租赁、长短租、网约车业务,提供"一站式、多程联订"的用车出行解决方案,覆盖用车服务的主要场景。全球最大的新能源汽车分时租赁运营企业——环球车享,是上汽在汽车产业链后端智慧出行、绿色出行领域的重要布局,目前业务覆盖全国 62 个城市,布局网点 1.3 万个,投放运营车辆 3.2 万辆,注册用户 274 万名,平均 1.2 秒产生一个订单。上汽还瞄准与用户直连、可产生高频服务的网约车业务,积极满足出行市场的多元化需求,为用户提供安全、高效、舒适、便捷的品质出行服务。

车享电商和车享家服务网络构成了"车"的便捷服务平台。2014 年上线的车享是上汽集团打造的中国汽车市场首个全生命周期 O2O 电子商务平台,结合"高效线上运营"和"优质线下服务",全方位打通汽车"看、选、买、用、卖"一站式服务。2018 年,车享线上平台活跃用户数达到 480 万人,"车享"电商销售整车近 11 万辆,整车电商交易量在国内位居前列。车享旗下的连锁实体服务网络"车享家",在全国 120 座城市开设了近 1 900 家门店,于 2017 年完成 B 轮融资,规模达到 10 亿级。

在"物"的高效流动方面,上汽集团旗下的安吉物流,是国内最大、国际领先的第三方汽车物流供应商。其配送网络覆盖全国562个城市,为国内外主要主机厂和零部件厂家及6 000家4S经销店,6 000家维修站提供智能化、一体化、网络化的汽车物流供应链服务。同时,上汽正在加快布局快运业务,全力推动公司物流板块从"专业汽车物流供应商"向"线上、线下互融互通的货物出行公共平台"的战略转型。此外,以大数据、云计算和汽车产业丰富场景为基础,上汽集团建立了行业内首个人工智能实验室。除了面向智能制造、智能驾驶,上汽人工智能实验室还面向智慧出行,全面贴合用户多元化、个性化出行需求,为上汽转型出行服务"全面赋能"。上汽集团通过探索实践互联网技术与汽车产业更广泛、更深入的结合,加快转型成为出行服务和产品的综合供应商,为用户提供更高效、更个性、更美好的出行体验。

(四)宝钢

在钢铁工业从高速增长走向增速下降、产能过剩、微利经营的背景下,宝钢积极探索"从制造到服务"的战略转型之路。作为一种服务用户的模式,EVI可翻译为"供应商的早期介入"。宝钢摸索出一条适合中国汽车工业发展的EVI模式。宝钢在汽车板生产初期发现合格的产品不仅需要严格执行行业标准和工艺流程生产,还必须达到客户的标准。供应商的早期介入反映在企业生产制造的起点,从产品研发到最后销售服务为用户提供一体化解决方案,一切以用户的标准为生产标准、以用户的计划为生产计划,满足用户需求,努力达到用户利益最大化。这种实现制造商与客户双赢的服务模式不仅促进了企业产品与技术发展,而且也使得宝钢在市场竞争中获得更大优势。通过与国内所有主流汽车厂商建立深入的合作关系,宝钢形成涵盖先进工程设计、早期概念和车身设计、模具设计开发、车型投产和批量生产等汽车开发制造全过程,面向不同用户需求层次的EVI合作类型和一揽子解决方案。

2000年,宝钢就成立了东方钢铁,成为我国最早涉足电子商务的大型工业企业。宝钢电商在成本费用,产品周转以及营销效率方面比实体商业交易更具优势,从东方钢铁开始,宝钢在电商模式上不断拓宽业务范围,化工宝、采购宝、东方付通等都是宝钢电商板块的尝试与创新。在钢铁微利时代,电商为宝钢乃至整个行业探索出一种符合时代特性,低成本、高效率的供需双赢的销售模式。

2013 年,宝钢牵头组建了面向全国市场的上海钢铁交易中心。按照"政府推动、社会参与、企业运营、多元合作"的原则,为钢铁行业上下游客户提供在线交易、资金、物流、加工、技术、信息等全流程、一站式的服务。上海钢铁交易中心提供的是一个第三方服务平台,目的是让供应链上的每个成员获得收益,而不仅是卖企业的产品。依托于宝钢多年积累的大量数据、技术,平台的服务更加专业化、便捷化。

上海宝信软件股份有限公司是宝钢股份信息产业的核心部分,连接着原材料供应商和用户,具有较高的集成性与灵活性,创造出了一种不仅服务母公司及其用户,而且独立专注发展,并稳步快速在新兴战略产业中脱颖而出的"宝信模式"。宝信软件针对国内钢铁企业设计的产品更加符合企业特点,操作便捷又智能高效,形成了覆盖整个供应链的全流程、全层级、全生命周期的"三全"服务。宝信软件还致力于云计算、大数据、车联网、物联网、绿色制造、智能制造、智慧园区等关键技术研发与应用,提供 SaaS、BOO 等 IT 行业新兴服务模式。

（五）上海电气

上海电气是我国最大的综合性高端装备制造企业集团之一,产业聚焦在能源装备、工业装备、集成服务三大领域。2005 年开始,通过对市场的重新定位,上海电气进军服务领域。在电梯业务方面,由原来的产品销售扩展到全生命周期的服务上来,电站设备也由单一设备逐渐向机组成套和系统方案转变,为此,公司对之前的业务流程进行了改造,以电站业务为例,重组后分别变成了装备制造业务、电站综合服务和工程总包服务。在进军服务领域之后,上海电气开始围绕服务业务的开展,设置独立的服务部门,将之前的电站业务重新划分,探索工业服务新模式。上海电气将工程项目与自身的产品进行配套,由原来的只卖设备转变为向客户提供工程总包服务,也被称为交钥匙工程。这不仅包括之前提供的主机设备,在此基础上还延伸到了诸如管路、配电、厂房建设等项目的设计和制造,这标志着上海电气开始向客户提供系统解决方案,而不再是单纯的产品制造。此外,上海电气通过财务公司拓展金融服务、租赁业务等,为顾客提供全方位的解决方案。上海三菱还通过工程本部的设立,实现对电梯安装、检修以及维护的归口化管理,对服务流程实现了标准化操作,编写了各个业务的标准化流程规范,使客户直观了解企业各项服务的内容及流程,做到了服务的模块化、标准化。

上海电气的工业互联网建设伴随着企业的服务化转型而同步开展。从2018年开始,上海电气进行统一规划,整合优势资源,立足装备制造业的优势和特点,打造"星云智汇"工业互联网平台。集团建共性平台,企业开发行业应用,在支撑业务的同时实现数据统一、平台统一、标准统一。结合多行业的业务特性,上海电气在平台建设过程中充分考虑通用性和专业性,构建多行业兼容、跨行业应用的工业互联网平台,为集团内火电、燃机、风电、机床、电机、轨交、环保、分布式能源、康复医疗等产业提供服务。

以智能制造、智慧能源、智慧交通、智慧城市为转型方向,上海电气全力打造智能装备、工业互联网、智能供应链构成的"工业三角生态",结合上海电气不同的产业特点,为平台用户提供个性化定制、网络化协同、智能化制造、服务化延伸、数字化管理解决方案。星云智汇工业互联网平台通过构建IoT服务能力、PaaS(平台即服务)服务能力、开发运营能力、可视化开发能力、数据服务能力、安全保障能力等核心能力,构建良好的工业App开发和部署环境,使用户可通过平台快速实现基于业务的应用创新。

二、世界一流制造企业服务化路径的对比分析

根据迈克尔·波特提出的价值链模型框架,可以将制造企业的服务划分为"职能活动服务化""价值链延伸服务化"和"系统集成服务化"三种路径(王丹,2019)。

"职能活动服务化"是基于价值链中企业基础设施、财务、研发、采购等职能部门的多种"支持活动"进行"业务开发"的服务化,在业务开发过程中,之前的职能部门为公司提供的各项支持类活动和服务,演变成了多项为公司之外的市场客户提供相同或相似服务的服务业务,以往的"职能部门"是企业的"成本中心",在服务化开发之后,演变成了公司的"业务部门"和"利润中心"。比如,"GE资本"是为GE公司及其他公司的飞机、能源等制造产业提供融资、租赁和保险等类型的金融服务业务。还有宝钢的产业金融业,包括围绕钢铁产业提供的"宝钢财务""华宝投资"和资产管理等金融服务。

"价值链延伸服务化"是基于价值链中除了制造业务之外,为制造业务提供仓储物流、经营销售、售后服务等类型的服务业。价值链延伸服务化并非简单地向制造业两端进行价值链延伸,本质上是需要企业实现从"生产导向"的商业模式向"客户导向"的商业模式转变。比如,之前制造企业业务设计通常是基于企业有什么生产设备和实体资产,做出生产什么和生产多少的业务决策。但在市场上产品供过于求,客户需求日益多变的情况下,"生产导向"的业务设计已经无法适应环境的变化,以"客户为中心",基于"客户需求导向"来设计业务是未来的主导模式,即先了解客户需求,再配置企业资源,进行产品生产或提供相关服务,"打包"提供给客户,最终满足客户的多样化需求。比如,宝钢的"贸易物流业",为宝钢及其他钢铁企业提供冶金原材料和大宗商品的贸易及物流业务。其中,冶金原材料贸易物流业务未来有望实现百亿级的营业收入规模,而大宗商品贸易物流业则有望成长为宝钢突破千亿市值的贸易物流平台业务。

"系统集成服务化"是制造企业在"职能活动服务化"和"价值链延伸服务化"的基础上,对目标客户提供总承包、总集成等综合问题解决方案服务。"系统集成服务化"中,企业一般会根据目标客户的具体需求,为其提供量身打造个性化的问题解决方案,方案中通常包含了制造企业的某些核心产品和多种服务的组合,另外除了自身的产品和服务组合之外,可能也会从市场,甚至是竞争对手那里采购某些产品和服务,最后企业将精心匹配好的"一揽子方案"提交给客户。比如,上海电气在电气领域的工程总承包、"交钥匙工程"等均属于"系统集成服务化"。

制造企业的服务化可以通过"内涵式发展"和"外延式并购"两种主要方式来实现新的服务业务。"内涵式发展"的服务化实现方式是指制造企业在公司内部孵化出的服务业务,主要是通过企业内部的资源、技术、人才和能力来培育和发展。以宝钢、上汽和上海电气为代表的中国制造企业,多数服务化业务是通过"内涵式发展"方式实现的。例如,宝钢服务化的战略举措主要是将价值链中下游和支持活动部门从主业中分离出来,成立了宝钢财务、宝钢贸易以及宝钢发展等子公司,独立运营。随着服务化业务的成功推进,宝钢逐步将新培育的优势服务部门独立出来,成立了"宝信软件"、宝钢设备检修公司等服务化公司。但GE、IBM等美国大型制造企业在服务化转型过程中更多地使用"外延式并购"方式。杰克·韦尔奇在任职 GE 期间,进行了大量的兼并收购、剥离出售业务来调整 GE 的产业结构,使其逐渐从一个制造为主的公司,演变为综合方案提供商。IBM 在业务转型过程中,类似于 GE,选择了"外延式并购"方式来实现业务从 PC 制造到技术服务的战略转型。

制造企业服务化的历程大致经历了从"制造时代"到"服务时代"再到"后服务时代"三个阶段。通过中美制造企业服务化案例的对比分析可以发现,以 GE 和 IBM 为代表的美国大型制造企业自 20 世纪 80 年代末和 90 年代初开始了制造向服务转型的服务化历程,经历了大约 10 年战略调整期和 10 年服务业务大发展期,通过 20 年的服务化历程,最终成功实现了战略转型。随着数字经济的到来,美国大型制造企业已经从"服务时代"向"后服务时代"迈进。从产业经济角度出发,国际上具有产业梯队转移的现象,实际上美国制造企业的制造业剥离,一定程度上是由我国制造企业承接的。承接了国际上转移出来的制造业务,推动了我国制造企业的快速发展。例如,上汽、宝钢、上海电气等自改革开放之后,尤其是 20 世纪 80 年代末到 2010 年,获得了飞速发展,可以称之为中国企业的"制造时代"。随着美国次贷危机的爆发,我国制造企业普遍面临国内外市场需求萎缩、产能过剩、竞争力不强的不利局面。为了提升竞争力,有基础的大型制造企业纷纷开始了提升产品服务能力和开发新经济增长点的尝试,拉开了我国制造企业服务化的大幕。目前我国制造企业的服务化仍然处在早中期阶段,部分先行的制造企业经过 10 年的业务转型,在逐步迈向"服务时代"。

● 第三节 数字化转型赋能制造企业服务化的典型案例

数字技术有别于以往转型驱动的要素,凭借独特的"数字"属性和自生长性,能够从数据要素的采集、存储、价值挖掘、应用等数据价值链活动,以全生命周期赋能制造企业服务化转型。制造企业利用 5G 网络、物联网等数字技术,可以更好地连接消费端和生产端,构建开放共享的数据平台和生态系统,实现人人互联、机器互联、内容互联。通过内部的大数据中心建设,打通部门间的数据孤岛,推动生产部门、技术部门、人力部门以及设备端等数据采集、流动和共享。通过数据加工、整合和分析,重构业务流程,将业务流程一体化、决策数字化、供应链数字化等有机结合,打通企业内部的生产制造、研发、供应链等全流程业务链条,最终服务于客户价值提升。

一、西门子

据《哈佛商业评论》发布的《2019 全球数字化转型排行》显示,西门子公司以总排名第十三名的成绩成为工业制造企业中的第一名。西门子作为传统制造企业,其数字化转型的重点是利用数字技术重构产品生命周期价值链、资产运营价值链、业务履约价值链三条价值链,实现业务流程重构。

依托数字技术,西门子首先建立消费互联网平台,由用户主动输出需求信息,占据主导地位,而企业被动接受信息迎合需求,通过检索用户输入的需求信息,为其匹配相符的产品,提升用户的参与度和依赖度;然后,基于用户需求开展大规模定制。企业依托信息化、智能化数字技术,实现了企业与用户的直接交互,主动邀请用户全程参与产品的使用体验、设计研发、生产制造、迭代优化、原材料采购等环节,着力满足用户的个性化需求。最后,企业通过物联网技术和大数据技术的支持,在用户没有主动参与的情况下,实时获取用户使用产品的信息,掌握产品的状态,及时主动地提供售后服务,深度挖掘产品使用背后的用户价值,实现企业研发与产品的互联,同时利用数据分析用户的喜好和使用习惯,在用户二次选购前为其推送甚至定制更合适的产品。

数字技术赋能西门子服务化转型的基本逻辑可以归纳为"万物互联—数据价值挖掘—数据价值优化",即利用物联网、信息与通信技术(ICT)等前沿数字技术,将用户的设备和使用终端与企业的上下游产业链打通,实现使用设备的信息采集,对用户的数据和信息进行深度挖掘,以此为依据对采购、生产、研发等价值链活动的运营管理和决策进行优化,从而提高管理效率和效益。

二、徐工机械

徐工集团工程机械股份有限公司(简称徐工机械)一直专注工程机械研发、制造、销售和服务,产品多样,涵盖装载机、挖掘机等,广泛应用于基础设施、矿山开采和物流运输等领域,在公司产品中,15 个主机产品 2023 年市场占有率稳居前列,其中新增高空作业机械产业荣登中国第一、全球第三。经过 20 多年探索,公司形成了出口、海外建厂、跨国并购和全球研发的综合国际化模式,为全球客户提供全方位服务。

徐工机械的成功离不开多年对数字化转型及服务化的探索。徐工机械一直坚持以制造主业为中心,推动业务链条向产业链微笑曲线两端延伸。完善全球备件服务网点建设,依托自营备件中心、大项目备件库等海外网点,提高主机全球市场占有率。构建可视化发布系统,为后市场设备的安装、调试、培训与应用提供数字化服务。打造备件仓储管理、报价、查询、下单一体化的集成应用平台,促进备件后市场收入快速增长。近年来,徐工机械推出了 X-GSS 系统、汉云工业互联网平台及徐工 e 修智慧服务平台等技术,通过这些优质数字技术研发,徐工机械预防性维修、远程服务、智慧管家等服务也得到良好的发展,使得企业更好地向服务化迈进。

徐工机械作为制造行业的龙头企业,在数字化转型赋能服务化的过程中取得了较大的成功,表现为其服务流程得到优化,服务绩效呈现增效盈利趋势,最终实现了向价值链高端的攀升。在多年利用数字技术赋能服务化转型的努力下,徐工机械完成了由传统单一机械制造商向全系列工程装备解决方案服务商的角色转变,进一步提升了企业的竞争力。2016 年,徐工机械建立了汉云工业互联网平台,通过汉云工业互联网平台进行设备采集管理、大数据处理分析、云服务和边缘计算等,徐工机械开始将企业发展的重心转向智能制造服务领域。这个时期,徐工机械还实现了徐工商城上线试运营、全球物联网平台初步建成,将信息技术嵌入主机等发展,将数据业务化,通过物联网将设备与平台关联,对机械生产过程中的产品及质量等数据进行采集与分析,使得企业在生产、创新与服务过程中实现智能化。

随着徐工机械数字化转型和生态合作的深化,逐步构建了以平台为基础的服务生态圈。徐工机械基于汉云工业互联网、X-GSS 以及徐工 e 修等平台，提供一些开放式的服务，如数据分析、远程监控、共享经济、社区互动等，构建与客户和合作伙伴的生态圈，实现价值的最大化；以生态为导向，依靠新技术、新产品、新模式的开发和应用，形成多元化的竞争优势和品牌影响力，表现为徐工智联计划建设智慧物流综合产业园，以产业园为实体依托，通过多元化运营手段，围绕装备制造产业链，实现采购与物流核心业务的一体化、平台化、多元化运营。这将构建一个"开放、共生、共赢"的生态系统。

通过对徐工机械数字化转型赋能服务化历程的分析，可以看出数字化转型与服务化的双重发展使徐工机械不仅可以提供优质的产品，还提供了全方位的服务，满足了客户的多层次需求，提高了产品的附加值和竞争力。徐工机械拓展了服务的范围和内容，提供了更多的增值服务和解决方案，实现了与客户的深度合作和共赢，增加了企业的收入和利润，降低了企业的成本和风险。徐工机械利用数字化、智能化、网络化等新技术，优化了服务的流程和模式，提高了服务的质量、效率和创新，降低了企业的成本和风险，推动了企业的转型升级和高质量发展。

三、三一重工

作为全球领先的工程机械制造商，三一重工始终将服务定位为核心竞争力之一。在遵循传统线下服务、即刻服务理念基础上，三一重工对服务体系进行了数字化改造，加速全流程线上化、智能化与生态化，打通数字化服务的"最后一公里"，并率先完成包括"一键召请、智能派工、路径定位、机器自检、系统计算以及模型监控"等在内的服务体系升级，开创了业内领先的顾客交易交流平台、工业互联网平台等。三一重工在数字化时代下进行的服务化升级，使得 98% 的服务业务可以依靠线上完成，并且故障排查耗时显著缩短 70%，故障修复率提高 8 个百分点，投诉下降约 40%。2020 年"服务万里行"活动中，两万多台三一挖掘机的巡检及参数调校等全部可以由终端自动完成，人力减少 50%，效率却实现翻番，这在全球行业中也尚属首次。2014 年，在行业困局和自身业绩下滑的背景下，三一重工正式宣布开启战略转型，包括核心业务转型、主要市场转型和盈利能力转型。其中，核心业务转型即由"单一设备制造"向"设备制造+服务转型"。三一重工数字化转型赋能服务化发展,主要体现在"根云""客户云"平台的研发、使用和推广。

2016 年 6 月,三一重工孵化了工业互联网企业树根互联。2017 年 2 月,树根互联正式上线了工业互联网平台——根云平台。根云平台是一个普适工业互联网赋能平台,旨在将各个工业产业链上下游企业以及其他相关方聚合起来,构建信息与资源的共享机制,构建工业平台生态系统。在创立之初,根云平台就开始综合运用工业互联网平台的技术优势、资源优势,赋能三一重工研发设计、智能生产,提升了价值链前端的服务化水平。根云平台为三一重工的研发设计提供了海量的数据支撑,通过接入 48 个工业细分行业的超过 100 万台工业设备,收集并整合了海量的工业数据,并对数据进行计算和分析,从中挖掘出实时信息。以三一重工大数据应用的代表"挖掘机指数"为例,根云平台连接 70 余万台各类设备,通过追踪设备数据痕迹,形成了庞大的数据仓库,再通过工业算法模型分析各项设备指数,可分类计算工程机械的每日作业量和开工率,指数的动态变化趋势可协助分析全国各省区市基建投资热度的变化,指导三一重工的研发设计工作。

除了数据支撑,根云平台还为三一重工提供了研发试验一体化的智能研发场景,综合数据建模、AI 应用、可视化展现能力,实现产品设计创新、产品试验加速、产品研发协同;基于全样本数据构建的智能研发辅助系统推动了研发设计环节的智能化;研发协同平台整合了业内的研发资源,有助于达成合作。根云平台提供的庞大的数据支持和研发场景支持,加之三一重工原有完备的研发体系,使得三一重工拥有了行业领先的研发设计能力,能够设计生产具备市场竞争优势的新产品。如 2022 年三一重工基于第二代智慧电动工程车技术平台打造的四款新车,较上一代产品降重一吨以上,同时还提升了产品性能。根云平台也为三一重工向客户提供定制化的设计服务创造了条件。根云平台会对客户面临的差异化场景进行深度分析,给出用户的"数字画像",构建贴合应用场景的设备参数,借助智能研发场景构建细致的客户服务方案,设计生产相应的产品,满足顾客的差异化需求。以土方挖掘机 SY205C DPC 版挖掘机为例,三一重工为客户开发了客户自定义模式(C1-C3),允许客户根据自己的操作习惯对各动作的配合速度进行调整,并根据工况选择最适合的模式和参数,满足用户在不同工况下的作业需求。

三一重工数字化转型赋能服务化发展还体现在企业控制中心（ECC）的应用和"客户云"等客户端的推出。三一重工出售的机械设备都装有传感器，能够实时采集设备运行中的各种数据，而ECC是处理海量数据的关键。ECC能够将传感器传回的数据进行实时集成和分析，以便促进服务提升、研发创新以及指导市场销售等环节。可以认为ECC是三一重工智能化运营的关键要素之一，而三一重工是中国行业内率先拥有ECC的工程机械制造商。三一重工通过ECC建立起的智能服务体系，相比海外品牌收费式服务模式具有快速服务响应能力，极大地提升了三一重工的客户黏性。

三一重工推出的"客户云"客户端，连接了设备的生产方和使用方，促进了上下游信息互联互通。正常情况下，设备使用者可在移动端实时监控设备施工信息，而产品在运行过程中一旦出现问题，还可以通过"客户云"一键申请设备维修服务。ECC在接收到服务申请后，将通过大数据匹配事先设定或智能生成的故障预测解决方案，再转发至维护端的维修人员，并提醒在解决方案中需要的维修工具、配件。维修人员抵达现场后，根据设备的实际情况，确定具体的解决方案。利用这种针对性和前瞻性的设备故障解决方案，设备修理时间最低缩短至半小时。较传统修理的动辄数小时而言，这种方式高效便捷，能够较好地避免因设备故障带来的停工损失，节省设备运维成本。

三一重工通过数字化平台的开发和利用，在提升企业服务能力的同时，进一步打造自身品牌形象。2006—2020年，国产品牌本土市占率由10%提升至70%，随着行业内国产品牌的强势崛起，在如此激烈的竞争之下，打造品牌形象刻不容缓。三一重工通过研发的数字化服务平台，提供全年全天候的全球客户门户系统订购零部件及售后服务，快速有效地将备用零部件运至客户。三一重工始终围绕客户需求提供优质服务，力图打造客户满意的服务体系。一方面，三一重工通过分析设备运行情况，及时排查和解决客户遇到的问题，提升客户满意度；另一方面，三一重工整合出一条以客户需求为导向的价值链条，推出"6S"中心服务模式和"一键式"服务，力求把用户服务做到极致，打造好品牌形象。

四、仁和集团

仁和集团有限公司(简称"仁和集团")现已经发展成为一家集药品、保健品研发、生产、销售于一体的现代医药企业集团。仁和集团数字化转型赋能服务化发展的历程,经历了以下几个阶段:

(一)在线零售发展阶段(2008—2014 年)

仁和集团把建立线上销售渠道作为该阶段的发展重点,不再采用传统的医药代理包销制,把去中介化作为转型重点。仁和集团采用收购药房网的方式建立自己的官方销售网站,同时在淘宝、京东等平台开设官方的旗舰店,面向消费者同时提供产品与服务。在这一阶段,仁和集团运用数字技术实现智能生产和数字化管理,提升产品生产效率和降低产品管理成本,从而提升产品本身价值,并开辟在线销售渠道,通过销售和售后服务增加产品附加值。从间接价值到直接价值的转变,实现从传统制造到在线零售商业模式转型。仁和集团在价值传递阶段的转型进行了智能制造和去中介化,通过将药房网收购改名为仁和药房网,并在淘宝、京东等电商平台建立官方旗舰店,将间接销售模式转变为直接销售模式,减少了价值在传递过程中的不必要损失,剔除了不增值的业务活动,从一个传统制造企业转变为直销商家。借助数字技术与互联网,仁和集团开始尝试自己销售药品,直接面向药店、保健店等销售终端转型。将生产的医药工业产品卖给终端销售机构,建立线下销售渠道,取代医药代理包销制。可见,数字技术从根本上影响了价值链上下游关系,打破了制造商与中间商之间的渠道壁垒,削弱了中介在价值传递中的作用,并带动企业业务和服务等发生数字化转变。

(二)双边平台发展阶段(2014—2016 年)

伴随移动互联网时代到来,仁和集团进入了双边平台发展阶段。仁和集团推出合力物联网(M2F)、叮当医药(B2B)和叮当快药(O2O),形成从工业到服务最后到消费者的产业链闭环,创造了巨大的价值。合力物联网平台是一家全国原、辅、包材及药品供应商 B2B 平台,在几年内实现了采购金额 300 亿元的规模。仁和集团作为医药制造行业数字化服务转型的领军者,带动价值链各方参与转型并整合行业相关资源。在价值链上下游进行了数字化深耕与延伸，表现为在价值链上游原材料供应链服务化过程中建立合力物联网平台，在价值链下游产品服务化过程中建立叮当快药（O2O）。仁和集团将30多万个原材料供应商对接嵌入合力物联网平台，为医药生产企业提供集体采购服务和为上游原材料供应商提供规模化一站式销售服务。仁和集团将32多万家药店对接嵌入到叮当快药（O2O），为药店和消费者提供医药销售平台服务。因此，利用数字技术开发和交付为客户服务的能力，这在实施服务转型过程中发挥着关键作用。

（三）生态网络发展阶段（2016年至今）

2016年，仁和集团步入了生态网络发展阶段。仁和集团通过建立叮当大健康生态圈来逐步实现服务转型战略。在产品端，与460多家知名药企形成FSC药企联盟。在流通领域，与32多万家药店形成合作。在消费终端，通过叮当快药连接药店与用户。叮当快药与春雨医生进行战略合作，首次打通了医疗+医院+医药的横向产业链，完成从问诊到用药的一站式服务。在这个转型的过程中，仁和集团首先与260多家知名医药生产企业兼容并举，携手进行服务生态网络的构建，共同推动医药制造行业转型升级。在此过程中，医药生产企业从最开始的260多家增加到460多家，并吸引了其他利益相关者的加入。最后发展到与30多万家原材料供应商、460多家知名医药生产企业和32万多家药店达成深度合作，并与春雨医生达成联盟，形成叮当服务生态系统。同时，还为医药生产企业、药店和消费者这三类利益相关者带来收益。

五、小米科技

纵观小米科技发展历程，它利用数字技术实现两类创新协同发展，拓展产品功能、丰富服务内容，为客户打造高品质智能产品，提供以智能手机为载体的卓越服务，从而实现相关产品技术跃迁。小米科技数字化转型赋能服务化发展历程具有显著转型特征，分为产品主导逻辑的"智能手机+信息服务"（2010—2012年）阶段和服务主导逻辑的"智能产品布局+生态链孵化服务+互联网信息服务+新零售"（2013年至今）阶段。

2010年创立之初，小米科技以中低端智能手机产品生产为主业，致力于成为具有互联网基因的行业领军企业,体现出先产品后服务的创新思维。公司将新一代信息技术嵌入手机,采用"产品+信息服务"模式为客户提供智能手机,在创立当年就发布 MIUI 系统。该系统以界面简洁、主题丰富与兼容性较强等优势在同行产品中脱颖而出。同时,小米科技采用渗透定价策略推出智能机型,两年内销售额过亿元。

　　2013 年,物联网引起制造企业的广泛关注,基于物联网的数字化产品激发了消费市场活力。在中国智能手机市场需求趋于饱和、行业竞争激烈、营销策略同质化情景下,小米科技借助物联网布局智能硬件生态,以智能手机为核心丰富产品品类,陆续推出小米盒子、小米电视、小米路由器等产品。2015 年,面对市场竞争,小米科技发布全新品牌——小米智能家居,打造小米家居生态链,改变了传统市场结构。截至 2016 年,小米科技共投资 77 家生态链公司,其中 29 家公司发布了新产品,累计推出 216 款新产品。同时,"米家"系统链接激活了5 000 多万台设备,构建了全球最大的消费物联网系统,2017 年生态链销售额突破 200 亿元。2018 年 7 月,小米科技借助香港上市成功的良机,迈入全新发展阶段。截至 2020 年,实现营收 2459 亿元,同比增长 19.4%,净利润达到 130 亿元,同比增长 12.8%,转型绩效在同行业中表现突出。据 Canalys 数据显示,小米智能手机出货量超过 2 400 万台,成为全球智能手机品牌商出货量同比净增长率最高的企业。2021 年,小米科技加大数字技术赋能企业创新力度,实施以"手机×AIoT(人工智能物联网)"为特征的创新战略,即以数字技术推进智能产品应用与智慧服务,旨在为客户提供便捷的一站式系统解决方案。

　　在市场竞争日益激烈的背景下,小米科技以"低成本+互联网营销"为特征的获利优势减少。面对产品单一、业务增长受限、供应链短板等问题,小米科技借助物联网,围绕智能手机布局智能硬件物联网生态,培育生态链孵化服务能力,创新逻辑由产品主导转向服务主导。小米科技借助产品主导逻辑下积累的互联网经验、市场和品牌效应,将产品创新重心转变为基于产品创新能力的服务价值创造。一方面,通过加大研发设计投入,增强基于核心产品技术的服务承载力。例如,小米智能工厂采用"研发+量产"模式发挥协同效应,以强大的生产能力、全自动的生产线缓解供应链短板问题,同时全面进行智能制造布局,加快产品研发,从而实现智能化转型。另一方面,通过丰富产品线驱动与智能手机相关的产品创新,即以搭载 MIUI 系统的智能手机为内核,逐渐向外拓展构建智能硬件产品生态圈,相关产品包括小米手机周边智能终端或互补性设备(如家电、手环、路由器)等。小米科技将人工智能、物联网等数字技术嵌入手机,促使外围产品与智能手机产生联动效应,借助数字技术构建产品控制的"虚拟之手",为客户创造全新的产品服务体验。

六、李宁体育用品

随着全民健身上升为国家战略及 5G、物联网、云计算等数字技术快速发展,体育产业的发展焕发了新的生机。李宁(中国)体育用品有限公司(简称李宁体育用品)抓住机遇并积极布局,以消费者的需求为导向,联合阿里云等数字技术提供商指导门店运营,提供高效、精准、个性化的服务与体验,打造数字化生意平台,实现运营闭环。

为适应数字化时代的消费需求,李宁体育用品注重推动数字化门店策略,利用智能设备洞察与收集消费者的数据,让消费者体验沉浸式的购物情景。主要体现在:

(1)进店前的吸引。李宁的数字化门店会在附近的商圈布置充电宝、数字传媒、OTT(通过互联网向用户提供各种应用服务)等,消费者可以通过这些终端与门店互动并接收优惠券等福利信息或者参与互动橱窗,最终被吸引进店。

(2)店内导购与消费。消费者进店后的流动数据、试穿与触摸过商品及消费支出习惯等数据由热力动线、视频识别技术录入。

(3)离店后的反馈与互动。通过会员系统持续使活动营销、优惠或者新品等信息触达消费者,收集与解决消费者反馈信息。总之,数字化门店将消费者被吸引进店——店内导购——交易商品——使用反馈——会员互动等整个过程的行为数据收集,也为消费者提供沉浸式的购物体验。

数字中台是对信息化系统业务与数据的沉淀,是实现数据赋能企业的中间平台。李宁体育用品一直重视数据中台的建设,使得前端业务系统商品、订单、门店、电商、库存、消费者等信息统一整合:

(1)会员一体化。将会员的识别、消费数据、消费习惯、消费积分、追踪服务等要素集中在一个全渠道的体系中,打通线上线下会员数据。

（2）供应一体化。将商品的物流、仓储、接派单、采购等各个流程进行智能化的统一管理与分配,避免各个渠道重复,造成资源浪费。

（3）智能组货与卖点分析。根据前端数字化门店对消费者收集数据的分析,指导前端业务系统对消费者和商品进行智能推荐与组合,实现个性化商品选择或信息查询,进而提供最优的组货建议,实现为消费者智能组货,提升购买率;通过数字化门店收集数据分析洞察那些流水高、销量高、利润高商品的共同特征,进而了解消费者对商品的喜好,有利于为设计者提供畅销品及元素方面的分析,使得设计者在最短的时间内获得市场上的流行元素,提高李宁产品的卖点,设计迎合市场需求。

（4）渠道一体化。基于中台的作用所有渠道消费数据都集中在同一体系中,可统一对比与查看。总之,对数据中台的建设投入,有利于把控全局,打通线上线下数据壁垒,快速回应消费者,实现消费者与李宁社交媒体共享、"线上预约+线下试穿"或提货、"线下试穿+线上下单"购买等全场景的智能服务体验。

李宁体育用品数字化转型赋能服务化发展的过程中,关注消费者以需求为导向,"产品+服务"的意识更加突出,进一步满足消费者个性化、多样化的需求,为此积极拥抱数字技术来优化供应链。产品研发之前借助数据掌握消费者的消费行为(店铺中智能设备等收集),让消费者参与商品的设计,洞察消费者的需求,为市场需求精准预测;继而提前配置产品和服务资源,提供针对性的产品和服务,实施柔性化生产;通过数据中台综合分析,智能优化供应链仓储布局、配送网络,实现提前备货,就近发货以匹配时效性,达到线上线下融合的库存透明化和全渠道销售,满足消费者差异化需求和提供精准化服务。

第五章

数字化转型影响制造企业
服务化的传导机制

我国目前的制造业服务化程度仍然较低,针对这一困境,相关政策高度重视制造业服务化转型,在 2019 年发布的《关于促进先进制造业与现代服务业深度融合的意见》中,把制造业服务化作为实现未来经济高质量发展的关键。推动制造企业服务化转型是适应新一轮科技革命和产业转型,增强制造企业核心竞争力,实现高质量发展的重要途径(Bhat and Sharma,2022)。Persona 等(2007)研究指出,数字技术的发展是制造企业服务化的驱动力。区块链、大数据、云计算、人工智能等数字技术的应用使制造企业能够更好地利用数据来优化生产流程,将更多服务纳入其运营,这有助于制造企业的服务收入增长并增加利润。制造企业可以通过数字技术更好地了解客户的需求,为客户提供更广泛的服务(Opresnik and Taisch,2015)。通过与数字技术的融合,制造企业可以实现价值链中异质性知识的高效聚合,基于数字创新和流程转型形成价值创造和商业模式转型,实现制造企业从低附加值产业链向高附加值产业链的转变(Mazumder and Garg,2021)。对于我国制造企业而言,如何抓住数字化红利,如何用数字技术赋能高质量发展,既是紧迫的现实问题,也是服务化转型的主要方向。因此,探索数字化转型与制造企业服务化的关系具有重要意义。鉴于此,将探究数字化转型驱动制造企业服务化的传导机制,为我国制造企业服务化转型升级提供理论支持。

第一节　数字化转型影响制造企业服务化的直接传导机制

数字化转型即将数字技术应用于经济生产活动的过程,指使用数字技术创建新流程或改造现有流程以满足不断变化的业务和市场需求(Sklyara et al.,2019)。制造企业通过使用先进的信息和通信技术,可以收集、存储、分析和共享产品价值链中每个环节的物理信息和市场信息,并实现连接、分散和智能生产。最早对服务化的概念进行研究的是 Vandermerwe 和 Rada(1988),他们提出服务化是制造企业通过提供产品服务包来提高其产品核心价值的一种方式。他们认为,制造企业向服务业转型的典型特征,就是企业从生产"产品"向提供"产品和服务"转变,这意味着"服务"脱离了产品的配件,成为增值因素的一部分。数字化转型影响制造企业服务化的直接传导机制体现在以下两个方面:

一、制造企业服务化水平在数字化转型推动的价值创造中得到提高

数字技术和大数据资源共同推动制造企业服务化价值创造过程的优化,从而提高企业服务化水平。数字技术促进了产品生命周期中大量数据的收集,这些数据可以转化为智能数据(Bressanelli et al.,2018)。客户知识和可用数据可以结合起来创建新的数字和智能化服务(Tronvoll et al.,2020),能够改善客户体验并实现更高的客户忠诚度(Genzlinger et al.,2020)。通过利用云计算、物联网等数字技术,可以帮助制造企业对海量数据进行深度挖掘和智能分析,快速捕捉和满足客户的个性化需求,建立真实的客户画像,通过顾客体验、在线设计等研发设计符合客户差异化需求的产品服务系统(吕云龙、吕越,2017)。制造企业与互联网的融合,使企业转变为可以实现智能生产、智能管理、智能决策的智能工厂,改变企业的生产经营模式,使个性化定制和智能化服务成为可能,为每一位客户提供精准高效的定制化产品和服务。这些产品和服务针对性强,有效提高了客户满意度和忠诚度,具有很高的附加值。

数字技术可以增强产品可见性。例如,传感器和物联网可以诊断设备状况,主动发现设备可能出现的故障并发出警报,为客户提供主动故障预测、精准维护和应急预防服务(Boehmer et al.,2019)。因此,制造企业可以更快地对不可预测的情况做出反应,确保更短的响应时间和更高质量的决策(Chiarini et al.,2020)。快速响应客户的能力对客户满意度产生积极影响,并导致基于独家价值主张的商业模式的发展(Rymaszewska et al.,2017)。这种差异化服务有助于制造企业形成难以模仿的竞争优势,助推企业实现"围绕产品提供差异化服务—改善客户体验—通过口碑效应吸引客户"的服务化价值创造过程优化(Xie et al.,2022)。因此,制造企业服务化水平在数字化转型推动的价值创造中得到了提高。

二、制造企业服务化水平在数字化转型推动的成本控制中得到提高

数字技术的应用可以提高制造企业与客户的信息交流速度,降低企业与客户互动沟通的搜寻成本和摩擦成本,从而提高企业服务化水平。数字化转型可以降低制造企业的交易成本,新一代信息技术可以通过允许信息爆炸性传播来打破时间和空间的限制,从而降低信息不对称造成的交易成本(Matarazzo et al.,2021)。数字技术使制造企业能够与各种参与者实现有效沟通,并以更低的成本实现更大范围的信息搜索(Ives et al.,2016),这有助于企业快速识别和访问实现价值创造所需的资源。此外,数字技术可以加强企业与其客户和供应商之间的关系(Amit and Han,2017),这可以提高供需匹配的效率和有效性,并促进企业寻找使用新资源的方法(Coreynen et al.,2017;Eckert and Husig,2021)。

互联网的广泛应用极大地增强了制造企业在产品创新过程中与客户互动的能力(Dahan and Hauser,2002)。通过创建虚拟客户环境(Nambisan,2002),制造企业可以通过持续的对话利用客户知识(Sawhney et al.,2000)。互联网以多种方式增强了制造企业吸引客户参与合作创新的能力,它使企业能够将偶发性和单向的客户互动转变为与客户的持续对话,打造企业与客户互动的定制服务平台,保持与客户的良好稳定关系,持续改进产品与服务,促进企业服务化水平的提高。互联网销售平台可以随时随地为客户投放广告,打破广告时间和空间的限制,让企业通过不同的功能直接与客户沟通和联系,减少了传统庞大分销系统的中间环节并降低销售成本。互联网和信息平台等数字技术的应用,缩短了制造企业与客户之间的距离,增强了企业的沟通互动能力,使企业服务化进程中的搜寻成本和摩擦成本大为降低,提高企业的服务效率。因此,制造企业服务化水平在数字化转型推动的成本控制中得到提高。

基于以上分析,特提出假说 5-1。

假说 5-1:数字化转型可以直接驱动制造企业服务化。

◉ 第二节　数字化转型影响制造企业服务化的间接传导机制

数字化转型影响制造企业服务化的间接传导机制,主要表现为数字化转型对制造企业服务化的间接影响,即数字化转型通过创新能力提升、战略柔性提高和人力资本结构优化的机制推动企业服务化转型。

一、数字化转型通过创新能力的提升推动制造企业的服务化

在数字化时代,数字技术的使用可以消除组织内部边界和行业壁垒,为制造企业通过信息重组、组织变革和生产方式现代化来实现商业模式创新奠定基础(Andrea et al.,2019)。随着数字技术的不断创新和发展,数字化转型在促进管理创新的同时,在取代和更新传统制造方法方面变得更加有效,从而通过信息资源访问、组织变革管理和灵活的生产方式推动企业创新(Tauscher and Laudien,2018)。先进的信息和通信技术可以连接创新生态系统中的各种主体,形成一个协调的网络,使更多的创新主体参与制造企业的创新活动,从根本上改变从产品设计到消费市场的单向创新模式,彻底改变制造企业的创新范式。数字技术实现了创新生态系统成员之间的信息共享,可以提高合作效率,改变了制造企业创新生态系统中的信息流模式。传统的以企业为主导的供需创新模式,逐渐被网络信息传递、广泛参与的创新范式所取代。多主体协调和创新信息流通,可以提高创新效率,提升企业在不断变化的市场中的敏捷性,加强内部资源的整合,增强制造企业的创新能力。

创新能力使制造企业产生、采用和实施新的创意和想法,以改变制造企业向客户提供的产品(Slater et al.,2014),帮助制造企业最大限度地减少产品开发时间并提高新产品推出频率,促使制造企业开发知识、方法和技能的新应用,以满足客户需求(Kim et al.,2012)。它还使制造企业能够有效地管理各种产品,开发市场和技术知识,并在员工之间建立密切的合作关系(Alegre and Chiva,2008),扩展制造企业的知识基础并创建新的产品架构以提供集成产品和服务(Baines et al.,2017),有助于制造企业开发适销对路的产品和服务,以满足客户需求。因此,创新能力使制造企业能够通过开发和提供增值服务或产品服务系统来快速

响应客户需求,从而促进服务化的实施(Neely,2008)。

基于以上分析,特提出假说5-2。

假说5-2:数字化转型可以通过创新能力的提升间接驱动制造企业服务化。

二、数字化转型通过战略柔性的提高促进制造企业的服务化

战略柔性是组织协调各种资源和职能单位的组织原则,是识别外部环境变化并重塑组织资源和战略以创造和保持竞争优势的动态能力,它强调企业快速适应环境变化的能力(Nadkarni and Herrmann,2010),这种能力包括改变资源使用的范围、时间和成本以及分配、整合和合理化灵活资源使用的能力。云计算、大数据和区块链等数字技术的使用改变了资源的形态、性质和结构(Nylen and Holmstrom,2015),使用这些数字技术可以帮助企业克服组织惰性,提高战略柔性(Zhou and Wu,2010)。一方面,数字技术的虚拟性和灵活性打破了传统界限,提高了研发活动和生产运营的速度,优化了资源配置,增强了制造企业使用资源的灵活性(Ciampi et al.,2021)。另一方面,数字技术的使用提高了企业使用信息系统、大数据网络和资源的效率(Baden-Fuller and Haefliger,2013)。因此,数字技术有助于制造企业进行与资源获取相关的决策,并增加其资源相关决策的灵活性(Ghezzi and Cavallo,2020)。

通过数字化转型,在人工智能和移动互联网等数字技术的帮助下,制造企业可以改变其战略方向,以寻求有价值的资源并开发新的商业模式(Cenamor et al.,2017)。具有高度战略柔性的制造企业能够打破其组织惯性,使用新技术,尝试不同的产品,并创新其商业模式(Gilbert,2005)。战略柔性可以帮助企业打破僵化的技术流程,有机整合企业内外部资源(刘文俊、彭慧,2023)。一方面,拥有战略柔性有助于企业快速吸收和利用新技术和信息,这反过来又使它们能够超越技术和组织界限。另一方面,拥有战略柔性有助于企业通过使用灵活的资源相关决策工具来优化现有资源(Bonina et al.,2021),更好地匹配服务创新的要求,拉近企业与用户之间的关系,使企业更容易感知用户的需求偏好,更清晰地了解应该提供给用户的服务类型和服务内容,从而促进企业的服务化。

基于以上分析,特提出假说5-3。

假说5-3:数字化转型可以通过战略柔性的提高间接驱动制造企业服务化。

三、数字化转型通过人力资本结构的优化促进制造企业的服务化

人力资本是企业员工解决问题并更好地与客户和供应商建立联系的集体能力（Mubarik et al.，2018），包括员工技能、整体知识、经验和熟练程度等（Edvinsson，1997）。在不断变化的企业环境中，创新商业模式、有效利用社交媒体以及不断适应的认知和社交技能等特征对人力资本非常重要（Baima et al.，2021）。数字化转型在改善制造企业人力资本结构和提高完成组织任务的效率方面发挥着显著的促进作用，新兴的数字技术具有典型的技能偏向型特征，数字技术的有效应用会增加企业对拥有数字素养和操作技能的高学历人才的需求，推动企业人力资本的不断积累，对企业中人力资本结构的优化产生积极影响。

随着数字经济的到来，企业的营销环境正逐渐从以产品为中心向以消费为中心转变。数字技术与人力资本的结合加速了制造企业内部知识的流动和吸收，提高了新知识的发现率。拥有数字素养的人才可以结合消费者需求数据来思考未来服务产品改进的方向，形成大数据洞察，瞄准市场机会，准确把握客户需求的变化，提高快速响应客户需求的能力和决策效率（Belvedere et al.，2013），推动企业进行服务创新，为客户提供满意的服务，从而促进企业的服务化。

基于以上分析，特提出假说5-4。

假说5-4：数字化转型可以通过人力资本结构的优化间接驱动制造企业服务化。

◉ 第三节　数字化转型影响制造企业服务化的异质性传导机制

前文的理论分析表明，数字化转型可以提高制造企业的服务化程度，但不同

类型制造企业的服务化程度受数字化转型的影响可能存在较大差异,会受到外部经济环境和企业微观特征等因素的影响。为此,本节进一步从知识产权保护力度、要素密集度和融资约束三个维度,来阐述数字化转型影响制造企业服务化在异质性群体中的不同表现。

一、知识产权保护力度异质性

数字化转型对制造企业服务化的驱动作用会受到地区知识产权保护力度的影响。相对于实物产品,服务产品蕴含着丰富的知识内涵。数字化转型驱动制造企业服务化的过程中,企业需要将优质的人力资本和知识资本投入研发、设计等环节。企业数字化转型需要投入大量资源对数字技术进行摸索和应用,这一过程中可能产生各种类型的知识产权(徐扬、韦东明,1997)。专利、技术、品牌等知识产权往往比较容易引发技术溢出效应或被侵权,尤其在数字经济时代,知识产权侵权行为的模仿更为迅速,取证也更为复杂(Surblyte,2016)。因此,数字化背景下企业对知识产权保护的要求更高。数字技术的发展打破了现有的竞争格局,标准化的数据、知识会降低行业进入壁垒(Verhoef et al.,2021),一旦这类数据和知识被其他企业窃取或模仿,企业间的竞争将会加剧,使得企业的数字化转型激励不足(柏培文、喻理,2021)。

知识产权保护制度可以确立创新主体对行为利益独占的合法性,激励经济主体高效率与高附加值的产出(王钰等,1997)。知识产权保护的"独占性"可以帮助企业缓解外部性问题,降低企业技术创新被模仿的风险(王伦、林润辉,2022)。强化知识产权保护有助于保障企业进行数字化转型产生的经济收益,从而有利于激励企业进行数字产品或技术的创新投入,加快数字化转型(许为宾等,2023)。知识产权保护力度的增强能够实现对产权侵权行为的有效打击,进而保障企业对数字技术成果的收益,有利于释放企业数字技术成果的溢出红利,激励企业对数字产品或技术的创新投入,加快企业数字化转型的进程。知识产权保护力度的增强不仅能够提升企业的自主创新意愿,还可以为企业吸引更多的外部协同创新伙伴,进而驱使企业应用更多的数字技术或数字产品,提高企业数字化程度(周洲、吴馨童,2023)。

在知识产权保护力度更大的地区,实施数字化转型的企业不用再担心产品和服务创新被暴露的风险,"竞争效应"的缓解坚定了企业数字化转型的决心(吴超鹏、唐菂,2016)。此外,知识产权保护也可以确保企业在开放式背景下的创新获益,因此企业对数字化平台提供的外部创新资源的需求更高,进而加快其数字化基础设施建设(庞瑞芝、刘东阁,2022)。知识产权保护作为一种制度保障,为企业数字化转型提供了有利条件(刘学元等,2023)。因此,良好的知识产权保护环境会强化制造企业数字化转型的意愿,加强高新技术人才和研发人员的引进,同时刺激企业增强研发投入,提升企业服务化水平。反之,在知识产权保护力度较小的地区,致力于实现数字化转型的制造企业可能会因为担心侵权行为而降低产品、服务、商业模式的创新概率,甚至阻碍数字化转型进程,从而不利于企业服务化水平的提高。

基于以上分析,特提出假说5-5。

假说5-5:在知识产权保护力度更大的地区,数字化转型对制造企业服务化的促进作用较大。

二、要素密集度异质性

数字经济是基于互联网、大数据及其相关技术的创新和应用而形成的以信息和数据为核心的新型经济形式。在数字经济时代,信息、数据等高端要素投入占比越来越高,为经济实现持续增长提供了可能。信息、数据等知识密集型新要素,由于知识密集型程度较高,其外溢和渗透性较强,通过与资本、劳动等要素的相互融合,使传统要素与其他要素相互作用、互补,从而提高了要素的品质。而数字经济具有网络化、协同化的特点,使得各要素的协同效应得以增强,从而使各要素的生产效率得到提高。例如,物联网、云计算、自动化控制等技术使制造活动更加智能化、自动化,从而导致资本取代劳动,而这种替代具有明显的结构性特点。智能化在替代简单劳动的同时带动无法实现自动化工作岗位的复杂劳动力的需求,增加高端劳动力即人力资本的需求,带来生产过程效率的提高。

根据产业技术特性匹配产品要素密集度的分类方法,可以将制造企业分为劳动密集型、技术密集型、资本密集型三种(Hauknes and Knell,2009)。劳动密集型制造企业属于传统制造企业,以劳动力为主导,但对劳动力素质要求较低。产品生命周期不长,对技术和设备的依赖度较低,在价值链中多处于生产、组装等环节,在产业链中处于较接近消费者的位置,从而使服务作为中间投入对于其研发、售后、营销等阶段具有一定作用,有助于培育新的竞争优势,但服务附加值若投入过多以致对劳动力要素产生挤压,可能会产生副作用。技术密集型制造企业以技术为主导,对创新有一定要求,重视专利和知识产权,高素质人员在员工中占比较高,在价值链中处于研发、设计等环节,对专业化程度较高的"驱动型"生产性服务业存在更大需求。服务投入中的高端要素可以带来该类制造企业发展的源泉,促使高技术制造企业在价值链上的分工地位不断提升。资本密集型制造企业以资本为主导,需要国家提供大量的原始投入,属于高附加值的生产行业。根据其所需劳动力数量较少、对技术装备和资金周转要求相对较高,服务要素的投入产生的副作用相对会变得较小,通过金融邮储等服务要素的加入,资本密集型制造企业内部的资本积累会变得更加高效,有助于资本的维持及增值,为此类制造企业带来更雄厚的发展基础。

　　制造企业在逐步实现产业升级的过程中,国家对不同制造业部门的扶持力度与政策也有所变动。随着劳动力素质提升、技术引进升级、创新机制完善等,技术密集型和资本密集型制造企业的发展路径与传统制造企业有所差异,且是国家近年及未来一段时间所重视的对象。从制造业投入服务化的角度来看,资本和技术密集型制造企业对服务化的需求也比传统制造企业要大,不同类别间存在显著区别(唐志芳和顾乃华,2017)。数字化转型对制造企业服务化的影响因要素密集度的不同而产生差异。制造企业提升服务化水平的关键在于技术研发的投入和智能设备的应用,因此相对于劳动密集型企业,数字化转型对于资本密集型企业和技术密集型企业服务化的促进作用相对更大。

　　基于此,特提出假说5-6。

　　假说5-6:在资本密集型制造企业和技术密集型制造企业中,数字化转型对企业服务化的促进作用较大;对于劳动密集型制造企业,数字化转型对企业服务化的促进作用相对较小。

三、融资约束异质性

　　除数字技术外,劳动力、资本等也是制造企业进行服务化的重要因素。我国大多数制造企业长期处于国际价值链分工低端,利润水平较低,实施服务化的物质基础较为缺乏。因此,数字化转型对制造企业服务化的驱动效应会受到融资约束的影响。制造企业的数字化转型需要基于充足的现金流。数字化转型意味着制造企业需要承担高昂的转型成本,资金流的充足性和持续性缺一不可。现阶段大量企业由于受到融资约束的影响而停留在基础设备数字化阶段,迫切需要充裕的资金支持(王宏鸣等,2022)。制造企业的融资压力越大,数字化转型的效果越差,当企业陷入融资困境,资金链的断裂必将影响企业的服务化。根据价值链"微笑曲线",制造企业服务化可通过上游的研发设计、工程电信、信息技术,中游的运输仓储、管理咨询,以及下游的产品营销、品牌管理、售后服务等价值链的延伸提高企业产品附加值以赢得竞争力,但价值链的延伸与实现需要更多人力资本、研发设计、信息技术、营销管理、售后维护等优质服务要素的投入(刘斌等,2016),因而雄厚的资金支持成为制造企业能够进行服务化的首要条件。

制造企业服务化的实现不可能一蹴而就,而往往是周期长、风险大、初期成效不明显,需要较长时间的积累才能体现出其对企业发展的重要作用。由此可见,制造企业服务化水平的提升需要大量且持续的资金投入,融资约束对制造企业服务化具有抑制作用(顾乃华等,2018)。由于缺乏足够的现金流来支撑制造企业的服务化,加之服务化周期长、风险大的特点,让资金有限的制造企业望而却步。因此,制造企业在购买机器设备、引入数字技术、提升服务化水平等方面都离不开资金支持,较低程度的融资约束使得企业拥有充足的资金可以投入到数字化转型中,为提升服务化水平奠定基础。

基于此,特提出假说5-7。

假说5-7:数字化转型对低融资约束制造企业的服务化驱动效应更显著。

第四节　数字化转型影响制造企业服务化的实证分析

一、计量模型与变量说明

(一)基准模型设定

根据前面对数字化转型影响制造企业服务化直接传导机制的理论分析,构建如下多元线性回归模型:

$$\text{Servitization}_{i,t} = \alpha_0 + \alpha_1 \text{Digital}_{i,t} + \beta \text{Controls}_{i,t} + \varepsilon_{i,t} \tag{5-1}$$

式(5-1)中,$\text{Servitization}_{i,t}$ 代表制造企业 i 在 t 时期的服务化水平,核心解释变量 $\text{Digital}_{i,t}$ 代表制造企业 i 在 t 时期的数字化转型程度,参数 α_1 刻画数字化转型对制造企业服务化水平的影响效应。若 α_1 的数值为正,表明数字化转型提升了制造企业服务化水平,反之,则表明数字化转型对制造企业服务化水平存在抑制作用。Controls 代表一系列可能影响制造企业服务化水平的控制变量,$\varepsilon_{i,t}$ 则为随机误差项。为了控制宏观因素和行业因素对制造企业服务化水平的影响,模型中加入了省份、行业和年份固定效应。

(二)数据来源

选取 A 股制造业上市公司作为研究样本,并界定 2007—2021 年为样本时间区间。其中,财务指标数据下载自国泰安数据库,而年报文本则爬取自巨潮资讯网。上市公司数字化转型程度的指数,通过搜集和整理公司年报资料,进行文本分析得到。制造企业服务化数据源于手工整理的万得(Wind)数据库中企业营业收入行业构成和产品构成相关数据。对数据进行如下处理:

(1)删除 ST、*ST、PT 等特殊类型企业。

(2)剔除研究年度内退市的上市企业。

(3)删除大量缺失数据的企业。

此外,对那些非正态性的连续变量进行对数化处理及缩尾处理(左右 1%)。

（三）变量设定

1. 被解释变量：制造企业服务化水平

Neely（2008）根据服务企业的服务业务属性将其分为 12 类，包括咨询、设计和金融服务等，我们采用 Neely（2008）的区分方法进行分类。根据我国制造企业的特点，需要再增加 7 类服务业务。因此，制造企业的服务业务包括以下 19 类：外包与运营服务、咨询服务、金融服务、解决方案服务、维修与维护服务、销售与贸易、设计与开发服务、仓储与运输服务、租赁服务、采购服务、物业与房地产、安装与实施服务、技术服务、工程项目、进出口业务、对外派遣劳务、相关配套服务、售后服务、广告、出版。具体分类方法如下：

（1）核查公司基本信息（如公司的经营范围和产品类型），以确定其是否经营服务业务。

（2）查阅每家公司的年报，并根据 19 种服务业务类型，从企业的营业收入中整理出服务业务的总收入。

（3）将公司的服务业务收入除以营业收入，作为制造企业服务化水平 Servitization 的测量指标。

2. 解释变量：数字化转型程度

核心解释变量企业数字化转型程度的构造方法如下：

第一步，获取企业的年度报告。通过 Python 收集整理上市公司 2007—2021 年的年报。由于不同年份年报披露格式不同，2007—2014 年、2015 年、2016—2021 年年报分别提取"董事会报告""管理层讨论与分析""经营情况讨论与分析"部分的内容，作为关键词筛选的资料池。

第二步，确定关键词。在公司年报中使用相关词汇可以反映其战略特征和未来前景，表明了公司的经营理念和发展路线。与某类事件相关的词汇在年报中出现的频率越高，公司对该事件的重视程度就越高。首先参考数字化转型在学术界和工业界的表达（陈剑等，2020；李春涛等，2020；袁淳等，2021）；然后根据近年来发布的《中小企业数字化赋能专项行动计划》《2020 年数字化转型趋势报告》《"十四五"发展规划》《数字经济发展"十四五"规划》《智能制造发展"十四五"规划》等重要政策文件和研究报告的表述；最后总结出与企业数字化转型相关的关键词。

　　企业数字化转型程度可以从数字技术应用、互联网商业模式、智能制造、现代信息系统四个方面来进行衡量。数字技术应用的关键词包括数据管理、数据挖掘、数据网络、数据平台、数据中心、数据科学、数字控制、数字技术、数字通信、数字网络、数字智能、数字终端、数字营销、数字化、大数据、云计算、云 IT、云生态、云服务、云平台、区块链、物联网、机器学习、虚拟现实等。互联网商业模式的关键词包括移动互联网、工业互联网、产业互联网、互联网解决方案、互联网技术、互联网思维、互联网行动、互联网业务、互联网移动、互联网应用、互联网营销、互联网战略、互联网平台、互联网模式、互联网商业模式、互联网生态、电商、电子商务、Internet、互联网+、线上线下、线上到线下、线上和线下、数字营销、无人零售、互联网金融、金融科技、量化金融、O2O、B2B、C2C、B2C、C2B 等。智能制造的关键词包括人工智能、高端智能、工业智能、移动智能、智能控制、智能终端、智能移动、智能管理、智能工厂、智能物流、智能制造、智能仓储、智能技术、智能设备、智能生产、智能网联、智能系统、智能交通、智能医疗、智能客服、智能家居、智能投资、智能旅游、智能环保、智能电网、智能营销、自动控制、自动监测、自动监控、自动检测、自动生产、数控、一体化、集成化、集成解决方案、集成控制、集成系统、工业云、未来工厂、智能故障诊断、生命周期管理、生产制造执行系统、虚拟化、虚拟制造、5G 等。现代信息系统的关键词包括信息共享、信息管理、信息集成、信息软件、信息系统、信息物理系统、信息网络、信息终端、信息中心、信息化、网络化、工业信息、工业通信等。

　　第三步,提取关键词。基于上一步确定的关键词,对所有样本进行分词处理,计算数字技术应用、互联网商业模式、智能制造、现代信息系统四个维度下的关键词频率。

　　第四步,计算企业数字化转型程度。在获得四个维度下的关键词频率后,进一步对词频数据进行标准化处理,使用熵值法确定各指标权重,从而计算出企业最终的数字化转型程度 Digital。

3. 中介变量

　　根据前文对数字化转型影响制造企业服务化的间接传导机制的分析,数字化转型通过创新能力提升、战略柔性提高和人力资本结构优化的机制推动企业服务化转型。选取创新能力、战略柔性、人力资本结构高级化作为中介变量,探讨其在数字化转型与制造企业服务化之间发挥的作用。关于创新能力,采用企业年度研发投入占营业收入的比重来进行测度。对于战略柔性,参考万骁乐等(2022)的相关研究,从组织资源协调配置的动态变化角度对战略柔性水平进行定量测度。根据该思路,以样本制造企业各年度库存费用、销售费用、非生产性支出分别除以该年度主营业务收入,同时计算固定资产净值率和财务杠杆系数。最终得到 5 个测量指标,计算各自基期与前后各一年的方差,并将所求方差根据行业标准水平进行绝对值化处理后求和,最终测算出样本制造企业的战略柔性水平。对于人力资本结构高级化,采用企业本科及以上学历人员占比来进行测度。

4. 控制变量

参考陈丽娴(2017)、张峰等(2019)、孙晓华等(2020)的研究,企业层面控制变量为:企业规模,用企业员工人数的对数值表示;企业年限,用当年减去企业成立年份加 1 后的对数来衡量;无形资产占比,用无形资产净额占总资产的比重来表示;资本密集度,用固定资产与员工人数的比值表示;研发费用占比,用企业研发费用占主营业务收入比重衡量。

二、实证结果及分析

(一)基准回归

表 5-1 反映了数字化转型对制造企业服务化影响的总体检验结果。第①列为未纳入控制变量的估计结果,列①的结果显示,数字化转型对制造企业服务化的影响系数为 0.236 且通过了 1% 统计显著性检验。第②列为纳入了控制变量的估计结果,相关的回归系数显著程度与列①的结果一致。表 5-1 的估计结果表明,数字化转型能够显著促进制造企业服务化。这验证了假说 5-1,即数字化转型可以直接驱动制造企业服务化。

表 5-1 数字化转型对制造企业服务化影响的实证结果

项　目	① Servitization（服务化）	② Servitization
Digital（数字化转型）	0.236 *** (2.258)	0.215 *** (2.936)
控制变量	NO	YES
省份、行业和年份固定效应	YES	YES
N	12 651	12 651
R^2	0.193	0.208

注：***、**和*分别表示在1%、5%、10%水平上显著，下文同。

(二)稳健性检验

尽管在实证研究中控制了一系列与企业服务化相关的变量,但很难完全避免内生性问题。除了遗漏变量偏差之外,数字化转型与企业服务化之间的反向因果关系也会导致内生性。可能的合理解释是,服务化能力强的企业一般经营状况良好,拥有较多的科技创新人才,可以为数字化转型提供强有力的资金和人才支持。为了避免潜在的内生性问题对回归结果的影响,采用两阶段最小二乘法(2SLS)重新检验 H1。2SLS 回归的关键步骤是选择合适的工具变量(IV),这也是其主要挑战之一。IV 应满足以下条件:与随机误差项不相关,但与模型中的替代内生变量(即解释变量)高度相关。借鉴 Tang 等(2021)的研究,采用企业所在省份的宽带接入率(每万人口互联网宽带接入端口数)作为企业数字化转型的 IV 值。

宽带接入率在很大程度上决定了数字基础设施建设的规模和投资,以及建成后数字信号的传输质量和效率,而数字基础设施是保障企业数字化转型过程中数据元素存储和安全运行不可或缺的基础和前提。由于创新资源和创新需求的差异,省级互联网的建设和发展水平很可能显著影响企业对数字化转型的关注和实施,因此该 IV 满足相关条件。省级整体的数字化建设指标不太可能直接对单个企业的服务化水平产生重大影响,可以尽量避免二者之间的内在联系,从而保证外生条件。

2SLS 回归分析的结果表明,该 IV 在 1% 置信水平上显著为正,假说 5-1 依然成立,数字化转型可以直接驱动制造企业服务化。为避免内生性问题对结果的干扰,将所有解释变量滞后一期后重新回归,回归结果显示数字化转型的估计系数依然显著为正,与基准回归结果保持一致。

(三)数字化转型影响企业服务化转型的间接传导机制检验

根据中介效应的原理和检验程序,分三步构建中介效应模型:

(1)将服务化水平变量对数字化转型变量进行回归。

(2)将中介变量对数字化转型变量进行回归。

(3)将服务化水平变量同时对数字化转型和中介变量进行回归。

在创新能力的机制检验中,表5-2第①列的估计结果表明,数字化转型的系数估计值在1%水平上显著为正,说明随着制造企业数字化转型的实施,创新能力显著提升。第②列报告了创新能力驱动的中介效应检验结果,可以看出创新能力变量估计系数显著为正,同时数字化转型变量依然显著,说明数字化转型通过创新能力的提升推动了制造企业的服务化。这验证了假说5-2,即数字化转型可以通过创新能力的提升间接驱动制造企业服务化。

表 5-2　机制检验:创新能力

项　　目	① Innovation(创新能力)	② Servitization
Digital	0. 064 *** (2. 627)	0. 059 *** (2. 427)
Innovation		0. 046 *** (2. 356)
省份、行业和年份固定效应	YES	YES
R^2	0. 358	0. 239

在战略柔性的机制检验中,表5-3第①列的估计结果表明,数字化转型的系数估计值在1%水平上显著为正,说明随着制造企业数字化转型的实施,战略柔性显著提升。第②列报告了战略柔性驱动的中介效应检验结果,可以看出战略柔性变量估计系数显著为正,同时数字化转型变量依然显著,说明数字化转型通过战略柔性的提高推动了制造企业的服务化。这验证了假说5-3,即数字化转型可以通过战略柔性的提高间接驱动制造企业服务化。

表 5-3 机制检验：战略柔性

项　目	① Strategy（战略柔性）	② Servitization
Digital	0.128 *** (1.846)	0.043 *** (1.738)
Strategy		0.035 *** (1.692)
省份、行业和年份固定效应	YES	YES
R^2	0.392	0.257

在人力资本结构高级化的机制检验中，表5-4第①列的估计结果表明，数字化转型的系数估计值在1%水平上显著为正，说明数字化转型可以优化企业的人力资本结构。第②列报告了人力资本结构高级化的中介效应检验结果，可以看出人力资本结构高级化变量估计系数显著为正，同时数字化转型变量依然显著，说明数字化转型通过人力资本结构的优化推动了制造企业的服务化。这验证了假说5-4，即数字化转型可以通过人力资本结构的优化间接驱动制造企业服务化。

表 5-4 机制检验：人力资本结构高级化

项　目	① Human（人力资本）	② Servitization
Digital	0.065 *** (2.741)	0.026 *** (2.355)
Human		0.032 *** (2.173)
省份、行业和年份固定效应	YES	YES
R^2	0.424	0.238

（四）数字化转型影响企业服务化转型的异质性传导机制检验

1. 知识产权保护异质性

参照 Kafouros 等（2008）、唐宜红等（2018）的研究，采用各省份每年累计侵权纠纷结案数占累计侵权纠纷立案数的比重来刻画区域知识产权保护强度,并据此将样本划分为知识产权保护较强地区和较弱地区的两类企业。表 5-5 的估计结果显示,在两类地区中,数字化转型对制造企业服务化水平的影响系数均在 1% 或 5% 的水平上显著,但系数绝对值在知识产权保护力度较强的地区更为显著。因此,对于知识产权保护力度较强的地区,数字化转型对企业服务化的影响程度大于知识产权保护力度较弱的地区,说明知识产权保护力度越大,数字化转型对制造企业服务化转型的正向溢出效应越强,这验证了前面的假说 5-5,即在知识产权保护力度更大的地区,数字化转型对制造企业服务化的促进作用较大。

表 5-5　异质性分析:知识产权保护力度

项　目	强知识产权保护	弱知识产权保护
	Servitization	Servitization
Digital	0.419 ***	0.167 **
	(2.375)	(1.821)
R^2	0.134	0.179

2. 要素密集度异质性

参考 Hauknes 和 Knell(2009)总结的产业技术特性匹配产品要素密集度的分类方法,根据制造企业的主营业务类型与主营产品名称,将全部样本企业分为技术密集型、资本密集型、劳动密集型三种,并进行分组回归,估计结果见表 5-6。由表 5-6 可知,对于技术密集型企业和资本密集型企业,数字化转型对制造企业服务化水平的影响系数均在 1% 或 5% 的水平上显著,表明数字化转型对技术与资本密集型制造企业的服务化水平提升较为明显。劳动密集型制造企业的数字化转型并未显著提升其服务化水平,其主要原因在于,与技术密集型制造企业和资本密集型制造企业相比,劳动密集型制造企业的核心技术与人力资本相对不足,在进行数字化转型时智能化机器设备会对低层次劳动力产生替代(孙早和侯玉琳,2019),高层次劳动力积累不足,技术外溢效应较小,因此较难拓展其他服务业务。这验证了前面的假说 5-6,即在资本密集型制造企业和技术密集型制造企业中,数字化转型对企业服务化的促进作用较大;对于劳动密集型制造企业,数字化转型对企业服务化的促进作用相对较小。

表 5-6 异质性分析:要素密集度

项　　目	技术密集型	资本密集型	劳动密集型
	Servitization	Servitization	Servitization
Digital	0. 028 ***	0. 025 **	0. 011
	(2. 355)	(1. 975)	(0. 463)
R^2	0. 384	0. 353	0. 216

3. 融资约束异质性

目前关于融资约束的指标有 KZ 指数、WW 指数以及 SA 指数。从指数设计结构来看,KZ 指数和 WW 指数可能存在内生性影响,而 SA 指数可以有效避免内生性干扰。参考 Hadlock 和 Pierce(2009)的研究,用企业规模和企业年龄两个随事件变化不大且具有较强外生性的变量构建 SA 指数来度量融资约束,该指数代表当企业进行投资发现内部资金不足时,从外部资本市场获取资金所面临的限制。根据 SA 指数的中位数,将考察样本划分为高融资约束企业和低融资约束企业两个子样本。SA 指数的计算公式为:

$$SA = -0.737 \times Size + 0.043 \times Size^2 - 0.04Age \tag{5-2}$$

其中,Size 采用企业总资产的自然对数衡量,Age 以当年年份与企业上市年份之差来衡量。表 5-7 的估计结果显示,数字化转型对高融资约束企业服务化的估计系数绝对值显著小于低融资约束企业,表明数字化转型对低融资约束企业的服务化驱动效应更显著,这验证了前面的假说 5-7,即数字化转型对低融资约束制造企业的服务化驱动效应更显著。

表 5-7 异质性分析:融资约束

项　　目	高融资约束	低融资约束
	Servitization	Servitization
Digital	0. 086 **	0. 183 ***
	(3. 721)	(3. 997)
R^2	0. 838	0. 776

三、基于数字化转型质量的进一步检验

数字化转型对制造企业服务化的影响不仅体现在"数量"上,还应体现在"质量"上。国外学者研究表明,传统制造企业的服务化有助于提升经济效益(Watanabe and Hur,2004),对企业技术创新具有积极影响(Gaglio et al.,2022)。国内学者的相关研究也表明,服务化有助于提升企业获利能力和经营绩效(姜铸和李宁,2015),克服创新困境,提高企业技术创新质量(Zhuo et al.,2023)。那么,数字化转型如果可以促进制造企业的服务化,这种转型升级能否促进企业技术创新水平的提升,从而实现制造企业高质量发展的预期目标?本部分将对这一问题进行探讨。

"宽带中国"计划于 2013 年 8 月首次提出,于 2014 年遴选出首批 39 个城市(群)作为"宽带中国"示范城市,随后于 2015 年和 2016 年分两批推出 78 个示范城市(群)。"宽带中国"战略旨在为更多人提供快速便捷的连接,促进信息消费,大幅增加了企业可用的信息通信技术设备和服务,显著推动了制造业数字化进程。"宽带中国"战略旨在改善宽带基础设施,从而促进制造企业采用数字技术,因此可以将其视为制造企业数字化的准自然实验。

(一)研究背景

近年来,我国掀起一场广泛、深化的数字中国建设,成功地以令人惊叹的速度助力经济和社会步入数字化时代。中国网络空间研究院最新统计显示,截至 2022 年 6 月中国累计建成开通 5G 基站 185.4 万个,建成全球规模最大的 5G 网络;光纤宽带加速升级,千兆用户规模达到 5 591.1 万户,全国超过 300 个城市启动千兆光纤网络建设;与此同时,数字经济取得卓越成就,2021 年中国数字经济规模达到 45.5 万亿元,同比名义增长 16.07%,远超 GDP 增速;数字经济占 GDP 比重达 39.8%,较 2020 年提升 1.2%。新型基础设施作为数字中国建设发展的核心"地基",建构起虚拟与现实之间的桥梁,破除时间与空间的限制,正是驱动经济结构转型升级的关键贡献力量之一(徐翔、赵墨非,2020)。

党的二十大报告鲜明指出,在建设现代化产业体系上,"加快建设制造强国、质量强国、航天强国、交通强国、网络强国、数字中国""加快发展数字经济,促进数

字经济和实体经济深度融合,打造具有国际竞争力的数字产业集群"。不难发现,新型基础设施的建设承载激活经济提质增效的重大使命,势必会对科技与产业的变革产生战略性和全局性的影响,这也就包括对技术创新活动的影响。

增强自主创新能力,破解"卡脖子"难题,已是当下现实和理论的迫切需求。我国已跨入经济高质量发展阶段,正是要素投入型转向自主创新突破的增长动能转换时期,这意味着寻找到驱动企业技术创新的系统性解决方案就显得尤为关键。与企业常规经营策略不同,技术创新是一项富有高度外部性的"破坏性"活动,引致企业内生动力不足以支撑技术创新的规模化推进,必须有赖于外部营造丰沃的创新土壤(Atallah,2002)。在其中,新型基础设施建构的指数级网络节点,极大地疏通了信息流通的阻滞,促成知识外溢(范红忠等,2022),就此与技术创新所需知识生产、获取、传递与共享达成高度耦合,从而对城市创新产生正面驱动效应(张杰、付奎,2021;余泳泽等,2021)。

上述文献提供富有启发意义的洞见,那么在当前数字中国建设的大背景下,新型基础设施建设能否在驱动微观企业创新上承担重大历史使命?两者之间的内在机理又是什么?这无疑是一个非常值得探讨的科学问题,也是对我国现实和理论迫切需求的呼应。

值得强调的是,我国过去 30 多年高速发展背后,遗留着知识产权保护制度不健全、省际执法力度显著失调的顽疾(吴超鹏、唐菂,2016)。也正因此,不得不审视新型基础设施的完善促进信息快速流转的同时,极有可能因地方知识产权保护不足,成为企业更便利、低成本地模仿、盗窃其他企业知识产权的工具。更为重要的是,新型基础设施建设派生出来去壁垒化、去中心化、去中介化的数字技术,就有可能进一步放大知识产权保护不足的弊端(刘传明、马青山,2020)。

由此可见,探究新型基础设施对制造企业技术创新的影响,如若未纳入知识产权保护制度的因子,极有可能造成结果偏误。现有研究对此问题鲜有涉及,仍需要进一步实证检验和理论探讨。有鉴于此,将知识产权保护的因素纳入新型基础设施建设与微观经济行为主体技术创新的研究框架内,便具有一定的突破,也为解决制造企业技术创新外部性问题提供相适配的政策组合拳的经验证据。

(二)理论分析与假说提出

伴随"网络强国""数字中国"等国家战略的推进,以"宽带中国"为代表的新型基础设施建设势必会摆在更高要求的位置上,也势必会对技术创新产生重大影响。由此可见,"宽带中国"试点政策的实施对于辖区内上市公司经营活动具有一定外生性冲击,这构成评估其政策效应的现实基础。"宽带中国"的新型基础设施,能够优化资源配置效率、提升全要素增长率(刘传明、马青山,2020)、驱动数字经济发展(秦文晋、刘鑫鹏,2022)和带动经济增长。与此类似,"宽带中国"试点政策推进城市信息网络建设,也能在驱动制造企业技术创新上展现良好功效。

1. 增强示范城市辖区制造企业技术创新预期收益

宽带试点城市建设,引致边际成本递减与边际收益递增,增强示范城市辖区制造企业技术创新预期收益,从而驱动制造企业技术创新发展。根据梅特卡夫法则,宽带建设的硬件投入成本随着用户规模壮大而边际成本递减,而且网络信息基础的完善极大地破除了信息交互的时间与空间的拘束,现实与虚拟连接进一步增强,强化边际收益递增趋势,这造就网络的规模经济效应。制造企业借助发达信息网络及由此构建的广泛网络应用,加快信息流转,降低信息搜索和传递成本,为企业从事技术创新的信息获取提供便利。不仅如此,发达的网络信息建设刺激知识技术外溢,不同群体的信息知识、数据、技术能够加速交互,使得创新要素、知识资本跨地域、跨时空进行流动,极大地增强了企业间的技术创新合作,就此形成创新溢出效应(Varian,2010)。高度不确定性和高投入一直是桎梏企业进行技术创新的主要诱因。"宽带中国"试点政策本身所具有的规模经济效应,将制造企业投入技术创新的成本由外部信息网络基础设施予以一定弥合,同时所赋能的信息不对称缓释降低企业技术创新失败的非预期损失,提升企业研发创新成功率,企业技术创新预期回报率得到一定保障。故"宽带中国"试点政策提升制造企业技术创新活动的预期收益,诱导企业从事技术创新活动,进而达成助力企业技术创新发展的裨益效果。

2. 提升企业技术创新

宽带试点城市建设,能够聚集人才、知识,提高制造企业研发投入,从而有助于企业技术创新的提升。技术创新离不开高素质人才与知识的支撑,制造企业必须在研发投入上倾注大量努力,才能获得卓有成效的创新绩效。一方面,宽带试点城市建设的施行就聚集着中央和地方政府财税优惠政策,能够吸引大批人才和高新技术企业的聚集,形成知识集聚,制造企业在此环境下可以更为便利地获取人才和资金的支持,增强对研发活动的投入。另一方面,宽带试点城市建设创造的互联互通,加速信息传递与流转,削弱劳动力市场的信息不对称(Kuhn,2004),提升企业与创新人才匹配度(何红渠、汪洋,2022),这有助于制造企业研发人员投入,并增强研发投入的有效性。

此外,宽带试点城市建设对制造企业研发活动形成外溢效果,知识信息快速流转使得企业较容易通过信息网络了解新技术,为适应日益激烈竞争的市场,倒逼企业跟随或强化研发投入来应对市场变局(韩先锋等,2019)。同时,利用快捷的网络技术,制造企业能够及时地了解市场对技术创新应用的反馈,这大大增强企业"干中学"能力,从而使企业研发投入形成螺旋式上升态势。故宽带试点城市建设通过提升制造企业研发投入达成对企业技术创新的正面激励效应。

3. 提升制造企业技术创新

宽带试点城市建设,加快制造企业数字化转型,增强制造企业技术创新能力,从而提升制造企业技术创新。宽带试点城市建设推动网络提质增效,引领经济社会由信息化时代步入数字经济时代。在此背景下,制造企业更加关注需求端的变化以调整自身供给行为,宽带试点城市建设为企业通过网络快速实现交易双方的供给与需求匹配提供便利,激励企业运用大数据、人工智能、云计算、区块链等数字技术重塑自身业务,从而促进制造企业数字化转型(钟廷勇,2022)。而数字化转型缩短企业业务流转程序,降低企业运营成本费用,也重塑企业管理架构,优化人才与技术结构。在数字化转型驱使下,制造企业会对技术创新路径有着更强的偏执。由此,宽带试点城市建设通过加快制造企业数字化转型的渠道驱动企业技术创新。

基于以上分析,特提出假说5-8。

假说5-8:宽带试点城市建设能够有效驱动制造企业技术创新水平提升。

技术创新活动的高风险、高投入及外部性特征,使得制造企业一方面要求较高的创新回报率,另一方面将创新纳入商业机密范畴而不愿过早披露。较好的知识产权能够保障制造企业创新产权不受侵害,从而守住企业创新预期回报率,与此同时,由于创新产权得到保障,企业也愿意事后披露更多创新信息,吸引跟随者购买其知识产权,进而提升规模化创新水平。

因此,宽带试点城市政策为制造企业技术创新提供信息生产、知识传递与共享的便利,而知识产权保护则为激励企业提供更多有效丰富的创新外溢建立前提,惩戒企业利用迅捷的网络模仿、盗窃其他企业创新成果,抑制网络发展下的不端行为。由此,宽带试点城市政策与知识产权保护形成政策合力,达到激励约束效果,从而更好地驱动制造企业技术创新发展。

基于以上分析,特提出假说5-9。

假说5-9:在知识产权保护较好的地区,宽带试点城市政策能够更好地驱动制造企业技术创新活跃度提升。

（三）研究设计

1. 数据来源及处理

为考察新型基础设施对制造企业技术创新的影响,以2007—2021年沪深A股制造业上市公司作为研究对象,对此进行实证检验。企业数据及专利数据源自国泰安数据库（CSMAR）,宽带试点城市名单源自工信部网站三次试点名单的公告,对数据进行如下处理:

（1）删除特殊处理样本企业及IPO年度的观测值。

（2）剔除金融类特殊公司样本。

（3）关键变量缺失的样本不予考虑。

（4）将不足三年观察期的企业予以删除。此外,对非正态性的连续变量进行对数化处理及缩尾处理（左右1%）。

2. 变量设定

（1）被解释变量:企业技术创新（Lnpati）。既有文献研究大都以专利活动作为企业技术创新能力的衡量指标。黎文靖和郑曼妮（2016）指出发明专利为企业"实质性创新"活动,而实用新型和外观设计的低水平专利为"非实质性创新"。关注实质性创新活动,选取发明专利申请量加上 1 后取对数作为企业技术创新的代理变量(Lnpati)。

(2)核心解释变量:"宽带中国"政策虚拟变量(Treat×Post)。借鉴邱洋冬(2022)的研究,Treat 为实验变量,"宽带中国"示范城市辖内上市公司取值为 1,作为处理组;反之,非示范城市辖内上市公司取值为 0,作为控制组。Post 为时间变量,对于示范城市辖内上市公司而言,"宽带中国"示范城市实施当年及之后年度取 1,其余年份取 0;对于非示范城市辖内上市公司,Post 取值为 0。故Treat×Post 是双重差分项,为核心解释变量。

(3)控制变量。参考黎文靖和郑曼妮(2016)的研究方法,在模型中添加了一系列控制变量。具体包括总资产(Asset)、企业总收入(Income)及其杠杆水平(lever)、企业年龄(Age)、企业账面市值比(BM)、董事长和总经理是否兼任(Dual)、第一大股东股权集中度(First-hold)、净资产利润率、机构持股比例(Qfii)和审计意见(Audit);特别,还纳入了地区生产总值(LnGDP)和地区宽带用户数量(Internet)。

3. 模型设定

本部分构造了 5-3 以评估"宽带中国"试点政策对制造企业技术创新的影响:

$$\text{Lnpati}_{i,t} = \alpha + \beta_1 \text{Treat} \times \text{Post} + \sum \beta_j \text{CVs} + \sum \text{Year} + \sum \text{Firm} + \varepsilon_{i,t} \quad (5\text{-}3)$$

其中,被解释变量(Lnpati)、核心解释变量(Treat×Post)以及如前所述控制变量组(CVs)。变量 Year、Firm 分别代表时间、企业的哑变量,$\varepsilon_{i,t}$ 则为模型不随时间和个体变化的随机误差项。在该模型中,β_1 是核心关键系数。

(四)实证分析与经济解释

1. 基准回归

在基准的回归检验分析中,依循递进式的方法展开识别检验。表 5-8 中的模型①报告控制"个体固定效应-时间固定效应"的基础上仅考虑宽带试点城市建设变量的影响;模型②是加入控制变量的回归结果,核心解释变量 Treat×Post的系数均为正,且通过 1% 的显著性检验。实证结果表明,宽带试点城市建设能够显著推动制造企业技术创新能力的提升,验证假说 5-8。

表 5-8　基准回归:宽带试点城市建设与制造企业技术创新

项　　目	①	②
	Lnpati(企业技术创新)	**Lnpati**
Treat×Post	0. 566 ***	0. 026 ***
	(24. 651)	(5. 632)
控制变量	NO	YES
时间、个体固定效应	YES	YES
adj. R^2	0. 095	0. 237

2. 异质性检验

本部分基于企业的产权、科技、地区属性差异视角,进一步检验上述核心关系的异质性特征。

(1)创新特征差异。表 5-9 实证结果发现,在战略性新兴企业组别中,Treat×Post 的系数显著为正;而在非战略性新兴企业组别中,Treat×Post 的系数并没有统计意义上的显著性。这表明,宽带试点城市建设对于战略性新兴企业的技术创新能力有显著提升。战略性新兴企业天然依赖于技术创新驱动,此时如若存在较好的外部政策和技术基础条件,则很好地切合战略性新兴企业的创新发展战略。相比之下,非战略性新兴企业本身不偏爱技术创新,不具备开展大规模有效创新的基础,即便存在外部较为良好的技术基础条件,也难以激活技术创新的动能。

表 5-9　异质性检验:科技属性差异

项　　目	①	②
	Lnpati	**Lnpati**
Treat×Post	0. 070 ***	0. 003
	(5. 632)	(0. 025)
	战略性新兴企业	非战略性新兴企业
控制变量	YES	YES
时间、个体固定效应	YES	YES
adj. R^2	0. 124	0. 286

（2）地区特征差异。表 5-10 实证结果发现，宽带试点城市建设对于东部地区制造企业的技术创新能力具有更为显著的正向促进作用。从经济主体面临的市场环境来看，东部地区制造企业面临着更为激烈的经济竞争，有着更为迫切的需求提升自身的核心竞争力，数字基础设施建设能够强化企业创新动能。从经济主体面临的要素禀赋积累来看，东部地区的经济要素禀赋积累较好，数字基础设施建设在东部地区往往有更高的匹配度，能够综合激活制造企业技术创新的外部资源。

表 5-10　异质性检验：地区属性差异

项　目	①	②
	Lnpati	Lnpati
Treat×Post	0.156***	0.053*
	(6.887)	(1.692)
	东部地区	中西部地区
控制变量	YES	YES
时间、个体固定效应	YES	YES
adj. R^2	0.395	0.171

（五）宽带试点城市建设影响制造企业技术创新的机制分析

本部分将从预期改善、研发投入以及数字化转型三个维度展开机制检验。

表 5-11 基于预期改善的中介机制检验，借鉴许晨曦等（2021）的研究，以年报中的词汇信息为基准，计算其积极与消极词汇之差额，并除以年报总词汇数来刻度企业积极态度的"净语调"。实证结果发现，数字基础设施建设能够有效改善制造企业的外部基础条件，在此语境下企业的预期会更加乐观。进一步研究发现，制造企业预期的改善会显著提升技术创新水平。技术创新活动作为一个典型的高风险活动，需要良好的氛围环境加以支撑。如若制造企业内部氛围过于消极和负面，则对创新活动的容忍度会显著下降，不利于技术创新的开展。而企业内部积极预期的增强，能够为技术创新活动打开更多的"试错"空间，企业将有更多的资源集中配置到这类创新领域中来，从而驱动技术创新。

表 5-11　机制检验:预期改善优化机制

项　　目	①	②	③
	Lnpati	Tone	Lnpati
Treat×Post	0.053 ***	0.005 ***	0.043 ***
	(3.637)	(3.554)	(3.421)
Tone			2.526 ***
			(2.850)
控制变量	YES	YES	YES
时间、个体固定效应	YES	YES	YES
adj. R^2	0.263	0.363	0.260

表 5-12 基于研发投入的中介机制检验,借鉴张健等(2018)的研究,采用研发支出占比主营业务收入的刻度方法作为企业研发投入强度的代理变量(R&D)。实证结果发现,宽带试点城市建设会显著增加制造企业的研发创新投入强度水平。不难理解,宽带试点城市建设能够为制造企业的创新活动提供一个较好的外部基础设施配套,这在本质上是降低企业创新所需支付的成本,从而"定向"地激发企业在技术研发创新领域的投入力度。进一步研究发现,研发创新水平的增加会显著提升技术创新能力。应当说,研发投入作为专项性的技术创新"前置"条件,研发投入增加一般而言会呈现更高技术创新水准。

表 5-12　机制检验:研发投入增强机制

项　　目	①	②	③
	Lnpati	R&D	Lnpati
Treat×Post	0.023 ***	0.011 ***	0.020 ***
	(3.238)	(5.424)	(2.965)
R&D			5.236 ***
			(6.127)
控制变量	YES	YES	YES
时间、个体固定效应	YES	YES	YES
adj. R^2	0.257	0.154	0.200

表 5-13 基于数字化转型的中介机制检验,实证结果发现,宽带试点城市建设能够显著提升制造企业的数字化转型水平。宽带试点城市建设作为新型基础设施建设,更加注重前沿数字技术的创新和在实践中的应用,带动微观主体在技术、制度、决策体制机制等方面更加"数字化",从而提升制造企业的数字化转型水平。进一步研究发现,制造企业数字化转型进程加快有助于技术创新的提升。这是因为,制造企业数字化转型能够强化对经营实践过程中非标准化、非结构化信息的掌握能力,对前沿技术创新的演进方向和节奏判断更精准,同时企业也能够利用数字化转型强化对内部资源的配置和利用能力,有助于技术创新项目的深度开展,由此提升企业的技术创新能力。

表 5-13　机制检验:数字化转型提速机制

项　　目	① Lnpati	② DCG	③ Lnpati
Treat×Post	0.025 ***	0.119 ***	0.017 ***
	(3.822)	(3.995)	(3.117)
DCG			0.050 ***
			(2.621)
控制变量	YES	YES	YES
时间、个体固定效应	YES	YES	YES
adj. R^2	0.198	0.395	0.199

(六)基于知识产权保护视角下的中国经验

需要强调的是,在当前我国市场、法律环境发展相对还存在欠缺的环境下,制造企业许多的生产创新行为并未得到很好的保护,诸如专利侵权、知识产权窃取等问题时有发生,这不仅打击企业的技术创新活力,也很可能削弱新型基础设施建设对企业的创新增益效果。由此引发的问题是,是否能够搭建一个更加系统完善的政策体系框架,协助宽带试点城市政策形成更加强有力的"政策合力",由此显著带动制造企业的技术创新活动。

基于上述考虑,借鉴杨上广和郭丰(2022)的研究,基于"知识产权示范城市"政策作为知识产权保护的代理变量(PIP),如果企业所属地区正好处于国家

于 2012 年、2013 年和 2015 年公布的试点城市(共 46 个),则 PIP 取值为 1,否则
为 0。在此基础上,进一步同宽带试点城市政策进行交互项处理并展开检验(见
表 5-14)。实证结果发现,无论是否纳入控制变量,宽带试点城市建设与知识产
权保护的交互项(Treat×Post×PIP)均为正且高度显著。本部分的实证结果表
明,在较好的知识产权保护框架下,宽带试点城市建设对于制造企业技术创新的
正向影响得到进一步强化。该结果验证了假说 5-9。

表 5-14　宽带试点城市建设、知识产权保护与企业技术创新

项　　目	①	②
	Lnpati	Lnpati
Treat×Post	0.032 * (1.683)	0.015 *** (3.665)
Treat×Post×PIP	0.065 *** (3.306)	0.070 *** (3.434)
PIP	−0.053 (−0.331)	−0.069 (−0.238)
控制变量	NO	YES
时间、个体固定效应	YES	YES
adj. R^2	0.257	0.237

　　表 5-15 基于科技性质差异进行了重新检验。实证结果发现,在较好的知识
产权保护框架下,高科技制造企业的技术创新活动得到进一步提升,而对于非高
科技制造企业而言,这种改善似乎并没有产生显著差异的影响效力。非高科技
企业缺乏对技术创新的意愿和能力,即便存在宽带试点城市政策以及知识产权
保护政策,都不会对这类企业产生颠覆性影响。进一步,基于地区性质差异进行
重新检验。实证结果发现,在较好的新型基础设施建设和法律保护环境政策的
双重支撑下,原有中西部地区制造企业创新活力不足的问题得到显著改善。在
中西部地区中,除了前沿技术设施不完备导致的企业创新能力欠缺之外,市场化
环境和政府制度建设还存在较大的缺位问题,以至于许多企业还出现许多"不
敢创新"的问题。如若存在较强的知识产权保护政策,能够很大程度上改善制

造企业创新过程中面临的外部性乃至技术创新中的违法剽窃问题,从而极大地增强企业的创新积极性。

表 5-15　基于产权性质下的异质性检验

项　　目	③	④	⑤	⑥
	Lnpati	Lnpati	Lnpati	Lnpati
Treat×Post	0.059 **	−0.071 *	−0.036	−0.011
	(2.172)	(−1.934)	(−0.635)	(−0.311)
Treat×Post×PIP	0.055 ***	−0.040	0.126 ***	0.148 ***
	(5.436)	(−0.387)	(3.819)	(4.373)
PIP	−0.143	0.076	0.045	−0.136
	(−1.021)	(0.686)	(0.265)	(−1.192)
	战略性新兴企业	非战略性新兴企业	东部地区	中西部地区
控制变量	YES	YES	YES	YES
时间、个体固定效应	YES	YES	YES	YES
adj. R^2	0.361	0.175	0.209	0.265

四、结论与建议

1. 结论

基于 2007—2021 年 A 股制造业上市公司数据,从直接传导机制、间接传导机制和异质性传导机制三个维度阐述了数字化转型影响制造企业服务化的内在机理,主要结论如下:

(1)数字化转型能够显著促进制造企业服务化,已成为新时代推动制造企业服务化的强大动力。

(2)基于影响机制的研究发现,数字化转型能通过创新能力的提升、战略柔性的提高和人力资本结构的优化驱动制造企业服务化。

(3)不同类型制造企业的服务化程度受数字化转型的影响存在较大差异。良好的知识产权保护环境会强化制造企业数字化转型的意愿,提升企业服务化水平,在知识产权保护力度更大的地区,数字化转型对制造企业服务化的促进作用较大。数字化转型对制造企业服务化的影响因要素密集度的不同而产生差异,相对于劳动密集型企业,数字化转型对于资本密集型企业和技术密集型企业服务化的促进作用相对更大。较低程度的融资约束使得企业拥有充足的资金可以投入到数字化转型中,为提升服务化水平奠定基础,数字化转型对低融资约束制造企业的服务化驱动效应更显著。

(4)宽带试点城市建设能够有效促进制造企业技术创新水平的提升,宽带试点城市建设对于高科技企业以及东部地区企业具有更为显著的创新驱动促进作用。宽带试点城市建设能够有效改善企业预期,增强企业研发投入力度并推动制造企业数字化转型进程加快,这些改善都有助于企业技术创新能力的提升。知识产权保护政策是宽带试点城市建设发挥创新驱动力的重要条件。特别,在知识产权保护政策的作用下,宽带试点城市建设对于中西部地区制造企业的技术创新活动产生了显著的改善,这对于构建起新型基础设施建设的工具政策体系具有重要指导意义。

2. 政策建议

基于上述结论,提出以下几点政策建议:

(1)制造企业应高度重视数字化转型在驱动服务化水平提升中的作用,致力于把握数字技术与服务发展的匹配与融合,运用物联网、大数据、5G 等数字技术,实现采购、生产、流通、服务上下游环节的高度互联互通,帮助企业准确、实时地管理客户资源,获取客户需求,为客户打造个性化服务解决方案。要充分发挥数字技术在降低成本和提高差异化水平方面的优势,实现数字技术在服务化中的不断创新和突破,扩大企业服务范围。

(2)制造企业应大力打通服务化的中间传导路径,以数字技术推动企业创新网络的建设和服务创新能力的塑造,加大研发投入,推动核心技术研发创新,加强企业服务化业务技术开发和优化,增强企业技术创新能力和核心竞争力,推动企业实现进一步转型升级。利用新一代数字技术的虚拟性、灵活性打破传统企业边界(李婉红、王帆,2023),提高企业战略柔性,提升资源要素流通速度,深度融合数字技术与资源要素,通过信息共享实现企业服务化水平的提升。促进企业人力资本结构升级,培育数字化高端人才,拓宽技术人才引进渠道,提升人力资本存量规模,为员工提供个性化定制培训,打造数字化工作场所,增强人力资本质量水平,激发员工创造力,进而促进企业的服务化。

(3)政府应进一步完善制造企业数字化转型的相关支持政策,增加对新数字基础设施的投资,将数字资产纳入知识产权保护法案,帮助企业抵御数字技术暴露的风险,激发其数字化转型的积极性和动力,为制造企业服务化奠定良好的基础,并加强制造企业服务化相关政策的顶层设计,形成从服务导向制定、模式选择到政策选择的一体化政策体系,助推制造企业服务化发展。稳步推进我国的金融发展与改革,营造一个系统运转更加高效合理、信贷环境更加公平轻松的现代化金融市场,以缓解企业融资约束,为制造企业服务化提供更好的支撑。在金融资源配置中坚持市场化导向,建设并维护公平有序、交易透明的融资环境,为制造企业服务化发展提供积极的融资支持。

(4)进一步扩大"宽带中国"试点政策城市范围,加强5G网络及基于网络应用下的数据中心、人工智能、云计算、物联网、区块链等新型基础设施建设,继续强化网络覆盖面,跨越数字鸿沟。地方政府应重视新型基础设施建设对制造企业技术创新的引领作用,有必要继续通过政策扶持等方式贯彻并实施"宽带中国"试点政策。充分利用新型基础设施建设带来的预期改善、研发投入增益、企业数字化转型加速的契机,释放网络信息基础设施建设所带来的红利。推动数字中国建设,不仅要继续加强新型基础设施建设,也要在更高层次上推动其与经济社会各个方面融合,打通新型基础设施与技术创新活动之间的桥梁,在全球各国数字经济喷涌而出的时代,抢占新高地。要充分考虑到新型基础设施建设的异质性效果,强化对高科技企业的信息网络支持力度,诱导传统产业企业应用数字技术推进自身变革。借助新型基础设施建设,加大对民营企业技术创新扶持力度。此外,由于各地禀赋特征各不相同,需要因地制宜设定合理的宽带建设计划。例如,西部地区仍应当以传统基础设施建设为主,发展适应当地资源禀赋的产业,发挥比较优势,要避免盲目跟风、不切实际、拔苗助长的宽带推进政策。要注重政策的组合拳、协同效果,更好地突出新型基础设施的优势。在推动新型基础设施建设的同时,必须把网络安全看成重中之重,严厉地惩戒信息泄露等不端行为。对此,国家可以通过强化知识产权保护,提升地方政府的执法力度,构建网络安全与知识产权保护的屏障,纠偏可能存在的弊端。

第六章

数字金融、数字化转型与
制造企业服务化

◉ 第一节   理论分析与研究假设

数字技术的发展不仅推动了制造企业的数字化转型,也加速了金融业的数字化转型进程。数字金融是以现代数字信息为载体对象的一系列金融活动。它旨在实现金融中介体系和市场生产力的完善,以及商业模式的创新。作为数字经济的重要分支,数字金融兼具科技与金融的双重优势。它既能弥补传统金融服务的不足,又能极大地提高金融效能。在数字经济和数字金融的赋能下,企业正在重构生产要素和商业模式,实现转型升级(Westerman and Bonnet,2015)。

制造企业的服务化要求企业的生产组织及产品交付方式更加高效和柔性化,由此对相关支付结算、投融资等金融服务的可得性、灵活性和便捷性提出了更高的要求,但传统金融机构囿于既有的服务理念、业务模式和技术水平,提供的金融服务具有明显的离散型特征,难以很好地匹配制造企业服务化的需要(段永琴等,2021)。因此,制造企业的服务化往往面临较为严重的融资约束,而数字金融为制造企业的服务化提供了有力支撑,可以弥补传统金融的不足。

一、数字金融与制造企业服务化

制造企业服务化需要企业能够识别并获取市场上的顾客潜在需求信息,并具有整合现有产品与服务资源的能力。这需要企业在人力、研发设计、信息获取、营销与售后等多个服务要素环节投入大量的资金,以实现企业服务化水平的提升,这就导致了充足的资金成为制造企业服务化不可或缺的条件(Chen and Zhang,2021)。当制造企业的内部资金不足以支撑服务化的巨大投入时,企业往往需要通过金融市场寻求外部融资以支持服务化的相关活动,在这种情况下,完善且运行良好的金融体系显得尤为重要(Acharya and Xu,2017)。数字金融具有时空穿透性强、便捷性好、覆盖面广等特点,实现了互联网与金融功能的深度耦合。它可以减少供需双方的信息不对称,降低搜索匹配成本,降低金融服务门槛和服务成本,扩大金融服务的有效边界。因此,它提高了金融服务在更大范围内影响实体经济的能力。制造业是实体经济的基础,通过数字金融的赋能,可以更好地完成制造企业服务化的目标。

1. 数字金融有利于提高制造企业的金融服务可得性,增加制造企业获得贷款的途径

而制造企业服务化需要资本发挥资源配置功能来更好地为企业提供金融服务。依托于大数据等数字技术的数字金融,使得各类金融服务能够通过移动终端得以实现,进而降低传统金融基础设施建设成本的同时,极大降低金融服务的门槛,触及传统金融环境所覆盖不到的企业长尾群体,拓展金融服务的范围(唐松等,2020)。因此,数字金融能够通过提高传统金融服务的可得性,对传统金融环境具有增量补充作用,促使传统金融体系市场化,进而有效激励制造企业提高服务化水平。

2. 数字金融能够深度优化传统金融机构和金融业务,提升金融资源配置的效率,对传统金融环境具有存量优化作用

以数字技术为支撑的数字金融具有"广覆盖、低成本、高效率"的特点,在补齐传统金融服务短板的同时,能够利用云计算、大数据、区块链以及人工智能等数字技术优势,进一步缓解金融资源分配不平衡的问题,使传统金融环境得到优化,从而能够为更多金融主体提供多元且有针对性的金融服务(万佳彧等,2020),进而促进制造企业服务化发展。

3. 数字金融能够借助数字技术增加信息交流,缓解传统金融市场存在的信息不对称问题

制造企业服务化所需的外部资金依靠企业自身的融资能力以及金融环境的有效性,但在传统金融环境下,信息不对称等因素的存在使企业普遍面临融资难的问题。数字金融的发展实现了企业信用的透明化和信息化,进而降低金融部门与企业主体之间的信息不对称程度,缓解企业的外源融资约束难题(王宏鸣等,2022),从而为制造企业提供充足的资金支持,促进制造企业服务化程度的提高。

基于以上分析,特提出假说6-1。

假说6-1:数字金融能够促进制造企业服务化。

二、数字金融与制造企业数字化转型

制造企业数字化是一个全方位、全系统的转型过程,它既涉及数字技术的吸收和应用,也涉及相应配套系统的建设,因此,转型过程所需的资金量相对较大(Zhang et al.,2023),而传统金融对制造企业数字化转型融资需求的金融匹配程度较为有限。传统金融的风险和成本控制往往使其无法完全匹配数字化转型发展所面临的风险资金需求,而数字金融通过量身定制和数据挖掘填补了制造企业数字化转型过程中更为纵深的资金缺口(Demertzis et al.,2018)。数字金融依托数字技术,能够为制造企业的科技创新提供先进的技术支持和海量的信息供给,从而帮助制造企业进行数字化转型。

数字金融结合新兴数字科技,对传统金融体系进行优化改进,扩大了服务范围,更具有普惠性。借助互联网平台交易,数字金融提高了融资效率。制造企业借助数字金融优势消除因自身弱质性、地理位置、技术不足所带来的融资困扰,获得优质的资金支持,有效规避潜在的研发风险,解决企业进行数字化转型的资金难题。数字金融通过信息技术增强了金融机构和制造企业之间的沟通交流,缓解了信息不对称(王旺,2021)。

在新一代信息技术的有力支撑下,数字金融可在低成本、低风险的基础上搜集和处理海量信息,有助于改善信贷资源错配。依靠大数据、互联网,金融机构可以及时捕捉市场信息、分析利率浮动规律,制定合理的信贷政策,同时还可以充分把握企业财务信息,了解企业发展状况,甄别出运营规范、信用良好的企业,以保证交易的稳健性。而制造企业同样可以利用信息共享优势获取有效融资信息,找到最有利的融资方式,降低企业数字化转型的融资成本。数字金融拓宽了制造企业的创新融资渠道,催生多元化融资方式,为企业数字化转型奠定扎实的资金基础。数字金融的发展提供一系列优质技术工具,助力制造企业进行信息技术分析,使其实现数字化项目风险特征与可用资源的精准匹配,以做出合理有效的技术创新决策,提升甄别数字化转型最优路径的能力。

此外,数字金融移动支付业务的广泛使用重构了商业模式,依托支付宝、微信支付、云闪付等数字支付平台打造一个涵盖交通、教育、医疗等生活消费各个领域的商业生态圈,塑造出共享出行、数字教育、数字医疗、线上预订等新兴商业模式。同时,移动支付构建的商业生态圈通过大数据和云计算描绘了消费者的消费倾向和消费能力画像,在精准定位和捕捉新的市场需求方面优势凸显(王宏鸣等,2022)。制造企业可以依托大数据、云计算等数字技术精准定位和捕捉市场需求,从而促进企业的数字化转型。因此,数字金融依托先进的数字技术,能够为制造企业扩大融资途径,提供海量信息以及更多金融服务产品,精准定位用户需求,从而为数字化转型带来新机遇。

基于以上分析,特提出假说6-2。

假说6-2:数字金融能够促进制造企业数字化转型。

三、数字金融、数字化转型与制造企业服务化

数字技术推动了数字金融的发展壮大,同时也为制造企业数字化转型提供了动力。数字金融的信息和资金融通功能改善了制造企业的融资环境。它通过数字金融业务和服务模式的创新,提升了原有金融服务的广度和深度,不仅扩大了金融覆盖面,有效吸纳了社会闲散资金,还丰富了制造企业融资渠道的选择(Li et al.,2022;Xiong et al.,2023)。数字金融具有门槛低、便捷性强等特点。新金融业态的出现,改变了传统金融机构的竞争格局,不断促进其下沉目标群体,完善产品和服务(Wen et al.,2022)。数字金融可以为制造企业提供更多的融资渠道。相较于传统金融业,数字金融能够更精准地将社会资金向先进技术、高附加值的高端制造业部门进行转移,并倒逼大量中低端制造业调整自身发展模式,通过向技术导向型方向发展,以谋取更低成本的融资。同时,数字金融也能更好地缓解欠发达地区制造企业所面临的融资约束问题。传统信贷向数字化服务模式转变使得制造企业能够更便捷地获取营运所需资金,增加了中小企业获取正规金融的可行性。

此外,金融机构逐步缩减了物理网点的开办和网点服务人员的使用,在大幅降低自身营运成本后能够以更低的价格向制造企业提供贷款。基于"增量扩

张"和"存量优化"的效应,数字金融可以有效改善信贷资源错配,缓解制造企业融资约束。数字金融为需要大量资金的数字化转型提供了充足的资金支持。

数字金融在制造企业的数字化转型中发挥着积极作用。数字金融的背景决定了技术引导商业银行与其他金融机构或企业之间的关系。它们呈现出融合发展、共生共荣的态势。任何一方的数字缺陷都可能破坏这种新型的银企关系。数字金融强调利用数字员工收集企业的各类信息,通过智能分类和比对确定服务对象。非财务信息作为财务信息的重要补充,可以帮助金融机构对企业进行更加全面客观的评价。制造企业也应同时加强财务信息和非财务信息的数字化建设,从而全面提升数字化转型程度。数字化转型程度的提升可以促进企业生产效率的提高,更好地满足消费者的需求。在这种情况下,制造企业服务化的步伐可以加快。反过来,制造企业服务化水平的提升又能进一步提高企业的全要素生产率,从而形成良性循环机制。因此,在数字金融的背景下,制造企业的服务化过程对数字化提出了更高的要求。

基于以上分析,特提出假说6-3。

假说6-3:数字金融通过促进数字化转型驱动制造企业服务化。

四、数字金融、技术创新与制造企业服务化

作为一种重要的金融基础设施,数字金融为制造企业技术创新的开展创造机遇和条件。数字金融的发展能够改善制造企业外部融资环境,拓宽融资渠道,降低融资成本,也有利于企业加大研发资金投入和人力资本投入,激发企业技术创新活力(唐松等,2020)。数字金融通过大数据技术精准识别有潜力的制造企业,甄别有良好发展前景的投资项目,使金融资源能与优质制造企业和项目有效及时匹配,助力高技术型、创新型制造企业更好地投入核心产品创新,从而提升产业链附加值。数字金融能为制造企业提供层次更为丰富的融资渠道和方式,如智能投顾、供应链金融、消费金融等,由此为企业技术创新的强化提供了坚实基础。数字金融的发展能够为制造企业的信息技术分析提供优质技术工具,帮助企业更好地识别出技术创新演替的最优路径,助力企业做出合理有效的技术创新决策。数字金融能够对海量标准化和非标准化数据进行挖掘,降低"金融部门—企业主体"的信息不对称程度,从而能够更好地将资源与企业创新项目

的风险特征相互匹配,并规避金融市场中的逆向选择和道德风险问题(Demertzis et al.,2018),为改善企业技术创新提供了必要条件。

数字金融依托的大数据、云计算、区块链等技术,既能更精准更及时地识别判断出制造企业金融需求,也能通过提供更高效率的金融服务帮助制造企业摆脱传统金融机构较"死板"的信用架构,并引导企业整体创新能力和管理能力的提升(李炎亭、李柯,2020)。在产业组织形式上,随着数字金融的发展和深化,各类满足制造企业智能化和数字化发展需求的互联网应用平台不断涌现,有效地实现了低成本的信息渗透和服务范围扩充,使原本以实体分支机构为主分散在各地的零售模式实现了零售网络的线上线下网状扩散,使得制造企业能够有针对性地选择合适的生产、仓储以及销售模式,进一步推动制造企业有效率地持续创新。

数字金融为制造企业提供了技术创新的资金来源,丰富了制造业金融模式。数字金融以其聚集金融资源的强大能力为技术创新提供了后援保障,使技术创新更易成功,间接推进制造企业产品创新和生产效率的提高,进而促进制造企业服务化水平的提高。数字金融通过运用新一代信息通信技术有效降低了金融服务成本,实现了规模经济和范围经济,对传统金融行业造成巨大冲击,这有利于对制造企业形成有效示范,激励制造企业通过技术创新来改善经营环境,增加为客户提供的服务业务数量。数字金融通过借助以大数据为代表的信息技术对互联网平台上的海量数据进行分析,使制造企业能够更充分了解广大消费群体的市场需求,从而有利于构建新型消费场景,促进技术创新。

数字金融在发展过程中积累了大量具备先进技术的高素质员工,通过与制造企业员工开展正式或非正式的学习交流,能够增强数字化人才在制造企业中的积累,通过业务联系为制造企业的研发设计、组织管理、业务流程等各环节的数字化变革提供技术服务,使先进的数字化知识溢出到制造企业中。因此,数字金融更好地发挥了储蓄动员和技术扩散的功能,它使制造企业能够将更多的资金投入到技术创新中,从产业组织形式创新、提升信息利用效率等方面推动制造企业进行技术创新,从而提高服务化程度。

基于以上分析,特提出假说6-4。

假说6-4:数字金融通过推动技术创新驱动制造企业服务化。

◉ 第二节　数字金融影响制造企业服务化的实证分析

一、计量模型与变量说明

(一)基准模型设定

根据上一节对数字金融影响制造企业服务化的理论分析,构建如下多元线性回归模型:

$$\text{Servitization}_{i,t} = \alpha_0 + \alpha_1 \text{DFI}_{i,t} + \beta \text{Controls}_{i,t} + \varepsilon_{i,t} \tag{6-1}$$

式(6-1)中,Servitization 代表制造企业服务化水平,核心解释变量 DFI 代表企业所在地区的数字金融水平,参数 α_1 刻画数字金融对制造企业服务化水平的影响效应。若 α_1 的数值为正,表明数字金融能促进制造企业服务化水平的提升,反之,则表明数字化转型对制造企业服务化水平存在抑制作用。Controls 代表一系列可能影响制造企业服务化水平的控制变量,$\varepsilon_{i,t}$ 则为随机误差项。为了控制宏观因素和行业因素对制造企业服务化水平的影响,模型中加入了省份、行业和年份固定效应。

(二)数据来源

选取 A 股制造业上市公司作为研究样本,并界定 2011—2021 年为样本时间区间。其中财务指标数据下载自国泰安数据库,而年报文本则爬取自巨潮资讯网。数字金融水平的数据来源于《北京大学数字普惠金融指数(2011—2021年)》。制造企业服务化数据源于手工整理的万得(Wind)数据库中企业营业收入行业构成和产品构成相关数据。对数据进行如下处理:

(1)删除 ST、*ST、PT 等特殊类型企业。

(2)剔除研究年度内退市的上市企业。

(3)删除大量缺失数据的企业。

此外,对非正态性的连续变量进行对数化处理及缩尾处理(左右 1%)。

(三) 变量设定

1. 被解释变量:制造企业服务化水平(Servitization)

与前文相同,将服务业务收入占营业收入的比重作为制造企业服务化水平 Servitization 的测量指标。此外,还使用了一个虚拟变量 Serv 来描述制造企业是否愿意实施以服务为导向的战略,从而表达企业参与服务化的意愿。如果某年有服务产出,则该虚拟变量记为 1,否则记为 0。

2. 解释变量:数字金融水平(DFI)

核心解释变量数字金融水平使用北京大学数字普惠金融指数来衡量。北京大学数字金融研究中心利用蚂蚁集团关于数字普惠金融的海量数据,从数字金融覆盖广度、使用深度和普惠金融数字化程度三个维度编制了北京大学数字普惠金融指数(郭峰等,2020)。该指数全面反映了我国自 2011 年以来的数字金融发展现状,得到了许多学者的关注和使用,是现阶段衡量我国地区数字金融发展水平的较好指标。在结构上,该指数涵盖省级、地市级和部分县级,使用的是地市级层面的指数。

3. 中介变量

根据前文的分析,数字金融通过促进数字化转型、推动技术创新驱动制造企业服务化。选取企业数字化转型程度(Digital)、技术创新(R&D)作为中介变量,探讨其在数字金融与制造企业服务化之间发挥的作用。对于数字化转型程度,测量方法与第五章相同。对于技术创新,采用企业年度研发投入占营业收入的比重进行测度。

4. 控制变量

在参照既有研究的基础上,选取以下控制变量:企业规模(Size),用企业员工人数的对数值来表示;企业年限(Age),用当年减去企业成立年份加 1 后的对数来衡量;杠杆率(Lev),以资产负债率来表征,即总负债与总资产之比;资本密集度(Density),以企业总资产与营业收入之比来表示;董事长和总经理两职合一(DZ),董事长和总经理两职合一时取值为 1,否则为 0。

二、实证结果及分析

(一)基准回归

表 6-1 反映了数字金融对制造企业服务化影响的总体检验结果。第①列为未纳入控制变量的估计结果,列①的结果显示,数字金融对制造企业服务化的影响系数为 0.043 且通过了 1% 统计显著性检验。第②列为纳入了控制变量的估计结果,相关的回归系数显著程度与列①的结果一致。表 6-1 的估计结果表明,数字金融能够显著促进制造企业服务化。这验证了假说 6-1,即数字金融能够促进制造企业服务化。此外,实证研究的结果还表明,企业规模和财务杠杆在制造企业服务化过程中发挥了积极作用。这说明规模较大的制造企业更能意识到服务化的必要性。适当的杠杆率意味着制造企业具有较强的资金管理和运营能力。企业可以通过合理安排资金,提高服务化的效率。

表 6-1 数字化金融对制造企业服务化影响的实证结果

项 目	① Servitization	② Servitization
DFI	0.017 *** (0.043)	0.015 *** (0.083)
控制变量	NO	YES
省份、行业和年份固定效应	YES	YES
R^2	0.087	0.061

(二)稳健性检验

1. 内生性问题

数字金融的发展是以现代互联网技术为基础的,因此,借鉴唐松等(2020)的研究,采用工具变量法,以各省互联网普及率(数据来源于《中国互联网络发展状况统计报告》)作为 DFI 的工具变量进行内生性处理。回归分析的结果表明,该工具变量在 1% 置信水平上显著为正,假说 6-1 依然成立,数字金融对制造企业服务化发展的促进作用明显。

2. 其他稳健性检验

（1）替换核心解释变量。为进一步检验结果的稳健性,采用替换解释变量的做法,将数字金融发展水平从地市级层面调整为省级层面。回归结果显示数字金融的估计系数依然显著为正,与基准回归结果保持一致。

（2）替换被解释变量。为了检验数字金融是否也会刺激制造企业的服务化意愿,采用虚拟变量(Serv)代替了被解释变量(Servitization)。回归分析的结果表明,数字金融的估计系数依然显著为正,在其他变量不变的情况下,DFI 每增加一个单位,服务化意愿就会增加 0.09%。因此,数字金融在促进制造企业服务化意愿方面发挥了明显的作用。

（三）中介效应检验

选取企业数字化转型程度(Digital)、技术创新(R&D)作为中介变量,探讨其在数字金融与制造企业服务化之间发挥的作用。

在企业数字化转型的机制检验中,表 6-2 第①列的估计结果表明,数字金融的系数估计值在 5% 水平上显著为正,说明数字金融能够促进制造企业数字化转型,假说 6-2 得到验证。第②列报告了数字化转型的中介效应检验结果,可以看出数字化转型变量估计系数显著为正,同时数字金融变量依然显著,说明在数字金融促进制造企业服务化的过程中,数字化转型起到了中介作用,这验证了假说 6-3,即数字金融通过数字化转型驱动制造企业服务化。

表 6-2　机制检验:数字化转型

项　目	① Digital	② Servitization
DFI	0.023 ** (0.115)	0.014 * (0.093)
Digital		0.087 *** (0.562)
省份、行业和年份固定效应	YES	YES
R^2	0.159	0.306

在技术创新的机制检验中,表6-3第①列的估计结果表明,数字金融的系数估计值在1%水平上显著为正,说明数字金融能够促进制造企业的技术创新。第②列报告了技术创新的中介效应检验结果,可以看出技术创新变量估计系数显著为正,同时数字金融变量依然显著,说明数字金融通过增加制造企业的创新投入提高了服务化水平,这验证了假说6-4,即数字金融通过推动技术创新驱动制造企业服务化。

表6-3　机制检验:技术创新

项　目	①	②
	R&D	Servitization
DFI	0. 012 ***	0. 031 **
	(0. 337)	(0. 801)
R&D		0. 152 ***
		(0. 676)
省份、行业和年份固定效应	YES	YES
R^2	0. 351	0. 077

(四)异质性分析

1. 地区异质性

我国各区域数字金融水平存在明显的异质性特点,数字金融对制造企业服务化的影响也可能存在明显的区域异质性。为了探究数字金融对制造业服务化的促进作用的地区差异,将全部样本分为东部地区和中西部地区两部分。表6-4第①列和第②列显示了回归结果。结果显示,第①列中DFI的系数显著为正。这表明与中西部地区相比,数字金融对东部地区制造企业服务化的促进作用更为明显。一方面,东部地区的数字基础设施和金融资源禀赋领先于中西部地区,数字金融的服务能力相对较强。另一方面,东部地区由于市场化进程较早,具备相对完善的要素市场和良好的竞争环境,有利于减少约束,而中西部地区因市场机制不完善及要素流动障碍等一系列制约,数字金融对制造企业服务化的促进作用尚未得到发挥。因此,数字金融对制造企业服务化的促进作用在经济、金融相对发达的东部地区更为明显。

表 6-4　异质性分析：地区

项　目	东部地区	中西部地区
	Servitization	Servitization
DFI	0.289**	0.009
	(0.137)	(0.102)
R^2	0.166	0.091

2. 要素密集度异质性

根据要素密集度，将全部样本企业分为技术密集型、资本密集型、劳动密集型三种，并进行分组回归，估计结果见表 6-5。由表 6-5 可知，对于技术密集型企业和资本密集型企业，数字金融对制造企业服务化的影响系数在 5% 或 10% 的水平上显著，表明数字金融对技术与资本密集型制造企业的服务化水平提升较为明显。对于劳动密集型制造企业，数字金融对企业服务化的促进作用相对较小。技术密集型与资本密集型制造企业的服务化需要大量资金的支持，而数字金融的发展正好解决了这些企业的资金需求，在金融机构的资金支持下，通过人才引进和研发投入，实现了服务化发展。我国大量劳动密集型制造企业对通过投入大量资金进行服务化发展的意识和需求并不高，数字金融大多数是解决企业日常经营和生产的资金流问题，因此数字金融对劳动密集型制造企业的服务化影响并不显著。

表 6-5　异质性分析：要素密集度

项　目	技术密集型	资本密集型	劳动密集型
	Servitization	Servitization	Servitization
DFI	0.026**	0.024*	0.014
	(0.119)	(0.121)	(0.103)
R^2	0.156	0.089	0.112

3. 企业所有制异质性

不同所有制形式的制造企业在内部运行机制和管理模式上存在很大差异，它们会影响特定企业的服务化战略。按照企业所有制的差异，将样本企业分为国有企业、民营企业和外资企业三种，并进行分组回归，估计结果见表 6-6。

表 6-6　异质性分析：企业所有制

项　　目	国有企业	民营企业	外资企业
	Servitization	Servitization	Servitization
DFI	0.195 ***	0.094 ***	0.209
	(0.690)	(0.658)	(1.318)
R^2	0.451	0.576	0.687

由表 6-6 可知，数字金融的发展对国有企业服务化的影响最大，民营企业次之，对外资企业没有显著影响。制造企业服务化是国家的重要战略方向，国有企业必须契合国家战略以实现服务型制造，并且国有企业有国家信誉支撑，资源和市场具有优势地位，更容易获得金融机构的青睐，有比较充足的资金和人才支撑服务化。因此，国有企业在服务化过程中，更容易开展并实现服务型制造。相对于国有企业，民营企业在资金和人才方面明显缺乏优势，因此数字金融发展对民营企业服务化的影响力度相对较弱。而在我国发展的外资企业大多数是国外总部在中国设立的子公司或者合资公司，研发都集中在国外总部，中国子公司往往承担制造和生产工作，并且其生产设备、技术水平和管理流程都受国外总部的管理和支持，因此数字金融发展对外资企业服务化的影响并不显著。

第三节　研究结论与政策建议

一、研究结论

选取 2011—2021 年 A 股制造业上市公司作为研究样本，基于北京大学数字金融研究中心公布的数字普惠金融指数，实证检验了数字金融与制造企业服务化之间的关系，主要研究结论如下：

（1）数字金融的发展能够显著促进制造企业服务化，采用工具变量法、替换核心解释变量、替换被解释变量重新回归后，结论仍然成立。

（2）机制研究发现，数字化转型、技术创新是数字金融影响制造企业服务化的中介变量，数字金融能够促进制造企业数字化转型、增加制造企业的创新投入，进而提升企业服务化水平。

（3）异质性分析表明，不同类型制造企业的服务化程度受数字金融的影响存在较大差异。与中西部地区相比，数字金融对东部地区制造企业服务化的促进作用更为明显。数字金融对制造企业服务化的影响因要素密集度的不同而产生差异，相对于劳动密集型企业，数字金融对技术与资本密集型制造企业的服务化水平提升较为明显。此外，企业所有制的差异也影响着服务化进程，对于国有企业和民营企业，数字金融均能显著提高企业服务化水平，但对国有企业的推动作用更强，对外资企业则没有显著影响。

二、政策建议

1. 加快数字金融的发展步伐

实证分析表明，数字金融能够显著促进制造企业服务化，为使制造企业能以更低成本和更快速度获取金融服务，提高数字金融服务效率是必由之路。数字金融的高效运行离不开数字技术的支持，完善相关基础设施有利于进一步提升数字金融服务的质量和效率。因此，政府应该加大对数字金融相关基础设施的财政支持力度，考虑对以中西部为主的欠发达地区进行财政补贴，更注重数字金融的推广应用以及金融服务数字化程度的提升，为制造企业的发展提供更高效的数字金融服务。加强数字金融技术的研发和推广，应促进大数据、云计算、人工智能、区块链等新兴技术与金融充分结合，通过培育和开展有特色、高质量的数字金融试点项目，满足制造企业服务化过程中的新金融需求。支持持牌金融机构与数字科技企业加强合作，由持牌金融机构提供金融应用场景，鼓励具有实质创新性的数字科技企业作为申报主体一起参加试点，为金融机构解决服务制造企业中的堵点和痛点问题提供科技产品和数字化解决方案，实现降本增效，提升金融机构通过数字金融创新服务制造企业高质量发展的能力。

2. 依托数字金融,促进制造企业不断拓展服务资源,积极实施服务转型战略

数字金融的发展为制造企业提供了有效且完善的金融市场环境,缓解了制造企业因信息不对称等因素在传统金融市场下所面临的融资约束问题,提高了金融资源的可得性。制造企业服务化需要持续且稳定的资金支持,因此,企业在获取金融资源后,应基于服务转型战略,结合自身实际需求,合理配置数字金融资源,提升资金使用效率,促进企业服务转型。另外,政府和监管部门应出台并完善制造企业服务化的政策法规和激励政策,引导企业转变发展理念、方式和目标等,从而推进企业服务转型的深化改革。

3. 畅通数字金融促进制造企业服务化的传导机制

实证研究表明,数字化转型、技术创新在数字金融与制造企业服务化之间发挥了重要的中介作用,因此依托数字金融,加快企业数字化转型,增加创新投入,对于畅通数字金融促进制造企业服务化的传导机制,更好地发挥数字金融的直接作用与溢出效应具有重要价值。制造企业应抓住数字经济发展趋势和机遇,将数字技术融到企业生产经营和项目管理中,充分利用数字金融优势,提高科技创新能力,积极开展研发创新活动,促进企业数字化转型。

4. 制定数字金融差异化发展策略

针对数字金融在不同企业、地区之间的异质性影响,政府应根据各地不同的金融发展情况,制定相应的金融支持政策。中西部地区的数字金融发展程度相对滞后,现阶段应该重点提高数字金融应用水平,充分利用数字金融的规模效应和长尾效应,缓解相应区域和制造企业的融资约束,提高投融资效率,降低融资成本,增强数字金融可得性对于制造企业服务化的引导支持作用。东部地区的经济基础相对较好,数字金融已经得以高度普及,现阶段应该加速推动产业数字化,积极培育数字金融服务群,充分将金融服务与 5G 技术、大数据、云计算、人工智能等融合起来发展,提供更加多样、高效、智能的金融服务,从而提升制造企业服务化水平。政府及相关部门应该加快完善数字金融规范发展的相关法律法规,逐步健全数字金融的监管体系和监管框架,规范数字金融市场秩序,提高数字金融的可信度和安全性,助力数字金融健康发展。金融机构应抓住时代机遇,将金融业务与新一代信息通信技术充分结合,提升服务能力,最大程度地发挥数字金融在金融供给方面的活力和优势,助推服务型制造发展和数字化转型。

第七章

ESG表现、数字化转型与制造企业服务化

第一节 理论分析与研究假设

　　服务化、数字化、绿色化是当前制造企业高质量可持续发展的重要趋势。党的二十大报告提出"推动制造业高端化、智能化、绿色化发展"。具体体现在为制造企业提供更加智能、绿色、低碳、高效的系统服务,促进现代服务业与制造业深度融合。《"十四五"国家信息化规划》提出要深入推进绿色智慧生态文明建设,推动数字化、绿色化协同发展。制造企业作为实体经济的微观主体,能否有效实现服务化、数字化与绿色化的协同发展,直接影响着未来我国经济社会转型的发展趋势。在此背景下,服务化、数字化与绿色化协同发展带来的经济效应成为学术界的热门话题,而 ESG 评价体系是综合评价企业环境可持续性、社会价值、组织治理能力的核心,是衡量企业绿色化程度的必要指标。

　　制造企业在注重经济发展,向服务型和数字化企业转型的同时,必须考虑环境、社会和治理问题。一方面,气候变化和环境污染是当前环境中最重要的问题,因此,实现可持续发展是制造企业的首要任务。另一方面,企业投资者会根据相关因素评估企业的可持续发展潜力,决定是否对企业进行投资(Yang et al.,2023)。环境、社会和治理绩效采用环境、社会和治理评级分数来表示,反映企业在环境影响、社会责任和治理实践三个方面的可持续性。因此,制造企业必须有效利用 ESG 表现来实现可持续发展。深入研究制造企业 ESG 表现、数字化转型与服务化之间是否存在影响,是否能够对企业绩效提升产生积极作用,将为引导制造企业更好地实现服务化、数字化与绿色化协同发展,探索企业绩效提升的新路径、新机制提供理论支撑。

一、ESG 表现与制造企业服务化

ESG 表现良好的制造企业反映了其在环境保护、社会责任承诺和公司治理方面的实际努力,并显示其取得了显著的成功。随着 ESG 理念的日益深入人心,这类企业更容易获得利益相关者的信任,建立稳固的合作关系,从而在激烈的市场竞争中保持领先地位,形成核心竞争优势,同时围绕这一优势开展服务业务,进而推动企业服务化进程。

(1)ESG 表现良好的制造企业容易吸引投资者和融资机构的关注。许多投资者越来越关注环境、社会和公司治理因素,将其作为评估企业长期稳健性的重要指标(Atan et al.,2018)。因此,良好的环境、社会和公司治理表现可以大大提高企业的融资机会(Huang et al.,2023),缓解制造企业服务化进程中的融资约束压力,提高企业服务化水平。

(2)良好的环境、社会和公司治理绩效有助于树立积极的企业形象,提升品牌价值。消费者、投资者和其他利益相关者更愿意与有社会责任感的企业合作,从而为制造企业带来更多的服务业务,提高服务业务收入在主营业务收入中的占比(Vilanova et al.,2009)。

(3)ESG 表现良好的企业会更加重视社会责任,提供良好的工作环境、培训机会和福利待遇,从而吸引和留住高素质的员工(Yoon et al.,2019),进而深化企业人力资本积累,优化人力资本结构。随着制造企业高层次人力资本的积累,高质量的知识资本和人力资本将融入企业的研发设计、产品架构、物流营销、售后服务等环节,形成直接的技术外溢效应(陈红等,2022),推动制造企业向"微笑曲线"两端服务环节不断攀升,并创造新的价值。

基于以上分析,特提出假说 7-1。

假说 7-1:良好的 ESG 表现能够促进制造企业服务化。

二、ESG 表现与制造企业绩效

在"双碳"目标的背景下,学术界、从业人员和国际标准制定者对企业环境、社会、公司治理与企业绩效之间关系的关注与日俱增(Abdi et al.,2022;Wang et al.,2022)。尽管文献中对 ESG 与企业绩效之间的关系已达成共识,但目前学术界普遍认为负面 ESG 事件会损害企业绩效。从可持续发展的角度来看,企业应注重环境保护和合理利用资源,为促进企业可持续发展提供良好的长期发展环境(Jeffrey et al.,2019)。从企业发展的长远角度出发,不追求短期利益,不急功近利,打造绿色、环保的企业形象,企业才有可能获得长期回报(Gao and Han,2020)。

根据利益相关者理论,能够有效处理与所有利益相关者关系的企业往往会取得成功,因为该理论认为企业不仅要对股东负责,还要对债权人、员工、供应商和客户、政府、社区和环境负责(Freeman,1984)。利益相关者理论强调外部公司治理要实现利益相关者整体利益的最大化,这反过来又会带来更高的增长和企业效益。例如,满意的员工在工作中会更有动力,满意的供应商会提供更高质量的原材料。这样,企业就能建立良好的声誉,从而促进业绩的提高。

Lev 等(2010)指出,在对消费者敏感的行业,企业的慈善捐款有助于企业未来的收入。Carnini 等(2022)研究发现,通过公告及时披露信息对企业取得短期成功至关重要。通过 ESG 披露,企业可以有效提高透明度,减少信息不对称,从而增强投资者对企业长期投资的信心(Cui et al.,2018)。传统理论认为,股东利益最大化是企业的最大目标。例如,当企业参与一项成本高昂的环境治理项目,需要投入大量资金时,短期内会影响企业的盈利能力。企业在社会责任和环境保护方面的投资会降低上市公司的经济绩效和支出公平性(Dhar et al.,2022)。然而,根据"社会影响假说"理论,ESG 投入实际上可以提高企业财务绩效。根据这一理论,满足社会责任的高效组织可以获得两个好处:社会影响增加,吸引更多客户;员工的认同感和归属感增强,从而提高企业绩效。企业通过重视员工的工作环境,建立完整的人才培养体系,可以让员工产生归属感,提高他们的主观能动性,从而提高企业的整体生产力。Friede 等(2015)总结分析了 2000 多项 ESG 相关研究,发现约 90% 的研究表明 ESG 与财务绩效之间存在正相关关系。

从企业环境责任表现来看,根据信号传递理论,企业履行环境责任会向外部利益相关者传递积极信号,有助于企业获得外部信任与支持。Diem 等(2022)研究指出,企业在一定程度上可以通过改善环境绩效来提升财务绩效,积极承担环境责任有利于改善企业的经营效益。Plumlee 等(2015)研究了环境信息披露质量与企业价值间的关系及影响,发现一般行业自愿披露的环境信息披露质量与财务绩效正相关,而重污染行业则相反。

从社会责任表现维度来看,企业履行社会责任有助于获取利益相关者的支持与信任,从而降低交易成本,提升企业绩效(崔登峰、邵伟,2018)。例如,企业通过履行社会责任可以有效地帮助政府解决诸如赈灾、扶贫、助学等社会问题,而作为政府,当企业有效地帮助其缓解财政压力后,会在资源获取方面给予企业更多的支持(高勇强等,2012;李四海等,2012)。同时对内部组织而言,Korschun 等(2014)研究指出,企业履行社会责任可以显著提升员工对企业文化的认同,增强其工作自信,从而显著提升企业绩效。企业通过慈善捐助能够增强企业吸引力,吸引潜在高质量的应聘者,从而实现企业绩效的增长(顾雷雷、欧阳文静,2017)。因此,企业通过履行社会责任有助于从外部获取优势资源,这些资源将进一步为促进企业绩效的增长提供动力。

从公司治理维度来看,根据委托代理理论,良好的企业内部治理会降低企业的代理成本,减少企业管理者的机会主义和短视行为,有利于形成长期投资偏好,从而着眼于企业的可持续高质量的发展,公司治理水平对企业价值和企业成长有正向作用,良好的公司治理结构能显著促进企业绩效的提升。同时,良好的公司治理,还有助于降低企业同外部利益相关者之间的信息不对称,增加企业信息的透明度,降低企业外部人对内部人的监督成本,更好地发挥外部监督机制的作用,使企业经营者行为最大化地与股东及其他利益相关者的利益趋于一致。Gompers 等(2003)研究发现,股东权力更强的公司有更高的公司价值,能获取更高的利润、更高的销售增长,以及更低的资本支出。王雪等(2017)的实证研究则表明,企业独立董事比例、管理层持股比例与企业绩效显著正相关。

基于以上分析,特提出假说 7-2。

假说 7-2:良好的 ESG 表现能够促进制造企业绩效的提升。

三、ESG 表现、服务化与制造企业绩效

为满足客户对定制产品和服务包的需求,制造企业需要具备与客户要求相匹配的创新能力。良好的 ESG 表现可以促进企业研发投资,增强创新能力(林炳洪、李秉祥,2023)。同时,良好的 ESG 表现可以有效降低企业财务风险(Wen et al.,2022),有助于减轻制造企业服务化的成本压力。服务提供的定制性、交互性以及移情性为客户带来深度体验感,制造企业通过衍生服务快速响应

市场需求与变化,维系原有客户的同时吸引新客户,扩大了客户规模的"虹吸"效应(Kozlowska,2020)。在此过程中,客户也不再是产品的被动接受者,而是企业知识与创新资源的共同开拓者以及价值共同创造者(赵晓煜,2020),增加了对企业的黏结性,能够显著提升企业绩效。因此,有良好 ESG 表现的制造企业更有可能通过以服务为导向的转型推动企业绩效的提高。

从企业环境责任表现来看,环境责任表现评级高的制造企业通常拥有先进的污染和废物处理设备,以及更强的可持续发展意识。这表明这些企业拥有更先进的硬件和具有更长远眼光的管理者,有利于推动企业服务化战略的实施。制造企业可以利用自身优势,以服务为导向促进企业绩效的提升。

从社会责任表现维度来看,社会责任表现评级主要关注企业的社会关系和对社会的贡献,社会责任表现评级高的企业能及时回应社会关切,提高社会认可度和美誉度,促进企业长远发展,这为制造企业通过服务化促进企业绩效创造了有利条件。

从公司治理维度来看,公司治理表现评级主要评价企业的治理和风险控制能力,反映企业管理团队的治理水平。较高水平的管理团队具有更强的适应企业服务化的能力,能够快速应对市场波动,从而调整适合企业的服务化战略。

因此,良好的公司治理表现可以对通过服务化推动制造企业绩效提升起到积极的作用。

基于以上分析,特提出假说 7-3。

假说 7-3:良好的 ESG 表现可以通过服务化促进制造企业绩效的提升。

四、ESG 表现、数字化转型与制造企业服务化

从信息效应来看,数字化转型为制造企业提供了更便捷的信息交流渠道,将企业 ESG 责任履行的相关信息及时向外界反馈,降低企业与诸多利益相关者之间的信息不对称,提高信息透明度和信息传输效率,更容易实现信息互联和有效监管,极大程度地提高了企业 ESG 信息的披露意愿,从而强化 ESG 责任履行的信号传递功能,助力制造企业获取外部资源支持。数字化转型可以提供更多的数据和信息,帮助制造企业更有效地监测和管理其 ESG 表现。通过数字化转型,制造企业可以收集、分析和报告各种与环境、社会和治理相关的数据,从而更

加透明地展示其 ESG 表现。数字化转型可以提升制造企业的数据处理效率,挖掘数据的信息价值,赋能企业 ESG 报告"漂绿"防范(潘翔,2022),体现企业真实的 ESG 表现,引发企业的声誉机制(袁业虎、熊笑涵,2021),进而有利于企业创造更高的绩效水平,推动企业服务型制造的发展。借助于大数据、人工智能等新兴数字技术的应用,数字化转型有望打破横亘在制造企业与消费者之间的"数字鸿沟"(Nayal et al.,2022),帮助企业从层出不穷的海量大数据中挖掘新的利基市场,进一步整合各类数据资源和数字资源,通过大数据分析技术推算消费者画像并进行精准刻画和利用,由此不仅可以将企业在环境、社会和治理方面的良好表现呈现给消费者,而且能够帮助企业准确获悉不同消费者的意见与诉求,作出快速反应,通过数字技术的连接作用将用户纳入服务创新过程,为用户提供增值服务,为制造企业服务化提供重要技术支撑。

从治理效应来看,数字化转型能够营造更加开放、透明的治理环境,提高制造企业治理有效性与管理效率,为资源配置决策赋能,有利于企业服务化战略的制定与实施。一方面,数字化转型的诸多新兴数字技术应用可以帮助制造企业加强监督与制衡体系构建,让股东、债权人等其他利益相关者借助于数字渠道深度参与公司治理(王守海等,2022),形成更加开放、透明的治理环境,避免管理层因管理防御等自利性动机,偏离企业既定的服务化战略,缩减在服务业务上的投入;另一方面,数字化转型搭建了高效的集成管理平台,可利用智能财务系统、供应链管理系统等辅助系统打造决策支持场景,有助于优化业务流程(Nayal et al.,2022),构建全新的服务生态系统,突破企业内部各管理环节的数字壁垒、提高管理效率,达到集成管理的目的(Cennamo et al.,2020),及时将 ESG 责任履行技术需求与服务业务进行对接,从而加强企业资源调度,科学进行资源配置,避免将资源投向非效率领域,向基于信息技术的服务转型,为客户提供低成本、及时便捷和个性化的数字化产品服务包,为企业服务业务的开展提供充足资源。

基于以上分析,特提出假说 7-4。

假说 7-4:数字化转型在 ESG 表现与制造企业服务化的关系中存在正向调节效应。

● 第二节   ESG 表现影响制造企业服务化的实证分析

一、计量模型与变量说明

(一)基准模型设定

根据上一节对 ESG 表现影响制造企业绩效和服务化的理论分析,构建如下多元线性回归模型:

$$ROA_{i,t} = \alpha_0 + \alpha_1 ESG_{i,t} + \beta Controls_{i,t} + \varepsilon_{i,t} \tag{7-1}$$

式(7-1)中,ROA 代表制造企业绩效,核心解释变量 ESG 代表企业 ESG 表现,参数 α_1 刻画 ESG 表现对制造企业绩效的影响效应。若 α_1 的数值为正,表明 ESG 表现能促进制造企业绩效的提升,反之,则表明 ESG 表现对制造企业绩效存在抑制作用。Controls 代表一系列可能影响制造企业绩效的控制变量,$\varepsilon_{i,t}$ 则为随机误差项。为了控制宏观因素和行业因素对制造企业绩效的影响,模型中加入了行业和年份固定效应。

(二)数据来源

选取 A 股制造业上市公司作为研究样本,并界定 2011—2022 年为样本时间区间。其中财务指标数据下载自国泰安数据库,而年报文本则爬取自巨潮资讯网。制造企业服务化数据源于手工整理的万得(Wind)数据库中企业营业收入行业构成和产品构成相关数据。根据 Bloomberg 分类标准,匹配样本企业在各年度的 ESG 评级数据。对数据进行如下处理:

(1)删除 ST、*ST、PT 等特殊类型企业。

(2)剔除研究年度内退市的上市企业。

(3)删除大量缺失数据的企业。

此外,对非正态性的连续变量进行对数化处理及缩尾处理(左右 1%)。

(三)变量设定

1. 被解释变量:制造企业绩效(ROA)

学术界大多采用资产收益率(ROA)、净资产收益率(ROE)、托宾 Q 值、增值率(EVAR)和息税前利润(EBIT)来衡量企业绩效。一般来说,托宾 Q 值和 EVAR 与股票更为相关,而不包括利息和税项的息税前利润则更能反映企业的盈利潜力。相比之下,ROA 和 ROE 是企业盈利值,能更直观地反映企业盈利能力,因此选择 ROA 作为衡量制造企业绩效的指标,ROE 作为替代指标,用于绩效的稳健性检验。

2. 解释变量:企业 ESG 表现(ESG)

核心解释变量企业 ESG 表现是衡量企业可持续发展水平的重要指标。随着环境、社会和企业治理作为可持续投资重要原则的浸润,国内外出现了多种 ESG 评价体系与指标拓展。选取 Bloomberg 发布的 ESG 评级指标进行企业 ESG 水平的测量与评估。Bloomberg ESG 评级体系参考了国际公认的 ESG 框架原则与分析要点,同时兼收定量与定性的数据,具有一定的代表性与权威性(潘玉坤和郭萌萌,2023)。基于此,将采用 Bloomberg ESG 指标进行制造企业 ESG 水平的度量。为更精细地评估不同维度的 ESG 表现,Bloomberg ESG 指标可以进一步划分为环境指标、社会指标和治理指标三大类索引。每类指标内二级指标采用均等权重合成一级指标,最后三类一级指标以 33.33% 的权重合成总的 ESG 指数,进行企业跨时间轴的 ESG 水平评价与比较。此设计有利于全面展现企业在不同 ESG 环节的表现态势。

3. 中介变量

根据前文的分析,良好的 ESG 表现可以通过服务化促进制造企业绩效的提升。选取制造企业服务化水平(Servitization)作为中介变量,探讨其在 ESG 表现与制造企业绩效之间发挥的作用。对于制造企业服务化水平,测量方法与前文相同。

4. 调节变量

数字化转型在 ESG 表现与制造企业服务化的关系中存在正向调节效应。选取企业数字化转型程度(Digital)作为调节变量,探讨其在 ESG 表现与制造企业服务化之间发挥的作用。对于企业数字化转型程度,测量方法与前文相同。

5. 控制变量

为提升回归分析的准确性,还进一步纳入了相关控制变量,具体包括企业总资产(LnAsset)、杠杆率(Lev)、企业年限(Age)、账面市值比(BTM)、营业盈利能力(TS,营业利润占比主营业务增长率)、董事长和总经理两职合一(DZ)、第一大股东持股比例(SH)、股票换手率(TO)、审计意见(AU,标准无保留意见取值为1,否则为0)、地区经济增长(Light,采用地区灯光指数刻度)、产业结构(IS,第二产业占比)。

二、实证结果及分析

(一)基准回归

表7-1反映了ESG表现对制造企业绩效影响的总体检验结果。第①列为未纳入控制变量的估计结果,列①的结果显示,ESG表现对制造企业绩效的影响系数为0.024且通过了1%统计显著性检验。第②列为纳入了控制变量的估计结果,相关的回归系数显著程度与列①的结果一致。表7-1的估计结果表明,ESG表现能够显著提升制造企业绩效。这验证了假说7-2,即良好的ESG表现能够促进制造企业绩效的提升。

表 7-1　ESG 表现对制造企业绩效影响的实证结果

项　目	①	②
	ROA	ROA
ESG	0.024 ***	0.028 ***
	(2.993)	(3.157)
控制变量	NO	YES
行业和年份固定效应	YES	YES
R^2	0.268	0.257

(二)稳健性检验

为了进一步验证研究结果的可靠性并检验模型的稳定性,以华证ESG评级代替 Bloomberg ESG 评级进行了稳健性检验。回归结果显示,ESG的估计系数依然显著为正,与基准回归结果保持一致。然后对ESG表现滞后一期与ROA进行回归,结果依然显著。此外,借鉴高杰英等(2021)的研究,采用工具变量法,以企业ESG表现的年度行业均值(ESG mean)作为ESG表现的工具变量进行内生性处理。回归分析的结果表明,该工具变量在 1% 置信水平上显著为正,与基准回归结果一致,说明该研究结论具有一定的稳健性,假说 7-2 依然成立,ESG 表现对制造企业绩效的促进作用明显。

（三）中介效应检验

选取制造企业服务化水平（Servitization）作为中介变量,探讨其在 ESG 表现与制造企业绩效之间发挥的作用。

在制造企业服务化水平的机制检验中,表 7-2 第①列的估计结果表明,ESG 表现的系数估计值在 1% 水平上显著为正,说明良好的 ESG 表现能够促进制造企业服务化水平的提高,假说 7-1 得到验证。第②列报告了制造企业服务化水平的中介效应检验结果,可以看出制造企业服务化水平变量估计系数显著为正,同时 ESG 表现变量依然显著,说明在 ESG 表现促进制造企业绩效的过程中,制造企业服务化水平起到了中介作用,这验证了假说 7-3,即良好的 ESG 表现可以通过服务化促进制造企业绩效的提升。

表 7-2　机制检验:制造企业服务化水平

项　　目	① Servitization	② ROA
ESG	0. 315 *** (3. 058)	0. 025 *** (1. 917)
Servitization		0. 015 *** (1. 706)
行业和年份固定效应	YES	YES
R^2	0. 236	0. 189

（四）调节效应检验

选取企业数字化转型程度（Digital）作为调节变量,探讨其在 ESG 表现与制造企业服务化之间发挥的作用。

表 7-3 为企业数字化转型程度的调节作用检验结果。列①引入数字化转型程度变量（Digital）,加入数字化转型程度与制造企业 ESG 表现的一阶交乘项（ESG×Digital）,检验是否存在调节效应。结果显示 ESG 表现系数显著为正,且

一阶交乘项的系数也显著为正,说明制造企业的数字化转型在 ESG 表现与服务化的关系中具有正向调节作用,这验证了假说 7-4,即数字化转型在 ESG 表现与制造企业服务化的关系中存在正向调节效应。

表 7-3　企业数字化转型程度的调节效应检验

项　　目	① Servitization
ESG	0.239 *** (2.177)
ESG×Digital	0.043 *** (1.214)
行业和年份固定效应	YES
R^2	0.205

三、基于制造企业主业业绩的进一步检验

目前学术界大多研究企业业绩的影响因素,聚焦于实体企业主业业绩影响因素的研究尚缺乏,特别是 ESG 信息披露与实体企业未来主业发展的研究(何玲、罗孟旎,2023)。有别于传统财务指标,ESG 是从环境保护、社会责任履行和公司治理状况三方面来评估企业经营发展的可持续性以及对社会的影响,高度吻合经济高质量发展要求。良好的 ESG 信息披露能够全面展示企业的管理优势及发展前景,提高信息透明度,帮助投资者、客户及供应商等外部利益相关者了解企业真实发展状况并做出理性决策,这势必会对实体企业未来主业的发展产生影响。

在多元化浪潮逐渐消退(杨兴全、张记元,2022)以及企业间竞争日益加剧的背景下,专注主业,无疑是企业做强做优的一种理想选择。祖克和艾伦(2002)在《主营利润:动荡时代的企业成长战略》一书中指出,从主业中获取利润是企业最持久的成长模式。张情肖等(2021)研究指出,企业发展质量提升的本质应当在于其核心竞争力的提高,作为企业长期、可持续、高质量发展的基础,主营业务能力至关重要。长期以来,企业专注并发展好主业是我国党和政府高度关注的问题。为了引导国有企业更好地专注和做强主业,2012 年,国务院国资委在新

修订的《中央企业负责人经营业绩考核暂行办法(2013 年)》中提出了"效益效率、主业经营、创新驱动"的考核导向。2018 年 11 月,习近平总书记在民营企业座谈会上发表重要讲话。一系列政策下,民营企业需要聚焦实业、做精主业,努力把企业做强做优。因此,从制造企业主业业绩这一新的视角来考察 ESG 表现的经济后果,研究 ESG 表现能否促进制造企业主业业绩的提升,从而实现制造企业高质量发展的预期目标。

(一)研究背景

随着我国积极践行"双碳"目标,可持续发展理念已在全社会深入扎根。环境、社会与治理已然成为衡量企业在环境、社会和公司治理三个核心维度上承担责任的关键标杆(Diaz et al.,2021;Alareeni and Hamdan,2020)。ESG 理念促使企业在决策制定和运营管理中,以环境保护、社会责任和公司治理为导向,全面提升企业的可持续发展潜能(钱依森等,2023)。近年来,全球范围内各国纷纷集中关注并推进 ESG 的发展。根据《2020 年全球可持续投资年报》,数据显示 2020 年 ESG 投资总规模已飙升至惊人的 35.3 万亿美元,较 2016 年翻了一番有余,已占据全球投资市场规模 1/3 以上的份额。我国对 ESG 问题同样给予了高度重视。值得一提的是,2022 年 2 月,国家标准化管理委员会发布了《环境责任报告编制指南》,标志着我国 ESG 信息披露标准框架已日臻完备。这一重要标准的出台,不仅彰显了我国在 ESG 领域的引领地位,更为企业在信息披露方面提供了明确的指引,进一步推动了我国企业向更加可持续与透明的方向发展。企业在追求发展的过程中应当牢记社会责任,推动生态友好型低碳发展。2021 年国务院办公厅发布了《关于构建现代环境治理体系的指导意见》,明确提出上市公司要积极完善与公开披露 ESG 信息的要求,从而将 ESG 理念融入企业的日常经营与管理之中,标志着我国 ESG 信息披露标准框架已经基本形成。

国内外已有大量文献围绕 ESG 开展研究,主要存在以下研究方向:

(1)从投资反应入手,探讨 ESG 评级与股票回报率的关系,代表性研究包括 Khan 等(2016)基于 MSCI ESG 评级研究发现评级较高的公司股价表现较好。

(2)从披露水平着手,关注企业 ESG 信息披露与其财务绩效间的影响,例如

Ioannou 和 Serafeim(2015)发现主动披露 ESG 信息的公司 ROA 更高。

(3)从企业动机视角展开,研究企业进行 ESG 的内在驱动机制,如 Benabou 和 Tirole(2010)认为企业 ESG 实践是出于维护声誉的考量。

但是,这些研究结果对 ESG 能否带来主营业绩提升这一问题的结论存在分歧。一方面,部分研究表明,企业通过提高 ESG 实践水平可以降低成本,提高质量和声誉,利用资源更高效等方式促进业务增长。例如 Eccles 等(2014)基于 18 个国家近 2001 家上市公司的样本发现,ESG 实践可以显著提高公司的销售增长率;Derwall 等(2011)也指出高 ESG 评级的股票投资组合具有更好的操作绩效。这说明 ESG 可以成为企业获得竞争优势的重要途径。另一方面,也有研究显示,企业过于关注 ESG 可能转移其经营重心,减弱核心竞争力,降低业绩水平,甚至成为管理层利用资源行为的遮羞布。如 Hong 和 Andersen(2011)发现企业捐赠与绩效负相关。国内外大多数文献都局限于环境因素或社会层面,很少有研究从企业整体 ESG 实践视角出发探讨与主业绩效的关系,这给企业是否应该通过 ESG 实践实现价值最大化带来一定难点。同时,大多数文献研究聚焦于发达国家和地区,我国企业 ESG 实践与主营业绩关系的实证研究较少。考虑到我国资本市场特点,直接引用西方结论可能存在一定偏差。随着市场的发展,市场配置资源的作用日益重要。因此,企业 ESG 表现本身就是企业为契合市场发展做出的重大战略变革,企业的 ESG 行为往往需要以市场化环境为依托,以市场化环境作为传递渠道。

由此,仅仅在微观层面聚焦于企业 ESG 表现下的绩效后果,不足以理解企业 ESG 实践的作用基础条件,此时需要从宏观视角引入市场化制度建设和完善程度这一重要因素,才能对企业 ESG 业绩影响给出一个全面和动态的视角。

将落脚点聚焦在制造企业切实的主业发展绩效评估上,解构"制造企业 ESG 表现—主业业绩"之间的关联,丰富了企业 ESG 表现的经济后果影响分析,基于微观视角,从制造企业内部的禀赋结构出发,探究其中的异质性特征,并建构起包括"绿色转型—数字创新—财务操纵"在内的机制路径分析框架,为理解制造企业 ESG 的作用渠道提供了新的证据。基于宏观视角,从企业外部的市场化环境出发,探究在市场化条件的支撑下,制造企业 ESG 表现能否更好地转换成为主业业绩,从而为相关部门完善制造企业 ESG 发展动力,提振制造企业发展质量提供参考。

(二)理论分析与假说提出

1. ESG 影响制造企业主业业绩的理论分析

(1)企业 ESG 表现、绿色转型与制造企业主业业绩。ESG 实践在制造企业绿色转型中扮演着举足轻重的角色。当制造企业面对全球性的气候变化、资源短缺等挑战时,积极采纳 ESG 指导可以有针对性地加强其朝向绿色转型的推动力。第一,企业可以通过引入更高效的发电设备,降低能源损耗,采用清洁生产技术等措施,从而减少污染物排放,实现资源的高效利用,从根本上减轻对环境的负面影响(周方召等,2020)。第二,ESG 要求企业提高信息披露的透明度,以应对公众和监管机构的审查,从而推动企业在有限的时间内加速绿色转型(胡洁等,2023)。第三,ESG 评级结果直接影响企业的声誉和获取绿色融资的难易程度(邱牧远和殷红,2019),从而鼓励制造企业积极改善其 ESG 表现,以获得市场认可,加大绿色转型力度。综合而言,ESG 实践从多个角度刺激着制造企业的内外部动力,共同推动企业迈向可持续发展之路。

进一步来看,绿色转型不仅在环境保护领域取得显著成效,还能够提升制造企业的核心竞争力。绿色转型能够显著降低制造企业的能源和原材料消耗成本。通过引入高效的资源配置方式,制造企业能够在生产过程中实现成本的有效节约。同时,采用清洁生产技术还能够避免因环境污染而带来的罚款和治理成本等后期损失。此外,发展新能源业务还可以进一步扩展制造企业的产品线和市场空间。通过优化生产工艺,提升资源的利用效率,企业还能够进一步提升管理水平(肖静等,2022)。同时,提高制造企业环境影响的透明度,加强客户对企业的信任,不仅有助于提升产品的需求水平和市场份额,还能够推动企业主营业务收入的持续增长。综上所述,ESG 实践不仅在制造企业的绿色转型中发挥着关键作用,同时也在提升企业核心竞争力方面产生了积极影响。在不断变化的商业环境下,制造企业应积极融入 ESG 理念,积极参与绿色转型,实现可持续发展的目标,并为企业主业业绩提升提供充足动力。

(2)企业 ESG 表现、技术创新活力与主业业绩。制造企业的 ESG 实践在培养重视员工的企业文化氛围方面具备重要的推动作用。这一实践不仅能够吸引和留住更多高素质员工,同时强调员工福利与培训也能够激发员工的积极性和创新能力。更为具体地说,ESG 实践对于提升制造企业技术创新活力产生的影响体现在三个关键方面。首先,ESG 要求制造企业必须提供优质的工作环境、保护员工权益、开展培训等措施,这将显著提升员工的满意度,从而巩固人才队伍,为创新奠定了坚实基础(Zuo et al.,2022)。其次,ESG 强调企业建立健全的知识产权保护机制,这将鼓励员工更加积极地参与创新(Verheyden et al.,2016),因为他们不必担忧自身的成果会被不当使用。第三,ESG 评级结果直接影响企业的声誉,因此企业会增加创新投入以在市场上取得认可(Eliwa et al.,2021)。综上所述,ESG 的要求和其带来的影响相辅相成,共同刺激制造企业的技术创新活力。

进一步来看,强化制造企业内部的创新文化能够不断更新产品与服务,从而拓展市场需求。此外,制造企业增加研发投入也为探索新的业务增长点提供了有力支持,甚至可能引发新的产业浪潮。具体而言,创新文化鼓励员工积极提出创意,并支持允许试错,从而助力产品的不断升级与更新。同时,加大研发投入可以开发出具有颠覆性的新技术,推出独具创新的新产品,满足尚未显现的用户需求,为开创全新的市场空间铺平道路。如果制造企业能够在某个前瞻性技术或业务领域取得先机,还能够引领整个产业的发展,获得丰厚的先发优势回报。这有助于制造企业实现业务的升级与转型,通过不断探索新的收入渠道实现主营业务的可持续增长。

(3)企业 ESG 表现、财务操纵与制造企业主业业绩。在当今商业环境中,制造企业 ESG 实践的提升已成为引领可持续经营的关键驱动因素。ESG 实践不仅是一种经营策略,更是制造企业履行社会责任的重要方式。通过提高信息透明度(何太明等,2023),纠正短期主义倾向,ESG 实践有助于为制造企业创造长期稳定的价值。在减少制造企业财务操纵方面,ESG 的作用日益凸显,从多个角度影响着企业行为。首先,ESG 要求制造企业加强信息披露质量,这限制了管理层操纵财务数据的可能性,提升了财务信息的准确性和可信度。其次,ESG 着重于构建健全的公司治理结构,如独立董事制度等,从而强化对管理层行为的监督和约束(Zuo et al.,2022),减少了财务操纵的机会,并降低了相应的财务风险(Gillan et al.,2021)。第三,ESG 评级结果直接影响制造企业的声誉,迫使管理层更加重视长期利益,降低了短期操纵行为的可能性,实现了经济和道德双重回报。

进一步分析,减少财务操纵不仅有助于资源公平配置,还能避免因操纵行为带来的不必要损失,促进制造企业的长期可持续发展。具体而言,减少操纵可以防止管理层为谋取个人私利而损害公司整体利益,确保企业资源得到合理利用(Avramov et al.,2022)。这有助于维护股东权益,稳固公司的长远增长。同时,财务操纵通常通过虚增业绩来误导外界,而减少操纵行为可以提升财务信息的真实性和可信度,从而树立起优良的企业形象。这将降低制造企业的融资成本,为主营业务的持续扩展提供更多资本支持。总之,ESG 实践在减少财务操纵方面具有积极作用,有助于促进制造企业资源的更加合理配置,为长期的可持续增长打下坚实基础。这不仅符合现代社会对企业社会责任的要求,也有助于制造企业在竞争激烈的商业环境中保持可持续发展的竞争优势。

基于以上分析,特提出假说 7-5。

假说 7-5:企业 ESG 表现提升能够促进制造企业主业业绩水平增加。

2. 基于市场化程度情景下的理论分析

(1)在较好的市场化环境中,制造企业面临更多竞争压力和市场监督,ESG 表现的提升可能被市场充分认可,从而为企业带来额外的商业价值。这可能是因为市场化环境下,消费者和投资者更加关注制造企业的可持续性和社会责任,因此,提升 ESG 表现有助于增强消费者和投资者的信任,提高企业的市场竞争力,进而推动主业业绩提升。

(2)在较差的市场化环境下,制造企业可能面临更多的经济压力和不确定性,此时,投资者和消费者可能更关注短期经济回报(温素彬等,2022),而对 ESG 表现的关注程度较低。在这种情况下,即使制造企业提升 ESG 表现,其对主业业绩的影响可能会被市场的风险偏好和短期导向所抵消。

(3)较好的市场化环境可能提供了更多的机会,使得制造企业更容易在 ESG 实践中获得商业机会,比如获得绿色融资或开拓新的市场(郭檬楠等,2022)。这些机会可能在较差的市场化环境中较为有限,限制了 ESG 表现对制造企业主业业绩的影响。

(4)市场化程度可能与治理结构和企业内部激励机制有关。在较好的市场化环境中,更严格的市场监管和投资者的监督可能导致更好的治理和更高的ESG表现。这些因素可能促使制造企业在较好的市场化环境下更积极地将ESG理念融入业务运营,进而影响主业业绩。

基于以上分析,特提出假说7-6。

假说7-6:企业ESG表现在较好的市场化条件下,能更为显著地促进制造企业主业业绩水平增加。

(三)研究设计

1. 数据来源及处理

采用的样本企业源于A股制造业上市公司2011年至2022年的经济数据。企业财务指标数据来源于国泰安数据库。在获得原始样本数据后,为满足研究需要,对样本数据进行了以下预处理:

(1)删除ST、*ST类企业及退市企业。

(2)剔除连续年度数据少于3年的企业。

(3)对所有连续变量进行1%的缩尾处理,删除离群值影响。

(4)将所有财务指标如总资产等进行对数转换,减弱异方差问题。

(5)根据Bloomberg分类标准,匹配样本企业在各年度的ESG评级数据。

2. 变量设定

(1)被解释变量。制造企业主业业绩(MP)。参考杜勇等(2017)的研究,采用剔除金融收益的资产收益率来刻画企业主业业绩。具体如式(7-2):

$$MP = (营业利润-投资收益-公允价值变动收益+$$
$$对联营、合营企业的投资收益)/总资产 \qquad (7-2)$$

(2)核心解释变量。企业ESG表现(ESG)。与前文相同,采用Bloomberg ESG指标进行企业ESG水平的度量。

(3)控制变量。与前文相同,相关控制变量包括企业总资产(LnAsset)、杠杆率(Lev)、企业年限(Age)、账面市值比(BTM)、营业盈利能力(TS)、董事长和总经理两职合一(DZ)、第一大股东持股比例(SH)、股票换手率(TO)、审计意见(AU)、地区经济增长(Light)、产业结构(IS)。

3. 模型设定

为检验企业 ESG 表现对制造企业主业业绩的影响,设定了如下模型开展识别检验:

$$MP_{i,t} = \varphi_0 + \varphi_1 ESG_{i,t-1} + \sum \alpha CVs + \sum \beta Year + \sum \eta Ind + \varepsilon_{i,t} \qquad (7-3)$$

其中,被解释变量 MP 指代制造企业主业业绩水平;核心解释变量为企业 ESG 表现;CVs 为控制变量集。

(四) 实证结果与经济解释

1. 基准回归

表7-4 为实证分析结果,重点关注了"企业 ESG 表现—主业业绩"的关系。采用了四种不同的回归模型,逐步引入了不同的控制变量集合,以确保分析结果的稳健性。在所有的回归模型中,企业 ESG 表现变量(ESG)的回归系数均为正值,而且通过了 1% 的统计显著性检验。这意味着制造企业的 ESG 表现提升与其主业业绩水平之间存在正相关关系。这一一致性的实证结果为核心假说提供了强有力的经验证据,即 ESG 实践的提升有助于提高制造企业的主业业绩。在不同回归模型中,逐步引入了微观和宏观层面的控制变量,以排除其他潜在因素对实证结果的干扰。这些控制变量的引入进一步加强了实证结果的可信度。总体来说,实证分析结果支持了企业 ESG 表现与制造企业主业业绩之间的积极关联,这意味着制造企业在实践中关注环境、社会和治理事务可以为其长期的经济绩效带来积极的影响。这一发现对于企业和投资者都具有重要意义,强调了可持续经营和 ESG 管理的重要性,这为核心假说7-5 提供了经验证据的支持。

表7-4　ESG 表现对制造企业主业业绩影响的实证结果

项　　目	① MP	② MP	③ MP	④ MP
L. ESG	0. 005 *** (6. 08)	0. 003 *** (5. 98)	0. 002 *** (4. 86)	0. 002 *** (5. 30)
LnAsset		-0. 001 * (-1. 87)	-0. 001 ** (-2. 13)	-0. 002 *** (-4. 18)

续上表

项　目	①	②	③	④
	MP	MP	MP	MP
Lev		-0.061^{***}	-0.060^{***}	-0.050^{***}
		(-32.24)	(-30.25)	(-23.42)
Age		-0.009^{***}	-0.010^{***}	-0.010^{***}
		(-12.58)	(-12.75)	(-12.75)
BTM		-0.001	-0.001	-0.001
		(-1.49)	(-1.47)	(-0.82)
TS		-0.001^{***}	-0.001^{***}	-0.001^{***}
		(-4.64)	(-4.81)	(-7.03)
ROE		0.483^{***}	0.484^{***}	0.483^{***}
		(92.44)	(92.94)	(92.10)
DZ		0.002^{***}	0.002^{***}	0.002^{***}
		(3.88)	(3.77)	(3.95)
SH		0.015^{***}	0.015^{***}	0.014^{***}
		(8.01)	(8.02)	(7.27)
TO		0.015^{***}	0.015^{***}	0.016^{***}
		(2.60)	(2.64)	(2.68)
AU		-0.002	-0.002	-0.001
		(-0.95)	(-0.94)	(-0.13)
IS			-0.001^{***}	0.001
			(-2.74)	(0.74)
Light			-0.045^{***}	-0.005
			(-2.66)	(-0.27)
cons	0.035^{***}	0.069^{***}	0.078^{***}	0.077^{***}
	(52.44)	(8.82)	(9.11)	(4.54)
Ind、Year	NO	NO	NO	YES
R^2	0.002 1	0.681 0	0.681 2	0.696 4

2. 稳健性检验与内生性处理

（1）分位数检验。随着企业发展质量的向好，制造企业的主业业绩特征也会发生显著变化,不同程度主业业绩水平的影响因素及其影响程度可能存在较大差异。基于此,进一步就制造企业主业业绩进行分位数层面的分析,有助于理解不同主业业绩水平企业的特点。从分位数实证结果来看(见图 7-1),制造企业的 ESG 表现在主业业绩条件分布的不同位置,对主业业绩水平产生了不同的作用强度。从整体趋势来看,随着主业业绩分位数水平的上升,制造企业 ESG 表现对其的促进作用呈现出下降趋势,但大部分区间(0% ~ 75% 分位数)中,其影响的拟合线都处在 0 轴上方(且灰色的置信区间也高于 0 轴线),这意味着在该区间中,这种影响都是显著为正的。但由于边际效益递减规律的约束,制造企业 ESG 表现对主业业绩的提升弹性在逐渐下降,在 75% ~ 90% 的区间中,拟合线置信区间覆盖 0 轴(意味着这种影响可能并不显著)。上述实证结果进一步表明,在绝大部分情况下,制造企业 ESG 表现提升对主业业绩的促进作用是显著的,但受到边际效益递减规律的影响,这种促进作用在降低。这说明,想要以制造企业 ESG 表现提升业绩水平,应当重点关注那些业绩排位相对靠后的企业,这也为实证发现提供了更为丰富的侧面依据。

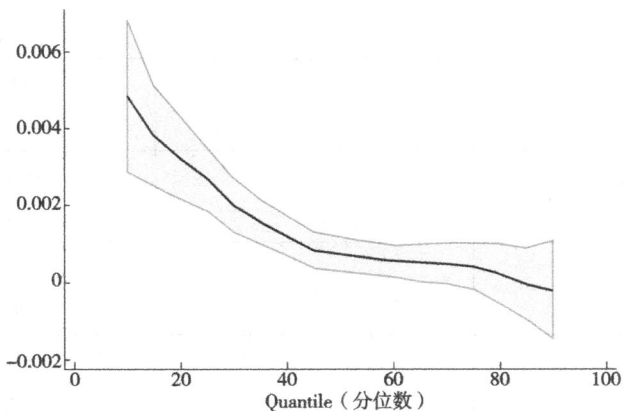

图 7-1 稳健性检验:分位数检验

(2)工具变量法。本部分进一步采用了工具变量法(见表 7-5)来减弱内生性的干扰。具体来看,选取了同一行业内除了本企业之外其余企业 ESG 表现的均值作为工具变量展开检验。其理由是,一方面,同一行业的生产发展决策特征往往有一定关联,因此同一行业的企业 ESG 表现往往有着较强的"共同区间";另一方面,制造企业作为典型的市场主体,其他制造企业外部的特征信息并不会直接影响企业的生产决策活动,这满足了工具变量的排他性要求。在此基础上,开展了实证检验。结果发现,Kleibergen-Paap rk LM 统计检验结果表明,不存在识别不足的问题(均通过了 1% 的统计显著性检验),F test of excluded instruments 统计量通过显著性检验,即表明工具变量是有效的。在经由工具变量的调整后,原有的核心结论依旧保持不变,这说明,核心结论是稳健的。

表 7-5　工具变量法

项　　目	① MP	② MP
L. ESG	0. 005 *** (6. 18)	0. 002 *** (4. 82)
LnAsset		−0. 001 *** (−3. 02)
Lev		−0. 054 *** (−25. 31)
Age		−0. 009 *** (−11. 67)
BTM		−0. 001 (−0. 96)
TS		−0. 001 *** (−6. 40)
ROE		0. 486 *** (93. 74)
DZ		0. 002 *** (3. 69)
SH		0. 015 *** (7. 52)
TO		0. 016 *** (2. 91)
AU		−0. 001 (−0. 51)

项　　目	①	②
	MP	MP
IS		0.001
		(0.63)
Light		0.004
		(0.22)
cons	−0.021***	0.079***
	(−5.81)	(9.20)
Kleibergen-Paap rk LM P_Val	0.000	0.000
F test of excluded instruments P_Val	0.000	0.000
Ind、Year	NO	YES
R^2	0.082	0.691

（3）敏感性测试。借鉴李逸飞等（2022）的研究，采用敏感性分析方法估计遗漏变量强度。将总资产水平（LnAsset）作为潜在遗漏变量的对比变量。估计结果如图 7-2~图 7-4 所示。图 7-2 和图 7-3 左下角四个数值点分别指代不加入遗漏变量、加入匹配度 1~3 倍强度的遗漏变量、加入匹配度 2 倍强度的遗漏变量、加入匹配度强度 3 倍强度的遗漏变量的估计情况。可观测到四个数值点均位于红线左侧，这意味着，即便加入了匹配度 3 倍强度的遗漏变量，也不会导致原有实证结果回归系数方向和 t 统计量的扭转性改变，由此可以印证核心结果稳健。进一步看图 7-4，三条数值线分别指代遗漏变量解释剩余方差的 100%、75% 和 50% 的情况，横轴的小黑点分别指遗漏变量是总资产水平 1~3 倍强度的情况。图中可以看到，即使是最坏情况（遗漏变量解释剩余方差的 100%，图中实线），遗漏变量都需要省域地区生产总值增速 3 倍以上强度才能推翻之前结论，这也进一步验证了核心结论的稳健性。

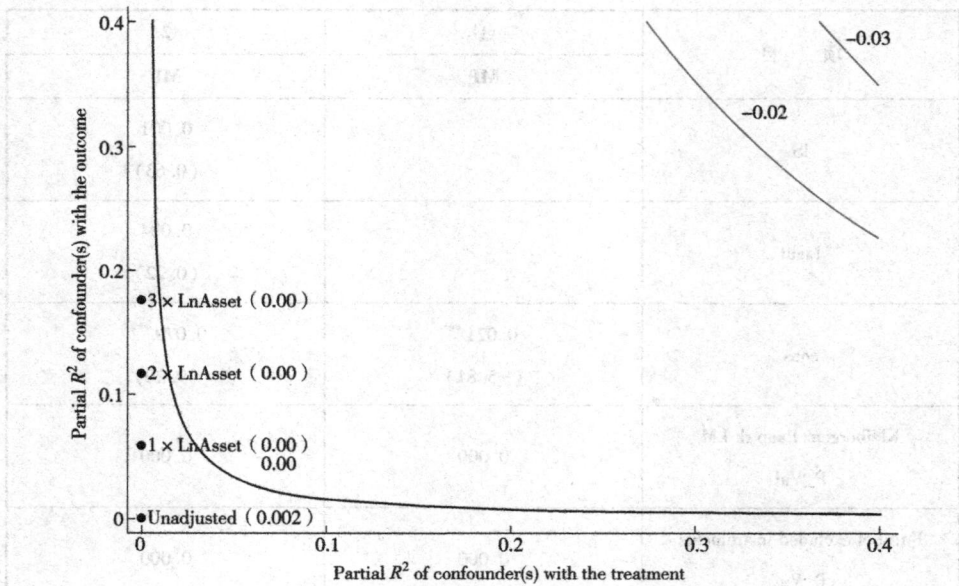

图 7-2　敏感性分析：Match 估计系数

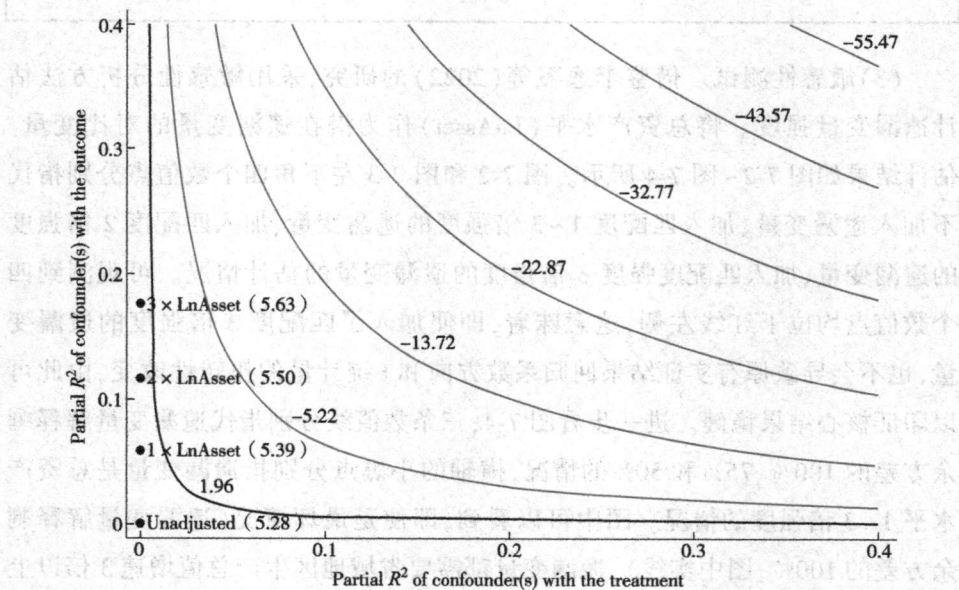

图 7-3　敏感性分析：Match 估计系数的 t 统计量

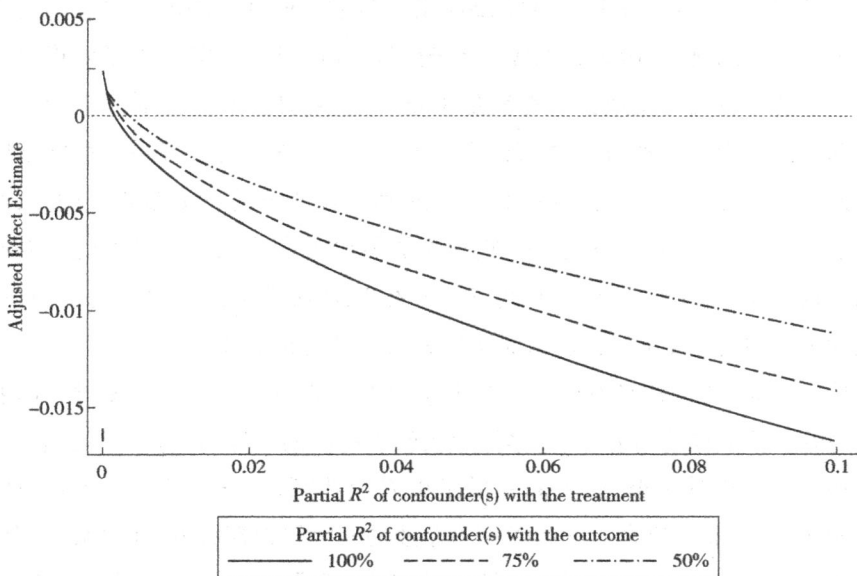

图 7-4 敏感性分析:推翻 Match 估计系数的最差情形估计

3. 异质性检验

通过考察不同企业类型在 ESG 表现与制造企业主业业绩领域的差异,可以更深入理解其关系。通过细分企业特征,如产权结构、污染水平和技术水平,形成不同子组,并在各组内独立检验 ESG—主业业绩关系,揭示不同类型企业 ESG 表现对主业业绩的影响差异,为理解 ESG 向主业业绩转化提供洞见。这种异质性分析不仅深化对制造企业 ESG—主业业绩关系的认识,也为未来政策制定提供依据。挖掘企业内部异质性,有助于理解不同企业在 ESG 推动下进行主业业绩提升的动因和障碍,为针对性政策设计提供指引。

(1)产权属性差异。表 7-6 第①到④列的实证分析从企业产权异质性特征(国有企业—非国有企业)角度解读企业 ESG 表现对制造企业主业业绩的影响。实证结果显示,企业 ESG 表现提升,能够显著提升非国有企业主业业绩(回归系数为 0.004 且通过了 1% 的统计显著性检验),而对国有企业主业业绩的影响并不显著(回归系数为 0.001,但 t 值仅为 0.32,无法通过任何惯常水平下的统计显著性检验)。

一方面,在 ESG 决策领域,国有企业和非国有企业之间存在明显的双重约束差异,这将在一定程度上影响其 ESG 实践与主业业绩之间的关系。国有企业面临更加严峻的挑战,因为它们需要平衡国家战略目标与资本市场回报之间的矛盾。这意味着国有企业必须在满足国家政策导向的同时,应对来自资本市场的短期经济压力。这种双重约束使得国有企业在 ESG 投入与经济目标之间难以找到合适的平衡点,可能削弱了 ESG 对其主业业绩的直接影响。相反,非国有企业在这方面面临的约束较小,它们主要需要考虑股东利润最大化与外部压力如舆论监督的平衡。因此,非国有企业在 ESG 决策上拥有更高的自由度,能够更加灵活地规划 ESG 投入,从而实现最大限度的经济效益。

另一方面,国有和非国有企业在决策过程中的主导权也存在差异。国有企业的高管往往更像执行者,必须遵循上级政策部门的具体指示。同时,国有企业高管的自主权相对较小,这可能降低了国有企业利用 ESG 提升经济效益的能力。相比之下,非国有企业的高管作为企业的实际权力拥有者,在决策过程中拥有更强的自主权和主动性。他们可以根据实际情况调整 ESG 规划,以实现主业业绩的最大增长。此外,国内外市场环境的差异也对 ESG 实践产生影响。非国有企业常需要在国际市场开展业务。与国际标准相符的 ESG 实践可能使非国有企业建立更多的信任和支持,从而促进其主业增长。而国有企业主要依赖国内市场,其 ESG 实践与主业业绩之间的联系可能需要更长时间的制度积累和经济效应的显现。

表 7-6　异质性分析

项目	① MP	② MP	③ MP	④ MP	⑤ MP	⑥ MP	⑦ MP	⑧ MP	⑨ MP	⑩ MP	⑪ MP	⑫ MP
	非国有企业		国有企业		非重污染企业		重污染企业		非高科技企业		高科技企业	
L.ESG	0.004 *** (6.77)	0.004 *** (6.71)	0.001 (0.06)	0.001 (0.32)	0.002 (1.45)	0.002 (1.65)	0.002 *** (2.64)	0.002 ** (2.25)	0.003 (1.59)	0.002 (1.50)	0.001 *** (2.60)	0.002 *** (3.65)
cons	0.060 *** (4.64)	0.074 *** (5.58)	0.074 *** (3.35)	0.090 *** (4.16)	0.088 *** (4.37)	0.092 *** (4.79)	0.068 *** (4.62)	0.068 *** (4.55)	0.048 ** (2.09)	0.055 ** (2.25)	0.107 *** (8.47)	0.109 *** (8.00)
Ind、Year	NO	YES	NO	YES	NO	YES	NO	YES	NO	YES	NO	YES
R^2	0.747	0.752	0.591	0.617	0.684	0.701	0.681	0.686	0.622	0.637	0.727	0.737

（2）污染属性异质性检验。表 7-6 第⑤到⑧列的实证分析从企业污染异质性特征(重污染企业—非重污染企业)角度解读企业 ESG 表现对制造企业主业业绩的影响。实证结果显示,企业 ESG 表现提升,能够显著提升重污染企业主业业绩(回归系数为 0.002 且通过了 5% 的统计显著性检验),而对非重污染企业主业业绩的影响并不显著(回归系数为 0.002,但 t 值仅为 1.65,无法通过任何惯常水平下的统计显著性检验)。

上述差异的原因可能在于,重污染企业在过去可能因环境问题受到社会批评和法规限制,导致其形象受损,难以获得投资者和消费者的信任。当这些企业积极改善 ESG 表现时,它们所表现出的责任感和积极性可能会在市场上引发积极回应,进而提升投资者对企业的信心,促使其股价上涨。此外,环境改善可能降低企业运营风险,减少潜在法律诉讼和罚款,从而降低企业的成本支出,进一步对主业业绩产生积极影响。相比之下,非重污染企业在 ESG 表现提升后的主业业绩影响相对较小,这可能与其较低的环境风险和声誉损害有关。非重污染企业通常更容易获得社会和市场的认可,其 ESG 表现提升对投资者和消费者的情感反应可能较为有限。此外,非重污染企业在环保合规和社会责任方面可能已经有较好的表现,因此 ESG 改善其业务运营和形象修复的影响程度相对较低。ESG 表现提升对重污染企业主业业绩影响较大,而对非重污染企业影响较小,还可能受到市场对企业类型和 ESG 改善的不同反应机制影响。重污染企业的 ESG 改善可能被视为一种转型,吸引了更多的社会关注和资金流入,从而推动股价上涨和业务增长。与此同时,非重污染企业已经在 ESG 方面保持较好的表现,市场对其改善的反应可能相对较弱。这种差异性的市场反应可能进一步放大了两类企业 ESG 改善对主业业绩的影响差异。

（3）科技属性异质性检验。表 7-6 第⑨到⑫列的实证检验聚焦于企业科技属性特征(高科技企业—非高科技企业)角度解读企业 ESG 表现对制造主业业绩的影响。实证结果显示,企业 ESG 表现提升,能够显著提升高科技企业主业业绩(回归系数为 0.002 且通过 1% 的统计显著性检验),而对非高科技企业主业业绩的影响并不显著(回归系数为 0.002,但 t 值仅为 1.50,无法通过任何惯常水平下的统计显著性检验)。

这可能是由于高科技企业的特性决定的。高科技企业通常在创新、技术和研发方面投入较多,其主业业绩往往与技术创新密切相关。当高科技企业改善ESG 表现时,它们所表现出的社会责任感和可持续经营意识可能与其创新驱动发展战略相契合,进一步激发员工的积极性,提升技术研发效率和创新能力。这种 ESG 改善能够强化高科技企业的核心竞争力,进而推动其产品或服务的独特性和市场占有率提升,促进主业业绩增长。

相对而言,高科技企业的 ESG 改善可能更容易与主业业绩形成直接关联。高科技企业在技术领域的创新和改进往往能够直接转化为产品或服务的质量、性能和竞争力的提升。因此,ESG 改善在高科技企业中可能更容易量化为实质性的业务改进,进而对主业业绩产生显著影响。

另外,高科技企业通常与新兴产业和未来趋势密切相关,ESG 改善可能在市场中引发更大的关注和认可,进而影响其品牌价值和市场地位。另一个解释在于市场和投资者对高科技企业 ESG 改善的关注程度较高。随着社会对可持续发展和环保问题的关注不断增加,高科技企业在技术创新、环保和社会责任方面的表现可能更容易引起市场和投资者的关注。这使得高科技企业的 ESG 改善可能在市场上产生更大的反应,进而影响投资者的决策,促使其加大投资和支持力度。相对而言,非高科技企业可能在这些领域的关注度较低,因此 ESG 改善对其主业业绩的影响不太明显。

4. ESG 表现影响制造企业主业业绩的机制分析

本部分的实证分析将重点关注"企业 ESG 表现—制造企业主业业绩"之间的机制,通过这一分析,将更深入地探讨绿色转型、数字技术创新以及财务重述等三个维度对这一关系的影响。通过这一机制分析,将更全面地理解企业 ESG 表现与主业业绩之间的互动关系,揭示了在新时代新阶段,各种因素是如何共同影响企业的可持续发展和经济后果的。这有助于企业和政策制定者更好地应对当今复杂的商业环境,并推动可持续的经济增长。

(1)绿色转型强化机制。绿色转型已成为全球企业的重要战略,通过降低碳排放、提高资源利用效率等方式,制造企业试图实现可持续发展和环保目标。将深入分析制造企业在进行绿色转型过程中,ESG 表现如何与主业业绩相互作用,以及这种互动如何影响制造企业的长期发展。对于企业"绿色转型"的刻度,采用文本大数据识别的方式来捕捉上市企业年报中同绿色转型有关的词汇信息(向海凌等,2023),以此作为企业绿色转型测度的代理指标(EGT):首先检验企业 ESG 表现对绿色转型的影响,进而基于企业绿色转型指标的中位数进行界分,识别检验企业 ESG 表现在"强—弱"不同的绿色转型组别中对主业业绩的影响程度。

表 7-7 第①、②、③列的实证结果发现,企业 ESG 表现水平提升,会显著驱动制造企业绿色转型进程加快(回归系数为 0.003 且 t 值为 2.46,通过了 5% 的统计显著性检验)。进一步,在较强的绿色转型强度组别中,企业 ESG 表现能够对制造企业主业业绩起到显著促进作用(回归系数为 0.003 且 t 值为 5.07,通过了 1% 的统计显著性检验);而在较弱的绿色转型强度组别中,企业 ESG 表现并不会对制造企业主业业绩产生显著的促进作用(回归系数为 0.002 且 t 值为 1.34,无法通过任何惯常水平下的统计显著性检验)。上述实证结果意味着,企业 ESG 表现强化绿色转型强度后,能够引导制造企业形成更加绿色化的生产、制度配套,能够引导企业更加关注绿色长期发展,从而为主业业绩的提升充分赋能。

表 7-7　企业 ESG 对企业主业业绩影响机制的实证结果

项目	①	②	③	④	⑤	⑥	⑦	⑧	⑨
	EGT	MP	MP	DS	MP	MP	FR	MP	MP
		EGT> 中位数	EGT< 中位数		DS> 中位数	DS< 中位数		FR> 中位数	FR< 中位数
L. ESG	0.003 **	0.003 ***	0.002	0.030 ***	0.024 ***	0.012	−0.042 ***	0.002	0.003 ***
	(2.46)	(5.07)	(1.34)	(2.74)	(6.46)	(0.90)	(−3.85)	(1.52)	(4.66)
cons	−0.134 ***	0.072	0.077 ***	1.323 ***	−0.914 ***	−0.782 ***	1.774 ***	0.094 ***	0.066 **
	(−5.46)	(1.20)	(3.02)	(5.92)	(−9.15)	(−3.13)	(8.11)	(4.24)	(2.07)
Ind、Year	YES	YES	YES	YES	YES	YES	YES	YES	YES
R^2	0.337	0.719	0.681	0.122	0.190	0.171	0.049	0.731	0.641

(2)数字技术创新活跃制。数字技术创新在当今经济环境中起到了至关重要的作用,数字技术可以提高生产效率、降低能源消耗,同时也可以帮助制造企业更好地监测和管理 ESG 相关的数据。因此,下面将深入探讨数字技术如何塑

造 ESG 与制造企业主业之间的机制，以及这种塑造对企业的竞争力和可持续性产生了什么样的影响。采用陶锋等（2023）的方法，结合国际专利分类（IPC）以及我国的发明专利类别，以更全面的方式来评估和描述企业在数字化领域的实质创新。参考《数字经济及其核心产业统计分类（2022）》以及《国际专利分类与国民经济行业分类参照关系表（2018）》，将专利与数字化创新领域相关的类别进行匹配，以识别出与数字化创新直接相关的专利。首先，检验企业 ESG 表现对数字技术创新的影响，进而基于企业数字技术创新指标的中位数进行界分，识别检验企业 ESG 表现在"强—弱"不同的数字技术创新组别中对制造企业主业业绩的影响程度。

　　表 7-7 第④、⑤、⑥列的实证结果发现，企业 ESG 表现水平提升，会显著驱动制造企业数字技术创新进程加快（回归系数为 0.030 且 t 值为 2.74，通过了 1% 的统计显著性检验）。进一步，在较强的数字技术创新强度组别中，企业 ESG 表现能够对制造企业主业业绩起到显著促进作用（回归系数为 0.024 且 t 值为 6.46，通过了 1% 的统计显著性检验）；而在较弱的数字技术创新强度组别中，企业 ESG 表现并不会对制造企业主业业绩产生显著的促进作用（回归系数为 0.012 且 t 值为 0.90，无法通过任何惯常水平下的统计显著性检验）。上述实证结果意味着，企业 ESG 表现强化数字技术创新强度后，能够引导制造企业形成更加数字化的生产、制度配套，能够引导企业更加关注前沿技术创新变革，从而为主业业绩的提升充分赋能。

　　（3）财务重述治理机制。财务重述通常涉及对公司财务报表的修订，可能是由于会计错误或不当行为所致，作为企业盈余操纵行为的表征，其发生反映了公司治理机制的缺陷和治理效率的低下。我们将探讨这些财务重述事件如何与 ESG 表现和制造企业主业业绩之间的关系相互关联，并分析它们对企业声誉和长期绩效的影响。对于企业"财务重述"的刻度，在这项研究中，将财务重述（FR）定义为与财务报表有关的更正，如果企业在其年度报告中进行了财务重述，将此定义为 1，否则为 0（杜勇和胡红燕，2022）。

　　表 7-7 第⑦、⑧、⑨列的实证结果发现，企业 ESG 表现水平提升，会显著抑制制造企业的财务重述水平（回归系数为 -0.042 且 t 值为 -3.85，通过了 1% 的统计显著性检验）。进一步，在较强的财务重述水平组别中，企业 ESG 表现

并不会对制造企业主业业绩产生显著的促进作用(回归系数为 0.002 且 t 值为 1.52,无法通过任何惯常水平下的统计显著性检验);在较弱的财务重述水平组别中,企业 ESG 表现能够对制造企业主业业绩起到显著的促进作用(回归系数为 0.003 且 t 值为 4.66 通过了 1% 的统计显著性检验)。上述实证结果意味着,企业 ESG 表现强化财务重述水平后,能够引导制造企业形成更加高效合理的内部治理制度,能够引导企业生产质效上新水平,从而为主业业绩的提升充分赋能。

(五)ESG 基于市场化程度建设的视角深度赋能企业

在前文深入研究了"企业 ESG 表现—制造企业主业业绩"的相关关系后,不可否认,我国制造企业的 ESG 建设尚未达到成熟的水平,将 ESG 因素转化为实际的主业业绩提升仍然面临着多重挑战。在这种背景下,需要着重探讨如何充分发挥 ESG 在推动主业业绩提升方面的促进作用。除了考虑企业内部 ESG 效应之外,外部支持也变得至关重要。市场化程度的提高对于有效地将企业的 ESG 表现转化为制造企业主业业绩提升至关重要。政府最近多次强调了市场化程度的战略地位,并出台了多项政策措施。这一态势凸显了政府工作重心的显著调整,为鼓励企业积极参与主业业绩提升创造了有利条件。特别值得强调的是,市场化程度的提高将与企业的 ESG 理念产生广泛共鸣。因此,市场化程度的提高扩大了主业业绩提升的渠道,为企业提供了更多的支持可能性。同时,政府对可持续发展的高度重视也体现在市场化程度的倡导上,为企业的主业业绩提升提供了稳定的政策环境。因此,在市场化程度的提高下,企业的 ESG 表现提升将更有可能显著促进其朝向主业业绩提升的转变。值得注意的是,尽管如此,目前尚未有充分深入的研究对这一问题进行全面调查,因此有必要展开进一步的实证分析以进行验证。

1. 基于市场化程度视角下的经验证据

表 7-8 在已有的"企业 ESG 表现—制造企业主业业绩"范式中嵌入了市场化程度[数据源自《中国分省份市场化指数报告(2022)》]进行检验。实证结果发现,企业 ESG 表现与市场化程度的交互项(L. ESG×L. MD) 系数为 0.001,且 t 值为 3.18,通过了 1% 的统计显著性检验。上述实证结果表明,企业 ESG 表现的

内部优化,与外部良好的市场化条件叠加时,能够对制造企业主业业绩增长产生更大的加速度。

表 7-8　基于市场化程度视角下的经验证据

项　目	① MP	② MP
L. ESG	−0.001 (−0.72)	−0.001 (−0.44)
L. MD	0.002*** (3.99)	0.001*** (3.18)
L. ESG×L. MD	0.001*** (3.35)	0.001*** (3.31)
cons	0.102*** (11.23)	0.088*** (8.78)
Ind、Year	NO	YES
R^2	0.683	0.698

从资源分配效率来看,在较好的市场化程度下,市场更加竞争和透明,制造企业必须高效配置资源以保持竞争力。这种市场环境下,制造企业更容易看到 ESG 实践的经济效益,例如减少资源浪费、提高生产效率、降低环境风险等。因此,制造企业更倾向于主动采取 ESG 措施,因为这些措施可以显著降低成本、提高效益,最终增加主业业绩。较差市场化程度下,资源配置可能不如市场化环境下高效,制造企业在资源利用上较为滞后,ESG 实践对资源分配效率的提升效果相对较低,导致其对主业业绩的影响不明显。

从投资者期望来看,在市场化程度较高的环境中,投资者通常更加重视企业 ESG 表现,他们认为高 ESG 表现的企业更加注重风险管理和长期可持续性。这使得高市场化程度下的企业更容易获得 ESG 相关投资,资金更加充足。这些额外的资金可以用于改善生产流程、推动产品创新,提高主业业绩。在市场化程度较低的环境中,投资者可能更注重短期回报,对 ESG 表现的关注相对较低,导致

ESG 相关资金流入有限,难以推动制造企业主业业绩的增长。

从法律法规完善来看,市场化程度较高的地区通常有更为健全和严格的环境法规和监管制度。这种情况下,制造企业更有动力主动遵守法规,采取 ESG 实践来避免潜在的法律风险和罚款。这种合规性对主业业绩的保护作用明显,因为不合规行为可能导致生产中断和额外成本。然而,在市场化程度较低的地区,法律法规可能不如市场化环境下完善,因此 ESG 实践对制造企业主业业绩的影响不如市场化环境下显著。

从市场竞争程度来看,市场化程度较高的地区通常有更多竞争,制造企业必须不断提高效率和创新以保持市场地位。在这种竞争激烈的环境下,ESG 实践可以成为制造企业的竞争优势,吸引消费者和投资者的青睐。这可以促使企业更积极地采取 ESG 举措,提高主业业绩。相反,在市场化程度较低的地区,竞争程度相对较低,制造企业可能没有足够的激励去追求高 ESG 表现,因为其市场地位相对较稳定,主业业绩对 ESG 改进的需求不太迫切。由此,假说 7-6 得到了经验证据的支持。

2. 基于异质性视角的再检验

进一步,从企业异质性视角检验在较好市场化程度支撑条件下,企业 ESG 表现对制造企业主业业绩提升的结构化效果(表 7-9)。为了验证该问题,依照前文的异质性分组重新展开了回归分析。实证结果发现,企业 ESG 表现与市场化程度的交互项在绝大多数组别中呈现出显著状态:这种正向显著状态在原有"企业 ESG 表现—制造企业主业业绩"中存在正向关联的组别中(如非国有企业、高科技企业以及重污染企业)依旧存在,还在原有不显著的组别中(国有企业、非重污染企业)展现出了"扭转"效果,对这类企业业绩起到了显著的驱动作用。

必须要注意的是,在较好的市场化程度支撑下,非高科技企业的 ESG 表现仍旧无法驱动制造企业主业业绩水平的提升。

原因有以下三点:

(1)较好的市场化环境通常伴随着相对成熟的产业格局和相对稳定的市场竞争。这种情况下,非高科技企业的主营业务可能相对固定,技术需求相对不变。在这种情况下,企业的 ESG 表现虽然有助于提高制造企业的社会形象和可持续性,但对于主营业务的技术创新和发展的帮助有限。因此,即使 ESG 表现提升,对制造企业主业业绩的促进效应相对较弱。

(2)非高科技企业的核心竞争力通常更侧重于生产效率、成本管理、市场份额等传统因素,而 ESG 表现在短期内可能并不直接影响这些方面。因此,ESG 表现提升可能在非高科技企业中对主业业绩的促进效应相对较弱。

(3)非高科技企业的生产和运营往往依赖于传统的资源和生产方式,与高科技企业相比,对 ESG 实践的需求可能较低。在较好的市场化环境下,这些企业可能更关注成本控制和效率提升,而不是 ESG 实践。虽然市场提供了一定程度的 ESG 激励和良好外部条件支撑,但非高科技企业也可能不会积极投入 ESG 领域,导致 ESG 表现提升对主业业绩的促进效应较弱。从整体来看,良好的外部市场环境依旧起到了显著的"结构性优化"动力,这也进一步为前文的实证分析提供了经验证据支持。

表 7-9   基于异质性视角的再检验

项　　目	①	②	③	④	⑤	⑥
	MP	MP	MP	MP	MP	MP
	非国有企业	国有企业	非高科技企业	高科技企业	非重污染企业	重污染企业
L. ESG	0.001	−0.005 ***	0.001	−0.001	−0.001	0.003
	(0.05)	(−2.76)	(0.69)	(−1.00)	(−1.25)	(1.63)
L. ESG×L. MD	0.002 ***	0.002 ***	0.001	0.001 ***	0.001 ***	0.003 ***
	(3.68)	(3.17)	(1.24)	(2.94)	(3.62)	(3.05)
L. MD	−0.001	0.002 ***	0.002 ***	0.001 *	0.001 **	0.002 **
	(−0.54)	(4.27)	(2.98)	(1.84)	(2.21)	(2.42)
cons	0.050 ***	0.114 ***	0.059 ***	0.122 ***	0.096 ***	0.091 ***
	(3.07)	(7.94)	(4.22)	(9.64)	(8.05)	(5.41)
Ind、Year	YES	YES	YES	YES	YES	YES
N	8 611	6 953	7 206	8 659	12 131	3 734
R^2	0.756 5	0.630 0	0.646 6	0.738 0	0.701 8	0.688 8

第三节　研究结论与政策建议

一、研究结论

基于 2011—2022 年 A 股制造业上市公司数据,研究了 ESG 表现对制造企业绩效的影响,并探究了企业服务化对 ESG 表现与制造企业绩效两者关系的中介作用以及数字化转型在 ESG 表现与制造企业服务化的关系中的调节作用。主要结论如下:

1. 良好的 ESG 表现能够促进制造企业绩效的提升

企业的环境、社会和公司治理绩效可以成为提高其整体绩效的催化剂,将 ESG 表现纳入其战略的企业往往会吸引更多优先考虑可持续发展和社会责任的投资者,这可以增加资本流动,提高财务业绩。此外,良好的 ESG 表现还能帮助制造企业更有效地管理环境和社会风险,从而降低可能对企业业绩产生不利影响的法律、监管和声誉成本。良好的 ESG 表现还有助于改善成本管理、留住员工和创新,从而带来可持续的长期增长前景。

2. 良好的 ESG 表现可以通过服务化促进制造企业绩效的提升

有良好 ESG 表现的制造企业更有可能通过以服务为导向的转型推动企业绩效的提高。

3. 数字化转型在 ESG 表现与制造企业服务化的关系中存在正向调节效应

制造企业数字化水平越高,企业资源匹配越高效,越能激发系统活力,也有利于企业深化主业和跨行业拓展新产品,同时也可以提升企业信息透明度,提升了资源的综合利用效率,从而提升企业 ESG 表现,推动服务型制造的发展。

4. 良好的企业 ESG 表现有助于提升制造企业的主业业绩水平

上述结论经由一系列稳健性与敏感性测试后依旧成立。企业 ESG 表现对制造企业主业业绩的影响具有典型的结构差异:对于非国有企业、高科技企业、重污染企业而言,企业 ESG 表现提升具有更为显著的促进作用。企业 ESG 表现提升能够驱动制造企业加快绿色转型、赋能数字技术创新并降低财务操纵等问题，由此为主业业绩提升赋予了更大的加速度。良好的外部市场化环境是制造企业 ESG 发挥效用的重要条件，并且这种改善具有较为典型的结构性优化效果。

二、政策建议

基于上述结论，提出以下几点政策建议：

1. 制定明确的 ESG 政策框架，为制造企业提供明确的引导，鼓励其将 ESG 融入核心战略

这包括明确规定企业需要如何量化和报告其 ESG 绩效，以及如何将 ESG 因素纳入战略规划。政府还可以设立奖励机制，对高 ESG 表现企业给予一定奖励，如减税或奖励补贴，以激励企业主动拥抱 ESG。这种激励措施可以显著提高企业的 ESG 投入，从而促进主业业绩增长。对于中低 ESG 表现企业，政府应设立扶持基金，支持其改善 ESG 表现。这些基金可以用于提供技术支持、培训和咨询服务，帮助这些企业逐步提高 ESG 水平。政府还可以提供贷款和融资支持，以帮助制造企业进行 ESG 相关的投资。通过这些措施，政府可以帮助制造企业逐步提高 ESG 表现，从而提升企业业绩。

2. 建立更加严格的 ESG 信息披露要求，确保制造企业提供准确、全面的 ESG 信息

这有助于投资者更好地评估企业的 ESG 表现，从而更有信心地投资高 ESG 表现的企业。政府可以制定规定，要求企业按照国际标准报告其 ESG 数据，并定期接受独立审计。这将提高信息的透明度和可信度，有助于吸引更多的资本投入，从而推动制造企业业绩增长。要推动制造企业的数字化转型，将数字技术更好地运用于实体经济，激发制造企业创造活力，促进数字技术与制造企业的生产经营活动充分融合，利用数字化转型为企业的 ESG 实践营造良好环境，加强数字化创新与信息化建设，通过数字技术有针对性地调整企业生产经营，提高员工的归属感，增强消费者的满意度。在服务化方面，制造企业需要在提供可靠的基础服务的情况下进一步加大差异化的高级服务，以吸引更多的客户，推动企业绩效的提升。

3. 应加强 ESG 培训和教育,提升制造企业管理层和员工对 ESG 的认知水平

政府可以资助制造企业开展内部培训计划,帮助员工更好地理解 ESG 的重要性,并培养他们在 ESG 实践中的技能。这将有助于制造企业内部的 ESG 文化建设,促进 ESG 在企业中的融合,从而推动制造企业业绩的提升。政府也应充分考虑市场化环境的变化,根据不同市场化程度制定差异化的政策。在较好的市场化环境下,政府可以进一步推动制造企业在 ESG 方面的投入,提供更多的激励措施,如加大对高 ESG 表现制造企业的支持力度。政府可以为这些制造企业提供更多的贷款和融资支持,以帮助它们进行 ESG 相关的投资。而在较差的市场化环境下,政府可以采取更有针对性的政策,如提供更多的技术支持和指导,帮助制造企业克服 ESG 投入方面的困难。政府的这些政策举措有助于制造企业更好地融合 ESG 表现与企业绩效,实现可持续的商业增长,创造更加负责任的商业环境。

4. 优化市场机制,推动制造企业 ESG 表现与主业业绩融合

(1)市场可以鼓励制造企业建立更多与 ESG 相关的合作伙伴关系。这包括与非政府组织、学术界、行业协会和其他企业之间的合作。通过合作,制造企业可以共享最佳实践、经验和资源,加速 ESG 实践的推广和落地。这种合作伙伴关系还可以提高制造企业的可持续性和创新能力,进而对主业业绩产生积极影响。

(2)市场可以倡导 ESG 信息披露的标准化和透明化。制定一套全球通用的 ESG 报告标准有助于投资者更容易比较不同企业的 ESG 表现。市场监管机构可以推动制造企业按照这些标准进行 ESG 信息披露,并确保其准确性和可靠性。透明的 ESG 信息披露将有助于投资者更好地了解制造企业的 ESG 表现,从而更有信心地投资于高 ESG 表现的制造企业,提高其市值和融资能力。此外,市场可以鼓励制造企业采用新兴技术来支持 ESG 实践。例如,人工智能和大数据分析可以帮助制造企业更好地监测环境、社会和治理方面的绩效,并提供定制化的解决方案。市场可以提供支持和奖励,以鼓励制造企业采用这些新技术,提高其 ESG 表现,进而对主业业绩产生积极影响。这种技术驱动的 ESG 实践将有助于制造企业更有效地管理风险、降低成本并提高效率。

（3）市场可以加强 ESG 教育和培训。培训计划可以帮助制造企业管理层和员工更好地理解 ESG 的重要性，以及如何将其融入业务战略。市场可以鼓励制造企业投资员工培训，并提供相应的奖励和认证。通过教育和培训，市场可以培养更多具备 ESG 意识的专业人才，为制造企业的 ESG 实践提供更好的基础。这些措施将有助于提高制造企业对 ESG 的认知和实践水平，从而对主业业绩产生积极影响。

第八章

研究结论与展望

◉ 第一节　研究结论与创新点

通过文献梳理、典型案例研究、理论推导与实证分析,得出的主要研究结论与创新点如下:

一、主要研究结论

从实证角度,围绕数字化转型对制造企业服务化的影响开展研究,一方面,对美国、欧盟、日本、东盟主要国家等推动制造企业数字化转型的政策进行分析,进而研究我国制造企业数字化转型的发展历程与现状,探索数字化转型对制造企业高质量发展的影响机理,并分析我国制造企业服务化的现状与典型案例。另一方面,利用我国制造业上市公司的面板数据,对数字化转型影响制造企业服务化的直接传导机制、间接传导机制、异质性传导机制进行理论探索与实证检验,并从"数字金融发展—数字化转型—服务化""ESG 表现—服务化—企业绩效"两条正向机制路径出发,研究数字化转型驱动制造企业服务化的现实路径。通过案例分析、理论演绎和实证检验等得出研究结论,主要包括以下几方面内容:

(一)数字化转型是实现制造企业高质量发展的必然选择

在数字经济背景下,通过进一步深化数字技术在制造企业中的应用,助力制造企业高质量发展,是实现经济高质量发展的必然选择。

数字化转型有助于降低制造企业运营成本,提高企业运营效率,增强内部控制质量,从而提高企业绩效。数字化转型可以打破制造企业协同边界,降低企业创新成本,强化用户需求导向,提高企业对用户需求调整的响应速度,促进企业创新效率的提升,并优化企业创新流程,激发企业创新动力。

数字化转型有助于加强绿色供应链中上下游企业之间的无缝连接,促进企业间的高效协作,增强制造企业有效整合信息的能力,从而提高企业的绿色技术创新能力,更容易获得国家融资支持,以优化绿色供应链效率。

因此,数字化转型能够促进制造企业提升绩效水平,增强技术创新能力,助力绿色供应链效率提升,以此实现制造企业的高质量发展。

(二)制造企业服务化是促进我国产业升级和经济转型的有效途径

服务型制造是全球制造业创新发展的重要方向,成为当前经济结构转型的典型特征,服务投入在制造业中的比重不断提高,服务在制造过程中扮演着越来越重要的角色。

制造企业服务化是促进我国产业迈向全球价值链中高端的有效途径,我国制造企业可以通过增加对整个价值链上影响最大的知识性服务要素的投入,提高整体盈利能力,同时带来制造业内部结构优化重组、产业链高效整合、效率改进和管理提升,促进我国制造业的转型升级。

制造企业服务化是加快转变发展方式的重要举措,它影响企业内部资源配置,通过增强研发能力、吸引高水平人力资本和增加知识服务要素来提高生产效率,是制造业实现创新发展、质量效益型发展的集中体现,是制造业升级必须实施的基本发展模式之一。

(三)数字化转型对制造企业服务化具有显著的促进作用

理论分析表明,制造企业服务化水平在数字化转型推动的价值创造和成本控制中得到提高。实证研究结果则显示,数字化转型能够显著促进制造企业服务化,已成为新时代推动制造企业服务化的强大动力。数字化转型能通过创新能力的提升、战略柔性的提高和人力资本结构的优化间接驱动制造企业服务化。数字化转型对制造企业服务化的影响具有显著的异质性,具体来说,数字化转型更明显地促进了知识产权保护水平高、融资约束弱的制造企业服务化水平提升。

此外,相对于劳动密集型企业,数字化转型对于资本密集型企业和技术密集型企业服务化的促进作用相对更大。宽带试点城市建设能够有效促进制造企业技术创新水平的提升,该结论在经由稳健性检验验证后依旧成立。宽带试点城市建设能够有效改善企业预期,增强企业研发投入力度并推动制造企业数字化转型进程加快,这些改善都有助于企业技术创新能力的提升。知识产权保护政策是宽带试点城市建设发挥创新驱动力的重要条件。

（四）数字金融通过促进数字化转型驱动制造企业服务化

选取 2011—2021 年 A 股制造业上市公司作为研究样本开展实证研究,结果表明,数字金融能够促进制造企业服务化,规模较大的企业更能意识到服务化的必要性,适当的杠杆率可以提高服务化的效率。制造企业的服务化意愿受到数字金融的影响,边际贡献率为 0.09% 。数字金融为需要大量资金的企业数字化转型提供了充足的资金支持,可以通过促进数字化转型驱动制造企业服务化。同时,数字金融的发展能够降低制造企业融资成本,推动企业加大研发资金投入和人力资本投入,激发企业技术创新活力,从而提高服务化程度。

数字金融对制造企业服务化的促进作用具有明显的异质性。与中西部地区相比,数字金融为东部地区带来了更好的效益。在要素密集度异质性方面,技术与资本密集型制造企业受益更大。与外资企业相比,国有企业和民营企业更能受益于数字金融对服务化进程的推动。

（五）数字化转型在 ESG 表现与制造企业服务化的关系中存在正向调节效应

实证研究结果表明,良好的 ESG 表现能够促进制造企业服务化水平的提高和企业绩效的改善。在 ESG 表现促进制造企业绩效的过程中,制造企业服务化水平起到了中介作用,良好的 ESG 表现可以通过服务化促进制造企业绩效的提升。制造企业的数字化转型在 ESG 表现与服务化的关系中具有正向调节作用,当企业数字化水平较高时,ESG 表现对服务化的促进作用更显著。良好的企业 ESG 表现有助于提升制造企业的主业业绩水平,制造企业在实践中关注环境、社会和治理事务可以为其长期的经济绩效带来积极的影响。企业 ESG 表现强化绿色转型强度后,能够引导制造企业更加关注绿色长期发展,从而为主业业绩的提升充分赋能。企业 ESG 表现推动数字技术创新后,能够引导企业更加关注前沿技术创新变革,从而促进主业业绩的提升。企业 ESG 表现强化财务重述水平后,能够引导制造企业形成更加高效合理的内部治理制度,从而为主业业绩的提升充分赋能。企业 ESG 表现的内部优化,与外部良好的市场化条件叠加时,能够对制造企业主业业绩增长产生更大的加速度。

二、研究的创新点

创新点主要体现在以下几个方面:

(一)揭示了数字化转型与制造企业服务化之间关系的作用机制

自从制造企业服务化的概念被提出以来,既有研究主要沿着两个层面展开:制造企业服务化的经济效应和考察制造企业服务化的影响因素。而关于数字化转型,既有研究发现数字化转型能有效优化企业组织结构,提升制造业生产效率、提高地区创新能力以及实现绿色可持续发展。这些文献多为宏观和地区层面的分析,且主要从"互联网+""人工智能"、数字赋能等角度展开,鲜有文献从微观视角全面探讨数字化转型对制造企业服务化的影响。基于此,以 2007—2021 年制造业 A 股上市公司年报与财务数据为基础,探究数字化转型对制造企业服务化的影响效应,清晰揭示数字化转型与制造企业服务化之间关系的作用机制,不仅有利于深化数字化转型经济效应的理论研究,也能为制造企业打通"数字化转型→服务化→高质量发展"的企业竞争力升级路径提供有益的实践指导。

(二)探究了数字化转型影响制造企业服务化的间接传导机制

现有文献关于数字化转型对制造企业服务化影响的研究较为匮乏,少数文献也仅在理论层面通过案例分析法进行了一些初步探讨,不仅缺乏对数字化转型影响制造企业服务化的间接机制的探讨,而且未能利用实际经验数据深入微观企业层面进行更深层次的分析。

书中采用制造业上市公司微观数据,从经验层面对以上问题给出较为全面的回答,从创新能力、战略柔性和人力资本结构三个层面提出机制假设,并实证检验数字化转型影响制造企业服务化的间接传导机制,打开数字化转型影响服务化的"黑箱"。

(三)从不同层面探究了数字化转型对制造企业服务化的异质性影响

将知识产权保护力度、要素密集度和融资约束纳入分析框架,探讨数字化转型对制造企业服务化是否存在异质性影响,并进一步将"宽带中国"战略视为制造企业数字化转型的准自然实验,分析了宽带试点城市建设对企业技术创新水平提升的影响效应,深化了对数字化转型与制造企业服务化之间关系的理解。

（四）构建了数字金融驱动制造企业服务化的理论分析框架

现有文献主要从微观企业层面和行业层面研究制造企业服务化的驱动因素,忽略了在我国产业数字化持续推进的背景下,数字金融作为制造企业外部宏观层面关键的禀赋条件对制造业商业模式变革的深刻影响。从数字金融的视角,将宏观金融市场与微观实体企业相结合,将金融和科技耦合的行业特征纳入制造企业服务化的分析框架,构建数字金融通过直接机制和数字化转型、技术创新两个间接机制影响制造企业服务化的理论分析框架。

实证分析上,在验证数字金融对制造企业服务化转型的促进效应及作用机制的基础上,从地区、要素密集度和企业所有制异质性三个维度展开充分讨论,深化了对数字金融与制造企业服务化之间关系的理解。

（五）考察了ESG表现对制造企业服务化影响的理论逻辑并予以实证检验

现有文献对于服务化与数字化转型协同作用对制造企业绩效的具体机制以及是否能够同时考虑企业ESG表现,目前尚存在研究空白。关于ESG表现与制造企业绩效之间关系的研究多是从利益相关者理论出发,鲜有学者从服务化的视角探讨ESG表现对制造企业绩效的渠道作用,更未有学者细致讨论数字化转型对ESG表现通过服务化对制造企业绩效产生影响这一路径的调节作用。

通过构建有调节的中介效应模型,对ESG表现、服务化、数字化转型、制造企业绩效这四者之间的关系进行了统一的理论分析,并通过实证检验,为ESG表现影响制造企业绩效提供了一个较为系统的分析框架,为提高制造企业绩效提供了新的发展路径,为制造企业制定战略决策、促进企业可持续发展提供实践指导。

第二节　研究不足与展望

我们在制造企业服务化研究领域内探索了数字化转型、数字金融、ESG 表现等对制造企业服务化的影响,利用面板数据对相关研究假设进行了检验,取得了一些研究结论,并对理论和实践有一定的贡献。但由于研究问题复杂程度、研究时间、能力限制等原因,仍存在一些不足。

一、不足之处

不足之处主要体现在研究变量的测量、研究样本和研究方法的局限、研究模型没有充分考虑外部因素的影响等几个方面:

（一）研究变量的测量问题

制造企业服务化是指制造企业为了满足顾客个性化需求,在提供实物产品的同时提供与产品有关的服务,即向顾客提供"物品—服务"包或整体解决方案。这里的服务应当是与制造企业生产产品相关的服务。我们对制造企业服务化水平的测度使用的是服务业务收入占营业收入的比重,服务收入的采集则是从制造业上市公司披露的业务收入中选取符合服务业范围的部分。

限于企业信息可得性,该数据采集过程存在三个不足之处:

（1）服务收入中可能包括实物产品的销售收入。

（2）包含在实物产品销售的服务收入未被采集。

（3）符合服务业范围的服务未必都是与该企业生产产品相关的服务。

虽然在数据采集中尽可能克服上述问题,但进一步准确测度企业服务化水平仍然是后续研究的重点。企业进行数字化转型信息披露的主要方式为年度报告,但在一些特定的业绩说明、战略合作公告、社会责任报告等文本中可能也会提及数字化转型的相关信息。对于数字化转型,通过对上市公司年报的文本分析和词频统计进行测度,对数字化转型信息披露数量、结构的掌握可能存在不全面的问题。

（二）研究样本的局限

为了保证数据的可得性、相对客观性和足够的样本数量，在对制造企业服务化水平和数字化转型程度进行评价时，仅选择制造业上市公司作为研究样本。但从整体而言，相对于在我国企业中占有较高数量比例的广大中小企业，上市公司在规模、能力等方面具有明显优势，实施服务化的各种资源更加充分，那么，中小企业实施服务化和数字化转型的现状如何？实施数字化转型是否能促进企业的服务化？这些问题没有做进一步探讨，因此，相关研究结论对于中小企业的借鉴意义存在一定局限。

（三）研究方法的局限

在进行实证研究时，主要采用回归分析的方法，基于上市公司的相关数据对假说进行了验证，而没有使用问卷调查、定性比较分析、案例研究等多种方法相结合的形式进行研究，没有对处于不同服务化阶段的制造企业进行案例研究、更全面地分析和总结服务化成功或者失败企业的个案，从而找出数字化转型驱动制造企业服务化过程中存在的共性问题，为制造企业的服务化实践提供更有力的理论依据。

（四）研究模型没有充分考虑外部因素的影响

我国地域广阔，各地区经济发展水平存在一定的差异，由此形成了复杂的政策和制度环境。这里的研究模型没有充分考虑外部因素的影响，如国家的支持政策以及不同地区的制度因素。这里的研究问题是制造企业服务化，因此将重点放在了研究数字化转型、数字金融、ESG 表现等对制造企业服务化的影响。但制造企业服务化实施的效果还可能与政策和制度等有着密切联系，特别是在我国鼓励制造企业进行转型升级的背景下，国家重视产业升级和供给侧改革，制度对企业战略决策的实施有着深远的影响。因此，这是需要后续深入研究的问题。

二、研究展望

（一）改进研究变量测量方法

对于制造企业服务化水平，后续研究可以进一步结合前人的相关研究，从多个维度构建制造企业服务化水平评估体系，如从企业战略、投入服务化和产出服务化等维度,采用企业对服务的重视程度、投入服务要素的数量、投入强度和服务要素的成本、提供服务的数量、服务收入以及服务收入占比等多个指标来衡量企业服务化水平。对于数字化转型,未来可以针对制造企业数字化转型信息披露的多元化载体展开进一步研究,继续拓展信息披露载体,探究数字化转型在多个载体中对外公开披露的信息对企业的影响以及分析不同载体的信息披露异质性作用。

(二)扩大研究样本范围

未来研究可以进一步扩大研究样本范围,将研究范围继续拓宽至非上市公司领域,对商业模式创新能力和策略灵活性更强的广大中小制造企业的服务化水平和数字化转型程度做出评价,并对中小制造企业的数字化转型与服务化的关系进行研究。后续研究可以考虑对不同企业规模、国家情境、企业文化情境的制造企业进行对比性研究,以辨析数字化转型对于制造企业服务化的具体作用以及数字化转型程度对不同类型制造企业服务化水平的异质性,从而提高研究的针对性和适用性。

(三)采用多种方法相结合的形式开展更细致的研究

未来研究可以拓展研究方法的选择,采用多种方法相结合的形式开展更细致的研究,将定性比较分析、案例分析、问卷调查与面板数据相结合,更全面地分析和总结服务化成功或者失败企业的个案,找出数字化转型驱动制造企业服务化过程中存在的共性问题,对处于不同服务化阶段的制造企业进行案例研究,利用定性比较分析等方法研究制造企业服务化和数字化转型的实现有哪些分组路径,以便企业根据自身的分组场景有选择性地进行转型发展。结合企业实践洞察数字化时代处于转型升级背景下的制造企业服务化的内在驱动力,详细分析制造企业转型升级的方式和效果,充分探讨数字化转型与服务化协同发展对制造企业高质量可持续发展的作用,为制造企业的服务化实践提供更有力的理论依据。

(四)充分考虑制度环境等外部因素的影响

后续研究可进一步探索制造企业服务化在不同制度环境下的差异,将服务化的研究深入到不同省份,研究服务化对当地经济的贡献,比较不同地区服务化发展的差异性,还可以研究文化、政治、经济、政策等不同背景对制造企业服务化所发挥的作用,为政府引导制造企业数字化转型和服务化政策制定提供有益的借鉴。结合产业实际进行具体调研,并对现有政策进行评价,为理论研究赋予更多现实意义也是未来进一步研究的重要方向。

参考文献

［1］ FRANK A G,MENDES G H S,AYALA N F,et al. Servitization and Industry 4. 0 convergence in the digital transformation of product firms：A business model innovation perspective［J］. Technological Forecasting and Social Change,2019,141：341-351.

［2］ MARTINEA V,NEELY A,VELU C,et al. Exploring the journey to services［J］. International Journal of Production Economics,2017,192：66-80.

［3］ GOLGECI I,GLIGOR D M,LACKA E,et al. Understanding the influence of servitization on global value chains：a conceptual framework［J］. International journal of operations & production management,2021,41（5）：645-667.

［4］ KOHTAMAKI M,PARIDA V,OGHAZI P,et al. Digital servitization business models in ecosystems：A theory of the firm［J］. Journal of Business Research,2019,104：380-392.

［5］ MATARAZZO M,PENCO L,PROFUMO G,et al. Digital transformation and customer value creation in Made in Italy SMEs：A dynamic capabilities perspective［J］. Journal of Business Research,2021,123：642-656.

［6］ WESTERMAN G. Why Digital transformation needs a heart［J］. MIT Sloan Management Review,2016,58（1）：19-21.

［7］ SCHALLMO D,WILLIAMS C A,BOARDMAN L. Digital transformation of business models-Best practice,enablers,and roadmap［J］. International Journal of Innovation Management,2017,21（8）：44-53.

［8］ PRINZARU F,DIMA A M,ZBUCHEA A,et al. Adopting sustainability and digital transformation in business in Romania：A multifaceted approach in the context of the just transition［J］. The Amfiteatru Ecnomic Journal,2022,24（59）：28-45.

［9］ VIAL G. Understanding digital transformation：A review and a research agenda［J］. The Journal of Strategic Information Systems,2019,28（2）：118-144.

［10］ VERHOEF P C,BROEKUIZEN T,BART Y,et al. Digital transformation：A multidisciplinary reflection and research agenda［J］. Journal of business research,2021,122：889-901.

［11］ 刘淑春,闫津臣,张思雪,等. 企业管理数字化变革能提升投入产出效率吗［J］. 管理世界,2021,37（5）：170-190.

［12］ 王永贵,汪淋淋. 传统企业数字化转型战略的类型识别与转型模式选择研究［J］. 管理

评论,2021,33(11):84-93.

[13] LI G,JIN Y,GAO X. Digital transformation and pollution emission of enterprises:Evidence from China's micro-enterprises[J]. Energy Reports,2023,9:552-567.

[14] JIA X,XIE B,WANG X. The impact of network infrastructure on enterprise digital transformation-A quasi-natural experiment from the "broadband China" strategy[J]. Applied Economics,2023, 2:1-18.

[15] ATTARAN M. The impact of 5G on the evolution of intelligent automation and industry digitization[J]. Journal of Ambient Intelligence and Humanized Computing, 2023, 14(5): 5977-5993.

[16] VOLBERDA H W,KHANAGHA S,BADEN-FULLER C,et al. Strategizing in a digital world: Overcoming cognitive barriers,reconfiguring routines and introducing new organizational forms [J]. Long range planning,2021,5:1-18.

[17] SHEN L,ZHANG X,LIU H. Digital technology adoption,digital dynamic capability,and digital transformation performance of textile industry:Moderating role of digital innovation orientation [J]. Managerial and Decision Economics,2021,43(6):2038-2054.

[18] LUO S. Digital finance development and the digital transformation of enterprises:Based on the perspective of financing constraint and innovation drive[J]. Journal of Mathematics,2022,3: 1-10.

[19] CHENG J,LIU Y. The effects of public attention on the environmental performance of high-polluting firms:Based on big data from web search in China[J]. Journal of Cleaner Production, 2018,186:335-341.

[20] 郁建兴.数字化让城市更智慧[N].人民日报,2021-03-26.

[21] 余典范,王超,陈磊.政府补助、产业链协同与企业数字化[J].经济管理,2022,44(5): 63-82.

[22] 龚新蜀,靳媚.营商环境与政府支持对企业数字化转型的影响:来自上市企业年报文本挖掘的实证研究[J].科技进步与对策,2023,40(2):90-99.

[23] 陈和,黄依婷.政府创新补贴对企业数字化转型的影响:基于 A 股上市公司的经验证据 [J].南方金融,2022(8):19-32.

[24] 成琼文,丁红乙.税收优惠对资源型企业数字化转型的影响研究[J].管理学报,2022,19 (8):1125-1133.

[25] MATT C,HESS T,BENLIAN A. Digital transformation strategies[J]. Publications of Darmstadt

Technical University Institute for Business Studies, 2015, 57：339-343.

[26] HESS T, MATT C, BENLIAN A. Options for formulating a digital transformation strategy[J]. Publications of Darmstadt Technical University Institute for Business Studies, 2016, 15：123-139.

[27] SUN S, HALL D J, CEGIELSKI C G. Organizational intention to adopt big data in the B2B context：An integrated view[J]. Industrial Marketing Management, 2020, 86(3)：109-121.

[28] CICHOSZ M, WALLENBURG C M, KNEMEYER A M. Digital transformation at logistics service providers：barriers, success factors and leading practices[J]. The International Journal of Logistics Management, 2020, 31(2)：209-238.

[29] 毛聚, 李杰, 张博文. CEO 复合职能背景与企业数字化转型[J]. 现代财经（天津财经大学学报）, 2022, 42(9)：37-58.

[30] KARIMI J, WALTER Z. The role of dynamic capabilities in responding to digital disruption：A factor-based study of the newspaper industry[J]. Journal of Management Information Systems, 2015, 32(1)：39-81.

[31] LI L, SU F, ZHANG W, et al. Digital transformation by SME entrepreneurs：a capability perspective[J]. Information Systems Journal, 2018, 28(6)：1129-1157.

[32] WARMER K S R, WAGER M. Building dynamic capabilities for digital transformation：an ongoing process of strategic renewal[J]. Long range planning, 2019, 52(3)：326-349.

[33] 党琳, 李雪松, 申烁. 制造业行业数字化转型与其出口技术复杂度提升[J]. 国际贸易问题, 2021(6)：32-47.

[34] 陈晓东, 杨晓霞. 数字经济可以实现产业链的最优强度吗：基于 1987—2017 年中国投入产出表面板数据[J]. 南京社会科学, 2021(2)：17-26.

[35] 何帆, 刘红霞. 数字经济视角下实体企业数字化变革的业绩提升效应评估[J]. 改革, 2019(4)：137-148.

[36] 祁怀锦, 曹修琴, 刘艳霞. 数字经济对公司治理的影响：基于信息不对称和管理者非理性行为视角[J]. 改革, 2020(4)：50-64.

[37] 张永珅, 李小波, 邢铭强. 企业数字化转型与审计定价[J]. 审计研究, 2021(3)：62-71.

[38] 刘政, 姚雨秀, 张国胜, 等. 企业数字化、专用知识与组织授权[J]. 中国工业经济, 2020(9)：156-174.

[39] 吴非, 胡慧芷, 林慧妍, 等. 企业数字化转型与资本市场表现：来自股票流动性的经验证据[J]. 管理世界, 2021, 37(7)：130-144.

[40] 赵宸宇. 数字化发展与服务化转型：来自制造业上市公司的经验证据[J]. 南开管理评论,2021,24(2):149-163.

[41] MALIK O R,KOTABE M. Dynamic capabilities,government policies,and performance in firms from emerging economies：Evidence from India and Pakistan[J]. Journal of Management Studies,2009,46(3):421-450.

[42] GHOBAKHLOO M. The future of manufacturing industry：a strategic roadmap toward Industry 4.0[J]. Journal of Manufacturing Technology Management,2018,29(6):910-936.

[43] GUHA S,KUMAR S. Emergence of big data research in operations management,information systems,and healthcare：Past contributions and future roadmap[J]. Production and Operations Management,2018,27(9):1724-1735.

[44] AGRIFOGLIO R,CANNAVALE C,LAURENZA E,et al. How emerging digital technologies affect operations management through co-creation：Empirical evidence from the maritime industry[J]. Production Planning & Control,2017,28(16):1298-1306.

[45] PAGLIOSA M,TORTORELLA G,FERREIRA J C E. Industry 4.0 and Lean Manufacturing：A systematic literature review and future research directions[J]. Journal of Manufacturing Technology Management,2021,32(3):543-569.

[46] SZASZ L,DEMETER K,RACZ B G,et al. Industry 4.0：a review and analysis of contingency and performance effects[J]. Journal of Manufacturing Technology Management,2020,32(3):667-694.

[47] HAJLI M,SIMS J M,IBRAGIMOV V. Information technology(IT)productivity paradox in the 21st century[J]. International Journal of Productivity and Performance Management,2015,64(4):457-478.

[48] LI M,JIA S. Resource orchestration for innovation：the dual role of information technology[J]. Technology Analysis & Strategic Management,2018,30(10):1136-1147.

[49] LI L,YE F,ZHAN Y,et al. Unraveling the performance puzzle of digitalization：Evidence from manufacturing firms[J]. Social Science Electronic Publishing,2022,149:54-64.

[50] 田颖,赵子旋. 数字化投资与制造企业成长绩效关系研究：基于双元创新的中介效应[J]. 科学与管理,2023,43(5):10-20.

[51] SAHOO S,KUMAR A,UPADHYAY A. How do green knowledge management and green technology innovation impact corporate environmental performance? Understanding the role of green knowledge acquisition[J]. Business Strategy Environment,2023,32(1):551-569.

[52] AMORE M D, BENNEDSEN M. Corporate governance and green innovation[J]. Journal of Environmental Economics & Management, 2016, 75: 54-72.

[53] TIAN P, LIN B. Impact of financing constraints on firm's environmental performance: Evidence from China with survey data[J]. Journal of Cleaner Production, 2019, 217: 432-439.

[54] VANDERMERWE S, RADA J. Servitization of business: Adding value by adding services[J]. European Management Journal, 1988, 6(4): 314-324.

[55] ROBINSON T, CLARKEHILL, C M, CLARKSON R. Differentiation through service: A perspective from the commodity chemicals sector[J]. Service Industries Journal, 2002, 22 (3): 149-166.

[56] FISHBEIN B K. MCGARRY L S, DILLON P S. Leasing: A step toward producer responsibility [M]. New York: Inform, 2000.

[57] MORELL, N. Product-service systems, a perspective shift for designers: A case study-The design of a telecentre[J]. Design Studies, 2003, 24(1): 73-99.

[58] OLIVA R, KALLENBERG R. Managing the transition from products to services[J]. International Journal of Service Industry Management, 2003, 14(2): 160-172.

[59] WARD Y, GRAVES A. Through-life management: the provision of total customer solutions in the aerospace industry[J]. International Journal of Services Technology & Management, 2007, 8 (6): 455-477.

[60] BUSTINZA O F, BIGDELI A Z, BAINES T, et al. Servitization and competitive advantage: The importance of organizational structure and value chain position [J]. Research-Technology Management, 2015, 58(5): 53-60.

[61] 童有好."互联网+制造业服务化"融合发展研究[J].经济纵横, 2015, 10: 62-67.

[62] NEELY A. Exploring the financial consequences of the servitization of manufacturing[J]. Operations Management Research, 2008, 1(2): 103-118.

[63] BAINES T S, LIGHTFOOT H W, BENEDETTINI O, et al. The servitization of manufacturing: A review of literature and reflection on future challenges[J]. Journal of Manufacturing Technology Management, 2009, 20(5): 547-567.

[64] 赵一婷,刘继国.制造业服务化:概念、趋势及其启示[J].当代经济管理, 2008(7): 45-48.

[65] 简兆权,伍卓深.制造业服务化的路径选择研究:基于微笑曲线理论的观点[J].科学学与科学技术管理, 2011, 32(12): 137-143.

[66] SPRING M, ARAUJO L. Beyond the service factory: Service innovation in manufacturing supply networks[J]. Industrial Marketing Management, 2013, 42(1): 59-70.

[67] BOWEN D E, SIEHL C, SCHNEIDER B. A framework for analyzing customer service orientations in manufacturing[J]. Academy of Management review, 1989, 14(1): 75-95

[68] QUINN J, DOORLEY T, Paquette P. Technology in services: rethinking strategic focus[J]. Sloan Management Review, 1990, 31(2): 79-87

[69] GADIESH O, GILBERT J L. Profit pools: a fresh look at strategy[J]. Harvard Business Review, 1998, 76(3): 139-147.

[70] WISE R, BAUMGARTNER P. Go downstream: The new profit imperative in manufacturing[J]. Harvard Business Review, 1999, 77(1): 133-141.

[71] GEBAUER H. Identifying service strategies in product manufacturing companies by exploring environment-strategy configurations[J]. Industrial Marketing Management, 2008, 37(3): 278-291.

[72] MATHIEY V. Product services: From a service supporting the product to a service supporting the client[J]. Journal of Business & Industrial Marketing, 2001, 16(1): 39-61.

[73] FORKMANN S, HENNEBERG S C, WITELL L, et al. Driver configurations for successful service infusion[J]. Journal of Service Research, 2017, 20: 275-291.

[74] FANG E, PALMATIER R W, STEENKAMP J B. Effect of service transition strategies on firm value[J]. Journal of Marketing, 2008, 72(5): 1-14.

[75] ANDREW D. Moving base into high-value integrated solutions: a value stream approach[J]. Industrial and Corporate Change, 2004, 13: 727-756.

[76] MONT O K. Clarifying the concept of product-service system[J]. Journal of Cleaner Production, 2002, 10(3): 237-245.

[77] ULAGA W, REINARTZ W J. Hybrid offerings: How manufacturing firms combine goods and services successfully[J]. Journal of Marketing A Quarterly Publication of the American Marketing Association, 2011, 75(6): 5-23.

[78] KOWALKOWSKI C, GEBAUER H, OLIVA R. Service growth in product firms: Past, present, and future[J]. Industrial Marketing Management, 2017, 60(1): 82-88.

[79] HOMBURG C, HOYER W. D, FASSNACHT M. Service orientation of a retailer's business strategy: Dimensions, antecedents, and performance outcomes[J]. Journal of Marketing, 2002, 66(4): 86-101.

［80］ 刘继国. 制造业企业投入服务化战略的影响因素及其绩效：理论框架与实证研究［J］. 管理学报，2008（2）：237-242

［81］ 陈洁雄. 制造业服务化与经营绩效的实证检验：基于中美上市公司的比较［J］. 商业经济与管理，2010（4）：33-41.

［82］ 李靖华，马丽亚，黄秋波. 我国制造企业"服务化困境"的实证分析［J］. 科学学与科学技术管理，2015（6）：36-45.

［83］ SRORY V M，RADDATS C，BURTON J，et al. Capabilities for advanced services：A multi-actor perspective［J］. Industrial Marketing Management，2017，60：54-68.

［84］ CROZET M，MILET E. Should everybody be in services：The effect of servitization on manufacturing firm performance［J］. Journal of Economics and Management Strategy，2017，26（4）：820-841.

［85］ CHEN S，ZHANG H. Does digital finance promote manufacturing servitization：Micro evidence from China［J］. International Review of Economics & Finance，2021，76（7）：856-869.

［86］ SKAGGS B C. The performance effects of service diversification by manufacturing firms ［J］. Journal of Managerial Issues，2004，16（9）：1-12.

［87］ 翁智刚，汪海燕，王萍. 服务扩展对公司价值影响研究［J］. 财贸经济，2010（2）：117-123.

［88］ 黄群慧，霍景东. 中国制造业服务化的现状与问题：国际比较视角［J］. 学习与探索，2013（8）：90-96.

［89］ PARTANEN J，KOHTAMAKI M，PARIDA V，et al. Developing and validating a multi-dimensional scale for operationalizing industrial service offering ［J］. Journal of Business Industrial Marketing，2017，32（2）：295-309.

［90］ LESEURE M，MARTINEZ V，BASTL M，et al. Challenges in transforming manufacturing organisations into product-service providers ［J］. Journal of Manufacturing Technology Management，2010，21（4）：449-469.

［91］ GEBAUER H，GUSTAFSSON A，WITELL L. Competitive advantage through service differentiation by manufacturing companies［J］. Journal of Business Research，2011，64（12）：1270-1280.

［92］ GUO A F，LI Y K，ZUO Z，et al. Influence of organizational elements on manufacturing firms service-enhancement：An empirical study based on Chinese IGT industry［J］. Technology in Society，2015，43：183-190.

［93］ 蔡三发，李珊珊. 基于灰色关联分析的制造业服务化水平评估体系研究［J］. 工业工程与管理，2016（6）：1-9.

[94] WATANABE C, HUR J Y. Firms strategy in shifting to service-oriented manufacturing: The case of Japan's electrical machinery industry[J]. Journal of Sercices Research, 2004, 4(1): 5-22.

[95] GEBAUER H, FLEISH E, FRIEDLI T. Overcoming the service paradox in manufacturing companies[J]. European Management, 2005, 23(1): 14-26.

[96] ANTIOCO M, MOENAERT R K, LINDGREEN A. Organizational antecedents to and consequences of service business orientations in manufacturing companies[J]. Journal of the Academy of Marketing Science, 2008, 36(3): 337-358.

[97] EGGERT A, BOHM E, CRAMER C. Business service outsourcing in manufacturing firms: An event study[J]. Journal of Service Management, 2017, 28: 476-498.

[98] 陈漫, 张新国. 经济周期下的中国制造企业服务转型: 嵌入还是混入[J]. 中国工业经济, 2016(8): 93-109.

[99] 陈丽娴, 沈鸿. 制造业服务化如何影响企业绩效和要素结构: 基于上市公司数据的 PSM-DID 实证分析[J]. 经济学动态, 2017(5): 64-77.

[100] CHASE R. The customer contact approach to services: Theoretical bases and practical extensions [J]. Operations Research, 1981, 24(4): 698-706.

[101] BENEDETTINI O, NEELY A, SWINK M. Why do servitized firms fail A risk-based explanation [J]. International Journal of Operations Production Management, 2015, 35(6): 946-979.

[102] KASTALLI I V, VAN LOOY B. Servitization: Disentangling the impact of service business model innovation on manufacturing firm performance[J]. Journal of Operations Management, 2013, 31(4): 169-180.

[103] SUAREZ F F, CUSUMANO M A, KAHL S J. Services and the business models of product firms: An empirical analysis of the software industry[J]. Management Science, 2013, 59(2): 420-435.

[104] KOHTAMAKI M, PARTANEN J, PARIDA V, et al. Non-linear relationship between industrial service offering and sales growth: The moderating role of network capabilities[J]. Industrial Marketing Management, 2013, 42(8): 1374-1385.

[105] KASTALLI I V, LOOY B V, NEELY A. Steering manufacturing firms towards service business model innovation[J]. California Management Review, 2013, 56(1): 100-123.

[106] EGGERT A, HOGREVE J, ULAGA W, et al. Revenue and profit implications of industrial service strategies[J]. Journal of Service Research, 2014, 17(1): 23-29.

[107] 肖挺, 聂群华, 刘华. 制造业服务化对企业绩效的影响研究: 基于我国制造企业的经验

证据[J].科学学与科学技术管理,2014,35(4):154-162.

[108] LI J H,LIN L,CHEN D P. An empirical study of servitization paradox in China[J]. Journal of High Technology Management Research,2015,26:66-76.

[109] KWAK K.,KIM W. Effect of service integration strategy on industrial firm performance[J]. Journal of Service Management,2016,27(3):391-430.

[110] SACCANI N, VISINTIN F, RAPACCINI M. Investigating the linkages between service types and supplier relationships in servitized environments[J]. International Journal of Production Economics,2014,149:226-238.

[111] VARGO S L, LUSCH R F. Evolving to a new dominant logic for marketing[J]. Journal of Marketing,2004,68(1):1-17.

[112] GEBAUER H,FRIEDLI T. Behavioral implications of the transition process from products to services[J]. Journal of Business Industrial Marketing,2005,20(2):70-78.

[113] SAWHNEY M, BALASUBRAMANIAN S, KRISHNAN V V. Creating growth with services [J]. MIT Sloan Management Review,2004,45(2):34-43.

[114] GEBAUER H, EDVARDSSON B, BJURKO M. The impact of service orientation in corporate culture on business performance in manufacturing companies [J]. Journal of Service Management,2010,21(2):237-259.

[115] LAURE A, PRIM-Allaz I, TEYSSIER C. Financial performance of servitized manufacturing firms:A configuration issue between servitization strategies and customer-oriented organizational design[J]. Industrial marketing management,2018,71(5):54-68.

[116] 刘建国.制造业服务化转型模式与路径研究[J].技术经济与管理研究,2012(7):121-124.

[117] 王丹,郭美娜.上海制造业服务化的类型、特征及绩效的实证研究[J].上海经济研究,2016(5):94-104.

[118] GEBAUER H,FLEISCH E. An investigation of the relationship between behavioral processes, motivation,investments in the service business and service revenue[J]. Industrial Marketing Management,2007,36(3):337-348.

[119] MALLERET V. Value creation through service offers[J]. European Management Journal,2006,24(1):106-116.

[120] ROSCITT R,PARKET I R. Strategic service management[J]. Journal of Business & Industrial Marketing,1990,5(1):27-40.

[121] KYJ L S, KYJ M J. Customer service: Product differentiation in international markets[J]. International Journal of Physical Distribution & Logistics Management, 1994, 19(1):30-38.

[122] MATHUR SAHAI S. How firms compete: A new classification of generic strategies[J]. Journal of General Management, 1988, 14(1):30-57.

[123] DAVIDOW W H, UTTAL B. Coming: The customer service decade[J]. Across the Board, 1989, 26(11):33-37.

[124] FRAMBACH R T, WELS-LIPS L, GUNDLACH A. Proactive product service strategies-an application[J]. Industrial Marketing Management, 1997, 26:341-352.

[125] QUINN J B. Intelligent Enterprise: A knowledge and service based paradigm for Industry[M]. New York: The Free Press, 1992.

[126] 鲁桂华, 蔺雷, 吴贵生. 差别化竞争战略与服务增强的内在机理[J]. 中国工业经济, 2005(5):21-27.

[127] PENTTINEN E, PALMER J. Improving firm positioning through enhanced offerings and buyer-seller relationships[J]. Industrial Marketing Management, 2007, 36(5):552-564.

[128] SHARMA A, IYER G R. Are pricing policies an impediment to the success of customer solutions[J]. Industrial Marketing Management, 2011, 40(5):723-729.

[129] NEU W A, BROWN S W. Forming successful business-to-business services in goods-dominant Firms[J]. Journal of Service Research, 2005, 8(1):3-17.

[130] AGRAWAL V, FERGUSON M, TOKTAY L B, et al. Is leasing greener than selling[J]. Management science: Journal of the Institute of Management Sciences, 2012, 58(3):523-533.

[131] GEBAUER H, REN G J, VALTAKOSKI A, et al. Service-driven manufacturing: Provision, evolution and financial impact of services in industrial firms[J]. Journal of Service Management, 2012, 23(1):12-26.

[132] 戴翔. 中国制造业出口内涵服务价值演进及因素决定[J]. 经济研究, 2016, 51(9):44-57.

[133] ARNOLD J M, JAVORCIK B S, MATTOO A. Does services liberalization benefit manufacturing firms: Evidence from the Czech Republic[J]. Journal of International Economics, 2011, 85(1):136-146.

[134] DONI F, CORVINO A, MARTINI S B. Servitization and sustainability actions: Evidence from European manufacturing companies[J]. Journal of Environmental Management, 2019, 234:367-378.

[135] ZHANG J, QI L, WANG C, et al. The impact of servitization on the environmental and social performance in manufacturing firms[J]. Journal of Manufacturing Technology Management, 2022,33(3):425-447.

[136] ZONG Y, GU G. The threshold effect of manufacturing servitization on carbon emission: an empirical analysis based on multinational panel data [J]. Journal of Structural Change and Economic Dynamics,2022,60:353-364.

[137] SKLYARA A, KOWALKOWSKI C, TRONVOLL B, et al. Organizing for digital servitization: A service ecosystem perspective[J]. Journal of Business Research,2019,104:450-460.

[138] PASCHOU T, RAPACCINI M, ADRODEGARI F, et al. Digital servitization in manufacturing: a systematic literature review and research agenda [J]. Industrial Marketing Management, 2020,89:278-292.

[139] CENAMOR J, SJODIN D R, PARIDA V. Adopting a platform approach in servitization: Leveraging the value of digitalization [J]. International Journal of Production Economics, 2017,192:54-65.

[140] COREYNEN W, MATTHYSSENS P, VAN BOCKHAVEN W. Boosting servitization through digitization:Pathways and dynamic resource configurations for manufacturers[J]. Industrial marketing management,2017,60:42-53.

[141] MARTIN-PENA M, SANCHEZ-LOPEZ J, DIAZ-GARRIDO E. Servitization and digitalization in manufacturing: The influence on enterprise performance [J]. Journal of Business & Industrial Marketing,2019,35(3):564-574.

[142] 张远,李焕杰.数字化转型与制造企业服务化:基于嵌入式服务化和混入式服务化的双重视角[J].中国流通经济,2022,36(2):90-106.

[143] 王锋波,钟坚,刘胜.数字化转型对制造业服务化的影响:理论探索与经验辨识[J].经济问题探索,2023(7):121-141.

[144] COREYNEN W, MATTHYSSENS P, VANDERSTRAETEN J, et al. Unravelling the internal and external drivers of digital servitization:A dynamic capabilities and contingency perspective on firm strategy [J]. Industrial Marketing Management,2020,89:265-277.

[145] KAMALALDIN A, LINDE L, SJODIN D, et al. Transforming provider-customer relationships in digital servitization:A relational view on digitalization[J]. Industrial Marketing Management, 2020,89:306-325.

[146] SJODIN D, PARIDA V, KOHTAMKI M, et al. An agile co-creation process for digital

servitization: A micro-service innovation approach[J]. Journal of Business Research, 2020, 112:478-491.

[147] TRONVOLL B, SKLYAR A, SORHAMMAR D, et al. Transformational shifts through digital servitization[J]. Social Science Electronic Publishing, 2020, 89:293-305.

[148] KANNAN P K, LI H A. Digital marketing: A framework, review and research agenda[J]. International Journal of Research in Marketing, 2017, 34(1):22-45.

[149] BECKERS S F M, VAN DOORN J, VERHOEF P C. Good, better, engaged? The effect of company-initiated customer engagement behavior on shareholder value[J]. Journal of the Academy of Marketing Science, 2018, 46(3):366-383.

[150] LOEBBECKE C, PICOT A. Reflections on societal and business model transformation arising from digitization and big data analytics: A research agenda[J]. Journal of Strategic Information Systems, 2015, 24(3):149-157.

[151] DOUGHERTY D, DUNNE D D. Digital science and knowledge boundaries in complex innovation [J]. Operations Research, 2012, 23(5):1467-1484.

[152] LI F, NUCCIARELLI A, RODEN S, et al. How smart cities transform operations models: a new research agenda for operations management in the digital economy[J]. Production Planning & Control, 2016, 27(6):514-528.

[153] SEBASTIAN I M, ROSS J W, BEATH C, et al. How big old companies navigate digital transformation[J]. MIS Quarterly Executive, 2017, 16(3):197-213.

[154] VENDRELL-Herrero F, BUSTINZA O F, BUSTINZA G, et al. Servitization, digitization and supply chain interdependency[J]. Industrial Marketing Management, 2017, 60:69-81.

[155] RAMASWAMY V, OZCAN K. Brand value co-creation in a digitalized world: An integrative framework and research implications[J]. International Journal of Research in Mourtzis Marketing, 2016, 33(1):93-106.

[156] PAGANI M, PARDO C. The impact of digital technology on relationships in a business network [J]. Industrial Marketing Management, 2017, 67:185-192.

[157] ZOTT C, AMIT R H. The fit between product market strategy and business model: Implications for firm performance[J]. Strategic Management Journal, 2008, 29(1):1-26.

[158] GOLZERA P, FRITZSCHEB A. Data-driven operations management: organizational implications of the digital transformation in industrial practice[J]. Production Planning & Control, 2017, 28(16):1332-1343.

[159] AGARWAL R, GAO G G, DESROCHES C. The digital transformation of healthcare: Current status and the road ahead[J]. Information Systems Research, 2010, 21(4): 796-809.

[160] LEE O K D, SAMBAMURTHY V, KIM K H, et al. How does IT ambidexterity impact organizational agility[J]. Information Systems Research, 2015, 26(2): 398-417.

[161] CHAKRAVARTY A, GREWAL R, SAMBAMURTHY V. Information technology competencies, organizational agility, and firm Performance: Enabling and facilitating roles[J]. Information Systems Research, 2013, 24(4): 976-997.

[162] DONG J Q, WU W. Business value of social media technologies: Evidence from online user innovation communities[J]. Journal of Strategic Information Systems, 2015, 24(2): 113-127.

[163] MCINTYRE D P, SRINIVASAN A. Networks, platforms, and strategy: Emerging views and next steps[J]. Strategic Management Journal, 2017, 38(1): 141-160.

[164] DREMEL C, HERTERICH M, WULF J, et al. How AUDI AG established big data analytics in its digital transformation[J]. Mis Quarterly Executive, 2017, 16(2): 81-100.

[165] EGGERS J P, PARK K F. Incumbent adaptation to technological change: The past, present, and future of research on heterogeneous incumbent response[J]. Academy of Management Annals, 2018, 12(1): 357-389.

[166] MCGRATH R G. Business models: A discovery driven approach[J]. Long Range Planning, 2010, 43(2-3): 247-261.

[167] LEMON K N, VERHOEF P C. Understanding customer experience throughout the customer journey[J]. Journal of Marketing, 2016, 80(6): 69-96.

[168] CUI A S, WU F. Utilizing customer knowledge in innovation: antecedents and impact of customer involvement on new product performance[J]. Journal of the Academy of Marketing Science, 2016, 44(4): 516-538.

[169] BROEKUIZEN T L J, EMRICH O, GIJSENBERG M J, et al. Digital platform openness: Drivers, dimensions and outcomes[J]. Journal of Business Research, 2021, 122: 902-914.

[170] EISENMANN T R, PARKER G, ALSTYNE M W V. Strategies for two-sided markets[J]. Harvard Business Review, 2006, 84(10): 92-101.

[171] 许宪春, 张美慧. 中国数字经济规模测算研究: 基于国际比较的视角[J]. 中国工业经济, 2020(5): 23-41.

[172] KHIN S, HO T C F. Digital technology, digital capability and organizational performance: A mediating role of digital innovation[J]. International Journal of Innovation Science, 2019, 11

(6):177-195.

[173] HOLMSTROM J, HOLWEG M, LAWSON B, et al. The digitalization of operations and supply chain management: Theoretical and methodological implications [J]. Journal of Operations Management, 2019, 65(8):728-734.

[174] ZOU L, SHEN J, ZHANG J, et al. What is the rationale behind China's infrastructure investment under the Belt and Road Initiative [J]. Journal of Economic Surveys, 2022, 36(3): 605-633.

[175] MORETTI F, BIANCARDI D. Inbound open innovation and firm performance [J]. Journal of Innovation & Knowledge, 2018, 5(1):1-19.

[176] KRAUS S, SCHIAVONE F, PLUZHNIKOVA A, et al. Digital transformation in healthcare: Analyzing the current state of research [J]. Journal of Business Research, 2021, 123:557-567.

[177] ADAMIDES E, KARACAPILIDIS N. Information technology for supporting the development and maintenance of open innovation capabilities [J]. Journal of Innovation & Knowledge, 2018, 5(1):29-38.

[178] HORVATH D, SZABO R Z. Driving forces and barriers of Industry 4.0: Do multinational and small and medium-sized companies have equal opportunities [J]. Technological forecasting and social change, 2019, 146:119-132.

[179] 聂兴凯,王稳华,裴璇. 企业数字化转型会影响会计信息可比性吗 [J]. 会计研究, 2022(5):17-39.

[180] LIU T, XIU X. Can internet search behavior help to forecast the macro economy [J]. Economic Research Journal, 2015, 50(12):68-83.

[181] CENTOBELLI P, CERCHIONE R, ERTZ M. Agile supply chain management: where did it come from and where will it go in the era of digital transformation [J]. Industrial Marketing Management, 2020, 90:324-345.

[182] LOKUGE S, SEDERA D, GROVER V, et al. Organizational readiness for digital innovation: Development and empirical calibration of a construct [J]. Information & Management, 2018, 56(3):445-461.

[183] YAMANI H, ALHAZMI A. The study of digital transformation skills and competencies framework at umm alqura university [J]. International Journal of Management Science and Engineering Management, 2021, 15(4):475-479.

[184] ODE E, AYAVOO R. The mediating role of knowledge application in the relationship between

knowledge management practices and firm innovation[J]. Journal of Innovation & Knowledge, 2019,5(3):210-218.

[185] 肖旭,戚聿东. 产业数字化转型的价值维度与理论逻辑[J]. 改革,2019(8):61-70.

[186] MEYER P A, WILLIAMSON J. Ecosystem advantage:how to successfully harness the power of partners[J]. California Management Review,2012,55(1):24-46.

[187] LITVINENKO V S. Digital economy as a factor in the technological development of the mineral sector[J]. Natural Resources Research,2020,29(3):1521-1541.

[188] JACOBIDES M G, CENNAMO C, GAWER A. Towards a theory of ecosystems[J]. Social Science Electronic,2018,39(8):2255-2276.

[189] JEPPESEN L B, FREDERIKSEN L. Why do users contribute to firm-hosted user communities? The case of computer-controlled music instruments[J]. Organization Science,2006,17(1): 45-63.

[190] STURGEON T J. Upgrading strategies for the digital economy[J]. Global Strategy Journal, 2021,11(1):34-57.

[191] TEECE D J. Profiting from innovation in the digital economy:Enabling technologies,standards, and licensing models in the wireless world[J]. Research Policy,2018,47(8):1367-1387.

[192] 刘向东,刘雨诗,陈成漳. 数字经济时代连锁零售商的空间扩张与竞争机制创新[J]. 中国工业经济,2019(5):80-98.

[193] GIUSTI J D, ALBERTI F G, BELFANTI F. Makers and clusters. Knowledge leaks in open innovation networks[J]. Journal of Innovation & Knowledge,2019,5(1):20-28.

[194] HORVATH K, RODRIGO R. Knowledge-intensive territorial servitization:Regional driving forces and the role of the entrepreneurial ecosystem[J]. Regional Studies, 2019, 53 (3): 330-340.

[195] AGYABENG-MENSAH Y, AFUM E, ACQUAH I S K, et al. How does supply chain knowledge enhance green innovation:The mediation mechanisms of corporate reputation and non-supply chain learning[J]. Journal of Business & Industrial Marketing,2022,38(4):852-868.

[196] VOLLERO A, SIANO A, PALAZZO M, et al. Hoftsede's cultural dimensions and corporate social responsibility in online communication:Are they independent constructs[J]. Corporate Social Responsibility and Environmental Management,2020,27(1):53-64.

[197] GOLDFARB A, TUCKER C E. Digital Economics[J]. Journal of Economic Literature,2019, 57(1):3-43.

[198] JABBOUR A, JUNIOR S, JABBOUR C, et al. Toward greener supply chains: Is there a role for the new ISO 50001 approach to energy and carbon management[J]. Energy efficiency, 2017, 10(3): 777-785.

[199] HONG M, HE J, ZHANG K, et al. Does digital transformation of enterprises help reduce the cost of equity capital [J]. Mathematical Biosciences and Engineering, 2023, 24 (12): 6498-6516.

[200] KHAKSAR E, ABBASNEJAD T, ESMAEILI A, et al. The effect of green supply chain management practices on environmental performance and competitive advantage: A case study of the cement industry[J]. Technological and Economic Development of Economy, 2016, 22 (2): 293-308.

[201] WU D, YANG L, OLSON D. Green supply chain management under capital constraint[J]. International Journal of Production Economics, 2019, 215: 3-10.

[202] 王丹. 世界一流制造企业服务化转型升级[J]. 清华管理评论, 2019(2): 122-130.

[203] BHAT D A R, SHARMA V. Enabling service innovation and firm performance: The role of co-creation and technological innovation in the hospitality industry [J]. Technology Analysis and Strategic Management, 2022, 34(7): 774-786.

[204] PERSONA A, REGATTIERI A. PHAM H, et al. Remote control and maintenance outsourcing networks and its applications in supply chain management [J]. Journal of Operations Management. 2007, 25(6): 1275-1291.

[205] OPRESNIK D, TAISCH M. The value of big data in servitization[J]. International Journal of Production Economics, 2015, 165: 174-184.

[206] GENZLINGER F, ZEJILOVIC L, BUSTINZA O F. Servitization in the automotive industry: How car manufacturers become mobility service providers[J]. Strategic Change, 2020, 29(2): 215-226.

[207] 吕云龙, 吕越. 制造业出口服务化与国际竞争力: 基于增加值贸易的视角[J]. 国际贸易问题, 2017(5): 25-34.

[208] CHIARINI, BELVEDERE V, GRANDA A. Industry 4.0 strategies and technological developments: An exploratory research from Italian manufacturing companies[J]. Production Planning and Control, 2020, 31(16): 1385-1398.

[209] IVES B, PALESE B, RODRIGUEZ J. Enhancing customer service through the internet of things and digital data streams[J]. MIS Quarterly Executive, 2016, 15: 279-297.

[210] AMIT R, HAN X. Value creation through novel resource configurations in a digitally enabled world[J]. Strategic Entrepreneurship Journal,2017,11(3):228-242.

[211] ECKERT T, HUSIG S. Innovation portfolio management: A systematic review and research agenda in regards to digital service innovations[J]. Management Review Quarterly,2022,72 (1):187-230.

[212] DAHAN E, HAUSER J R. The virtual customer[J]. Journal of Product Innovation Management, 2002,19:332-353.

[213] NAMBISAN S. Designing virtual customer environments for new product development: Toward a theory[J]. Academy of Management Review,2002,27(3):392-413.

[214] SAWHNEY M, PRANDELLI E, VERONA G. The power of innomediation[J]. MIT Sloan Management Review,2003,44(2):77-82.

[215] ANDREA C, RAFFAELE F, STEFANO G. From the boundaries of management to the management of boundaries [J]. Business Process Management Journal, 2019, 25 (3): 391-431.

[216] TAUSCHER K, LAUDIEN S M. Understanding platform business models: A mixed methods study of marketplaces[J]. European Management Journal,2018,36(3):319-329.

[217] SLATE S F, MOHR J J, SENGUPTA S. Radical product innovation capability: Literature review [J]. Journal of Product Innovation Management,2014,31:552-566.

[218] KIM D Y, KUMAR V, KUMAR U. Relationship between quality management practices and innovation[J]. Journal of Operations Management,2012,30:295-315.

[219] ALEGRE J, CHIVA R. Assessing the impact of organizational learning capability on product innovation performance: An empirical test[J]. Technovation,2008,28:315-326.

[220] BAINES T, BIGDELI A, BUSTINZA O, et al. Servitization: Revisiting the state-of-the-art and research priorities[J]. International Journal of Operations & Production Management,2017, 37:256-278.

[221] NADKARNI S, HERRMANN. CEO personality, strategic flexibility, and firm performance: The case of the Indian business process outsourcing industry[J]. Academy of Management Journal,2010,53(5):1050-1073.

[222] NYLEN D, HOLMSTEROM J. Digital innovation strategy: A framework for diagnosing and improving digital product and service innovation[J]. Business Horizons,2015,58(1):57-67.

[223] ZHOU K, WU F. Technological capability strategic flexibility and product innovation [J].

Strategic Management Journal,2010,31(5):547-561.

[224] CIAMPI F,DEM S,MAGRINI A,et al. Exploring the impact of big data analytics capabilities on business model innovation:The mediating role of entrepreneurial orientation[J]. Journal of Business Research,2021,123:1-13.

[225] BADEN-FULLER C,HAEELIGER S. Business models and technological innovation [J]. Long Range Planning,2013,46(6):419-426.

[226] GHEZZI A,CAVALLO A. Agile business model innovation in digital entrepreneurship:Lean startup approaches[J]. Journal of Business Research,2020,110:519-537.

[227] GILBERT C G. Unbundling the structure of inertia:Resource versus routine rigidity[J]. Academy of Management Journal,2005,48(5):741-763.

[228] 刘文俊,彭慧. 区域制造企业数字化转型影响绿色全要素生产率的空间效应[J]. 经济地理,2023(6):33-44.

[229] BONINA C,KOSKINEN K,EATON B,et al. Digital platforms for development:Foundations and research agenda[J]. Information Systems Journal,2021,31:869-902.

[230] MUBARIK M S,CHANDRAN V G R,DEVADASON E S. Measuring human capital in small and medium manufacturing enterprises:what matters? [J]. Social Indicators Research,2018, 137(2):605-623.

[231] EDVINSSON L. Developing intellectual capital at Skandia[J]. Long Range Planning,1997,30 (3):366-373.

[232] BAIMA G,FORLIANA C,SANTORO G,et al. Intellectual capital and business model:A systematic literature review to explore their linkages[J]. Journal of Intellectual Capital,2021, 22(3):1469-1930.

[233] BELVEDERE V,GRANDO A,BIELLI P. A quantitative investigation of the role of information and communication technologies in the implementation of a product-service system [J]. International Journal of Production Research,2013,51(2):410-426.

[234] 徐扬,韦东明. 城市知识产权战略与企业创新:来自国家知识产权示范城市的准自然实验[J]. 产业经济研究,2021(4):99-114.

[235] SURBLYTE G. Data driven economy and artificial intelligence:Emerging competition law issues[J]. SSRN Electronic Journal,2016,67(3):120-126.

[236] 柏培文,喻理. 数字经济发展与企业价格加成:理论机制与经验事实[J]. 中国工业经济,2021(11):59-77.

[237] 王钰,胡海青,张琅.知识产权保护、社会网络及新创企业创新绩效[J].管理评论,2021,33(3):129-137.

[238] 王伦,林润辉.研发伙伴组合多样性对突破式创新的影响研究:企业内外部环境因素的调节作用[J].软科学,2023,37(10):32-38.

[239] 许为宾,唐青舟,李欢.知识产权保护与企业数字化转型:基于知识产权示范城市的准自然实验[J].科研管理,2023,44(10):53-61.

[240] 周洲,吴馨童.知识产权保护对企业数字化转型的影响:来自"三审合一"改革的经验证据[J].科学学与科学技术管理,2022,43(6):89-109.

[241] 吴超鹏,唐菂.知识产权保护执法力度、技术创新与企业绩效:来自中国上市公司的证据[J].经济研究,2016,51(11):125-139.

[242] 庞瑞芝,刘东阁.数字化与创新之悖论:数字化是否促进了企业创新:基于开放式创新理论的解释[J].南方经济,2022(9):97-117.

[243] 刘学元,刘琦,宋格璇.知识产权保护对企业数字化转型的影响和机制研究[J].珞珈管理评论,2023(5):46-72.

[244] HAUKNES J,KNELL M. Embodied knowledge and sectoral linkages:An input-output approach to the interaction of high- and low-tech industries[J]. Research Policy,2009,38(3):459-469.

[245] 唐志芳,顾乃华.制造业服务化、行业异质性与劳动收入占比:基于微观企业数据的实证研究[J].产经评论,2017,8(6):54-69.

[246] 王宏鸣,孙鹏博,郭慧芳.数字金融如何赋能企业数字化转型:来自中国上市公司的经验证据[J].财经论丛,2022(10):3-13.

[247] 刘斌,魏倩,吕越,等.制造业服务化与价值链升级[J].经济研究,2016,51(3):151-162.

[248] 顾乃华,胡晓丹,胡品平.融资约束、市场结构与制造业服务化[J].北京工商大学学报(社会科学版),2018,33(5):11-22.

[249] 陈剑,黄朔,刘运辉.从赋能到使能:数字化环境下的企业运营管理[J].管理世界,2020,36(2):117-128.

[250] 李春涛,闫续文,宋敏,等.金融科技与企业创新:新三板上市公司的证据[J].中国工业经济,2020(1):81-98.

[251] 袁淳,肖土盛,耿春晓,等.数字化转型与企业分工:专业化还是纵向一体化[J].中国工业经济,2021(9):137-155.

[252] 万骁乐,毕力文,邱鲁连.供应链压力、战略柔性与制造企业开放式绿色创新:基于TOE

框架的组态分析[J].中国软科学,2022(10):99-113.

[253] 张峰,刘曦苑,武立东,等.产品创新还是服务转型:经济政策不确定性与制造业创新选择[J].中国工业经济,2019(7):101-118.

[254] 孙晓华,张竣喃,郑辉."营改增"促进了制造业与服务业融合发展吗[J].中国工业经济,2020(8):5-23.

[255] KAFOUROS M, BUCKLEY P J. Under what conditions do firms benefit from the research efforts of other organizations? [J]. Research Policy,2008,37(2):225-239.

[256] 唐宜红,俞峰,王晓燕.中国服务企业是否从服务业 FDI 中获取创新:来自第二次经济普查和专利微观数据的经验证据[J].北京师范大学学报(社会科学版),2018(3):130-143.

[257] 孙早,侯玉琳.工业智能化如何重塑劳动力就业结构[J].中国工业经济,2019(5):61-79.

[258] HADLOCK C J,PIERCE J R. New evidence on measuring financial constraints:Moving beyond the KZ index[J]. The review of financial studies,2010,23(5):1909-1940.

[259] 姜铸,李宁.服务创新、制造业服务化对企业绩效的影响[J].科研管理,2015,36(5):29-37.

[260] 徐翔,赵墨非.数据资本与经济增长路径[J].经济研究,2020,55(10):38-54.

[261] ATALLAH G. Vertical R&D spillovers, cooperation, market structure, and innovation [J]. Economics of Innovation and New Technology,2002,11(3):179-209.

[262] 范红忠,范乐怡,宋颜希.网络基础设施建设与城市创新:基于"宽带中国"试点政策的准自然实验[J].产经评论,2022,13(4):52-67.

[263] 张杰,付奎.信息网络基础设施建设能驱动城市创新水平提升吗:基于"宽带中国"战略试点的准自然试验[J].产业经济研究,2021(5):1-14.

[264] 余泳泽,刘凤娟,庄海涛.互联网发展与技术创新:专利生产、更新与引用视角[J].科研管理,2021,42(6):41-48.

[265] 田洪刚,杨蕙馨.互联网发展与创新绩效:三维理论框架和异质性验证[J].南方经济,2021(12):93-111.

[266] 刘传明,马青山.网络基础设施建设对全要素生产率增长的影响研究——基于"宽带中国"试点政策的准自然实验[J].中国人口科学,2020(3):75-88.

[267] 秦文晋,刘鑫鹏.网络基础设施建设对数字经济发展的影响研究:基于"宽带中国"试点政策的准自然实验[J].经济问题探索,2022(3):15-30.

[268] VARIAN H R. Computer mediated transactions[J]. American Economic Review, 2010, 100(2):1-10.

[269] KUHN P. SKUTERUD, K M. Internet job search and unemployment durations[J]. American Economic Review, 2004, 94(1):218-232.

[270] 何红渠,汪洋. 金融科技如何影响企业技术创新:来自上市公司的证据[J]. 广西大学学报(哲学社会科学版). 2022,44(4):115-122.

[271] 韩先锋,宋文飞,李勃昕. 互联网能成为中国区域创新效率提升的新动能吗[J]. 中国工业经济,2019(7):119-136.

[272] 钟廷勇,黄亦博,孙芳城. 数字普惠金融与绿色技术创新:红利还是鸿沟[J]. 金融经济学研究,2022,37(3):131-145.

[273] 黎文靖,郑曼妮. 实质性创新还是策略性创新:宏观产业政策对微观企业创新的影响[J]. 经济研究,2016,51(4):60-73.

[274] 邱洋冬. 网络基础设施建设驱动属地企业数字化转型:基于"宽带中国"试点政策的准自然实验[J]. 经济与管理,2022,36(4):57-67.

[275] 许晨曦,杜勇,鹿瑶. 年报语调对资本市场定价效率的影响研究[J]. 中国软科学,2021(9):182-192.

[276] 张健,吴非,任玎. 新三板企业 R&D 投资、融资行为与运营绩效[J]. 金融学季刊,2018,12(3):107-131.

[277] 杨上广,郭丰. 知识产权保护与城市绿色技术创新:基于知识产权示范城市的准自然实验[J]. 武汉大学学报(哲学社会科学版),2022,75(4):100-113.

[278] 李婉红,王帆. 数字创新、战略柔性与企业智能化转型:考虑环境复杂性的调节效应[J]. 科学研究,2023(3):521-533.

[279] WESTERMAN G, BONNET D. Revamping your business through digital transformation[J]. MIT Sloan Management Review, 2015, 56(3):10-13.

[280] 段永琴,何伦志,克甝. 数字金融、技术密集型制造业与绿色发展[J]. 上海经济研究,2021(5):89-105.

[281] ACHARYA V, XU Z. Financial dependence and innovation: The case of public versus private firms[J]. Journal of Financial Economics, 2017, 124(2):223-243.

[282] 唐松,伍旭川,祝佳. 数字金融与企业技术创新:结构特征、机制识别与金融监管下的效应差异[J]. 管理世界,2020,36(5):52-66.

[283] 万佳彧,周勤,肖义. 数字金融、融资约束与企业创新[J]. 经济评论,2020(1):71-83.

[284] DEMERTZIS M, MERLER S, WOLFF G B. Capital markets union and the fintech opportunity [J]. Journal of Financial Regulation, 2018, 4(1): 157-165.

[285] 王旺. 数字金融、政府监管与全要素生产率[J]. 金融与经济, 2021(8): 20-28.

[286] 李炎亭, 李柯. 数字金融与制造业高质量发展: 理论分析与实证检验[J]. 兰州大学学报(社会科学版), 2023, 51(5): 60-74.

[287] 郭峰, 王靖一, 王芳, 等. 测度中国数字普惠金融发展: 指数编制与空间特征[J]. 经济学(季刊), 2020, 19(4): 1401-1418.

[288] ATAN R, ALAM M M, SAID J, et al. The impacts of environmental, social, and governance factors on firm performance: Panel study of Malaysian companies [J]. Management of Environmental Quality, 2018, 29: 182-194.

[289] HUANG G, YE F, LI Y, et al. Corporate social responsibility and bank credit loans: Exploring the moderating effect of the institutional environment in China [J]. Asia Pacific Journal of Management, 2023, 40: 707-742.

[290] VILANOVA M, LOZANO J M, ARENAS D. Exploring the nature of the relationship between CSR and competitiveness[J]. Journal of Business Ethics, 2009, 87: 57-69.

[291] 陈红, 张梦云, 王稳华, 等. 数字化转型能推动企业人力资本结构调整吗[J]. 统计与信息论坛, 2022, 37(9): 35-47.

[292] WANG Y, WANG H, XUE S, et al. Greening of tax system and corporate ESG performance: A quasi-natural experiment based on the environmental protection tax law [J]. Journal of and Financial Economics, 2022, 48(9): 47-62.

[293] JEFFREY S, ROSENBERG S, MCCABE B. Corporate social responsibility behaviors and corporate reputation [J]. Social Responsibility Journal, 2019, 15(3): 395-408.

[294] GAO Y, HAN K. Managerial overconfidence, CSR and firm value [J]. Asia-Pacific Journal of Accounting & Economics, 2020, 29: 1600-1618.

[295] FREEMAN R E. Strategic management: A stakeholder approach[M]. Boston: Pitman, 1984.

[296] LEV B, PETROVITS C, RADHAKRISHNAN S. Is doing good good for you: How corporate charitable contributions enhance revenue growth [J]. Strategic ManAgement Journal, 2010, 31(2): 182-200.

[297] CUI J, JO H, NA H. Does corporate social responsibility affect information asymmetry [J]. Journal of Business Ethics, 2018, 148(3): 549-572.

[298] DHAR B K, HARYMAWAN I, SARKAR S M. Impact of corporate social responsibility on

financial expert CEO's turnover in heavily polluting companies in Bangladesh[J]. Corporate Social Responsibility and Environmental Management,2022,29(3):701-711.

[299] FRIEDE G,BUSCH T,BASSEN A. ESG and financial performance:aggregated evidence from more than 2000 empirical studies[J]. Journal of Sustainable Finance & Investment,2015,5(4):210-233.

[300] PLUMLEE M,BROWN D,HAYES R M,et al. Voluntary environmental disclosure quality and firm value:Further evidence[J]. Journal of Accounting & Public Policy,2015,34(4):336-361.

[301] 崔登峰,邵伟. 企业社会责任、营销能力与企业绩效:基于环境不确定性的调节[J]. 经济与管理研究,2018,39(7):134-144.

[302] 高勇强,陈亚静,张云均. "红领巾"还是"绿领巾":民营企业慈善捐赠动机研究[J]. 管理世界,2012(8):106-114.

[303] 李四海,陆琪睿,宋献中. 亏损企业慷慨捐赠的背后[J]. 中国工业经济,2012(8):148-160.

[304] KORSCHUN D,BHATTACHARYA C B,SWAIN S D. Corporate social responsibility,customer orientation,and the job performance of frontline employees[J]. Journal of Marketing,2013,78(3):20-37.

[305] 顾雷雷,欧阳文静. 慈善捐赠、营销能力和企业绩效[J]. 南开管理评论,2017,20(2):94-107.

[306] GOMPERS P A,ISHII J L,METRICK A. Corporate governance and equity prices[J]. The Quarterly Journal of Economics,2003,118(1):107-155.

[307] 王雪,潘琦,李争光. 公司治理对企业绩效的影响研究:来自我国沪市的经验证据[J]. 现代管理科学,2017(3):75-77.

[308] 林炳洪,李秉祥. ESG 责任履行对企业研发投入的影响:基于资源获取与资源配置的视角[J]. 软科学,2023(3):1-12.

[309] KOZLOWSKA J. Servitization of manufacturing:Survey in the Polish machinery sector[J]. Engineering Management in Production and Services,2020,12(1):20-33

[310] 赵晓煜,高云飞,孙梦迪. 制造企业组织柔性、动态服务创新能力与服务创新绩效[J]. 科技进步与对策,2020,37(15):62-69.

[311] 潘翔. 数字化赋能企业 ESG 报告"漂绿"防范[J]. 新经济,2022(8):74-78.

[312] 袁业虎,熊笑涵. 上市公司 ESG 表现与企业绩效关系研究:基于媒体关注的调节作用

[J].江西社会科学,2021,41(10):68-77.

[313] NAYAL K,RAUT R D,YADAV V S,et al. The impact of sustainable development strategy on sustainable supply chain firm performance in the digital transformation era [J]. Business Strategy and the Environment,2022,31(3):845-859.

[314] 王守海,徐晓彤,刘烨炜.企业数字化转型会降低债务违约风险吗[J].证券市场导报, 2022(4):45-56.

[315] CENNAMO C,DAGNINO G B,MININ A D,et al. Managing digital transformation:Scope of transformation and modalities of value co-generation and delivery[J]. California Management Review,2020,62(4):5-16.

[316] 潘玉坤,郭萌萌.空气污染压力下的企业 ESG 表现[J].数量经济技术经济研究,2023, 40(7):112-132.

[317] 何玲,罗孟旋.ESG 信息披露能够促进实体企业未来主业发展吗:基于供应商、客户集中度的探析[J].西安航空学院学报,2023,41(6):1-11.

[318] 杨兴全,张记元.连锁股东与企业多元化经营:加速扩张还是聚焦主业[J].现代财经(天津财经大学学报),2022,42(5):36-55.

[319] 祖克,艾伦.主营利润:动荡时代的企业成长战略[M].罗宁,译.北京:中信出版社,2002.

[320] 张情肖,李佳霖,董嘉昌.金融发展、企业主营业务与企业发展质量提升[J].当代经济科学,2021,43(6):89-98.

[321] ALAREENI B A,HAMDAN A. ESG impact on performance of US S&P 500-listed firms[J]. Corporate Governance:The International Journal of Business in Society, 2020, 20 (7): 1409-1428.

[322] 钱依森,桑晶,卢琬莹,等.ESG 研究进展及其在"双碳"目标下的新机遇[J].中国环境管理,2023,15(1):36-47.

[323] KHAN M,SERAFEIM G,YOON A. Corporate sustainability:First evidence on materiality[J]. The accounting review,2016,91(6):1697-1724.

[324] IOANNOU I,SERAFEIM G. The impact of corporate social responsibility on investment recommendations:Analysts' perceptions and shifting institutional logics [J]. Strategic management journal,2015,36(7):1053-1081.

[325] BENABOU R,TIROLE J. Individual and corporate social responsibility[J]. Economica,2010, 77(305):1-19.

[326] ECCLES R G, IOANNOU I, SERAFEIM G. The impact of corporate sustainability on

organizational processes and performance [J]. Management science, 2014, 60 (11):
2835-2857.

[327] DERWALL J, KOEDIJK K, TER HORST J. A tale of values-driven and profit-seeking social investors[J]. Journal of Banking & Finance, 2011, 35(8):2137-2147.

[328] HONG Y, ANDERSEN M L. The relationship between corporate social responsibility and earnings management: An exploratory study[J]. Journal of Business Ethics, 2011, 104:461-471.

[329] 周方召,潘婉颖,付辉.上市公司 ESG 责任表现与机构投资者持股偏好:来自中国 A 股上市公司的经验证据[J].科学决策,2020(11):15-41.

[330] 胡洁,于宪荣,韩一鸣.ESG 评级能否促进企业绿色转型:基于多时点双重差分法的验证[J].数量经济技术经济研究,2023,40(7):90-111.

[331] 邱牧远,殷红.生态文明建设背景下企业 ESG 表现与融资成本[J].数量经济技术经济研究,2019,36(3):108-123.

[332] 肖静,曾萍,任鸽.如何提升制造业绿色转型绩效:基于 TOE 框架的组态研究[J].科学学研究,2022,40(12):2162-2172.

[333] ZUO Y, JIANG S, WEI J. Can corporate social responsibility mitigate the liability of newness? Evidence from China[J]. Small Business Economics, 2022, 59(3):573-592.

[334] VERHEYDEN T, ECCLES R G, FEINER A. ESG for all: The impact of ESG screening on return, risk, and diversification[J]. Journal of Applied Corporate Finance, 2016, 28(2):47-55.

[335] 何太明,李亦普,王峥,等.ESG 评级分歧提高了上市公司自愿性信息披露吗[J].会计与经济研究,2023,37(3):54-70.

[336] AVRAMOV D, CHENG S, LIOUI A, et al. Sustainable investing with ESG rating uncertainty [J]. Journal of Financial Economics, 2022, 145(2):642-664.

[337] 温素彬,张金泉,焦然.智能制造、市场化程度与企业运营效率:基于 A 股制造业上市公司年报的文本分析[J].会计研究,2022(11):102-117.

[338] 郭檬楠,郭金花,杨瑞平.审计管理体制改革、市场化程度与国有企业全要素生产率[J].南开经济研究,2022(1):22-38.

[339] 杜勇,张欢,陈建英.金融化对实体企业未来主业发展的影响:促进还是抑制[J].中国工业经济,2017(12):113-131.

[340] 李逸飞,李茂林,李静.银行金融科技、信贷配置与企业短债长用[J].中国工业经济,

2022(10):137-154.

[341] 向海凌,林钰璇,王浩楠.利率市场化改革与企业绿色转型:基于上市企业年报文本大数据识别的经验证据[J].金融经济学研究,2023(4):55-73.

[342] 陶锋,朱盼,邱楚芝,等.数字技术创新对企业市场价值的影响研究[J].数量经济技术经济研究,2023,40(5):68-91.

[343] 杜勇,胡红燕.机构共同持股与企业财务重述[J].证券市场导报,2022(2):67-79.